中国当代语言学丛书

A Study of Reduplicative Morphology in Old Chinese

古汉语
重叠构词法研究（第二版）

孙景涛　著

上海教育出版社
SHANGHAI EDUCATIONAL
PUBLISHING HOUSE

出 版 者 前 言

"中国当代语言学"丛书是上海教育出版社的重点出版项目之一。本丛书于1990年春由游汝杰(复旦大学)、张洪明(美国威斯康星大学麦迪逊校区)和唐发铙(本社)策划,并开始组稿和编辑工作。当初拟定的丛书编辑宗旨如下:

> 中国语言学在20世纪二三十年代开始摆脱传统小学的樊篱,进入现代语言学的新阶段。半个多世纪以来,中国语言学已经积累了可观的研究成果,特别是最近十多年来,许多领域在海内外又有了长足的发展。这套丛书希望总结中国当代语言学各个分支学科领域的研究成果,特别是反映最新的研究进展,以期收到承前启后、继往开来的效果,促进中国语言学的现代化。丛书作者则不限国别地域,不限门户学派,唯求高明独到,力争每一本书都能达到当代该学科的最高水平。

1992年6月组稿者将丛书的编辑宗旨、计划和撰稿人名单告知当时在美国访问的朱德熙先生,请他为本丛书撰写总序。朱先生十分赞赏丛书的编辑宗旨,并且认为撰稿者也都是"一时之选",欣然答允为序。孰料朱先生病情日益加剧,天不假年,未及提笔就不幸逝世。丛书的总序也因此暂付阙如。

从2000年开始,刘丹青(中国社会科学院语言研究所)、张荣(本社)也参加了丛书的编辑工作,编委会工作由游汝杰主持,编辑和出版的方针也有所调整。本丛书原拟五年内出齐,结果未能如愿,因为有的作者忙于其他工作,未能按计划完成书稿;有的作者虽然已经完成书稿,但是希望有时间反复修改,使之完善,而不想匆匆交稿。考虑到学术研究需要艰苦的劳动和大量的时间,限定出版时间,不利保证书稿质量。又考虑到学术研究的特点是学无止境、与时俱进、推陈出新,丛书的出版工作也应该是册数开放、不设时限、常出常新。基于上述认识，我们将不设本丛书终止出版的时限，即没有出完的一天。我们不想追求轰动效应，只要优秀书稿不断出现，我们就不断出版。

本丛书将成为一套长期延续出版的丛书。希望本丛书的编辑和出版方针，能对学术著作的出版工作走上健康发展的道路有所贡献。

上海教育出版社

2003 年 10 月

Preface

The series *Contemporary Chinese Linguistics* is one of the important projects of Shanghai Educational Publishing House. The planning of the series and the soliciting of contributions began in the spring of 1990 with the joint efforts of Rujie You(Fudan University), Hongming Zhang(University of Wisconsin at Madison) and Fanao Tang (Shanghai Educational Publishing House), who were brought together to edit the series by such following common grounds.

Not until the twenties and thirties of 20th century could Chinese linguistics break down the barriers of the traditional Chinese philology and enter its modern stage. Since then, and especially in the last ten years, rapid progress has been made in various different fields of Chinese linguistics and considerable wealth of research achievements have been accumulated. The series tries to present these achievements so as to stimulate the further research.

In June 1992 the editorial committee apprised Prof. Dexi Zhu of the target and the policy of the series with a name list of contributors and invited him to write a preface for the series. Prof. Zhu appreciated the target of the series and the contributors, and promised to write a preface. But his cancer situation turned worse and worse day by day, and did not allow him to write it. So the preface remains unfinished, it is a great pity.

Prof. Liu Danqing of Sciences and Mr. Zhang Rong, the editor of the Shanghai Educational Publishing House, joined the editorial committee from the year of 2000, and the policy of editing and publication has been adjusted since then. We planned to publish the serials within 5 years at the beginning, but the plan was not realized because some authors were too busy with some projects else, and did not finish writing according to the schedule, while others who had finished the manuscripts would like to revise them to perfect. Considering academic study needs hard work and a plenty of time, if we set deadline, the quality could not be guaranteed, and it is the feature of academic study that there is not limit to knowledge and the old should be weeded through while the new should be brought forth, we will not restrict the number of series volumes and their dates of publication. We would not like to pursuit sensational effort, and what we want to do is to publish qualified manuscripts whenever we have.

This series will be published successively in China. We hope our policy and publication would make contribution to the publication of academic works healthily in China.

提　　要

本项研究的目的,是揭示并描写古汉语重叠类型,发展音义互动理论以构建形成这些类型的机制,以古汉语重叠为证,重新审视一般性的重叠理论并论证若干相关的古音构拟问题。

基于语言材料的广泛调查,我们发现古汉语存在四种重叠类型:表示指小或摹景状物的顺向重叠,表示重复的逆向重叠,表示"非典义"的裂变重叠,表示生动印象(寄生性的意味)的完全重叠。

重叠类型的形成来自音义互动。在语义表达的驱动之下,单音节基式复制为二,然后是进一步的形式调整。(1)由于表达指小(多为转指而非自指)与摹景状物的重叠形式(相同的两个音节)分开时"无义",于是一音一义规则发力,迫使两个音节发生改变,通过变第二起首音为流音以提升响度,进而造成听起来像一个音节的效果,顺向重叠就此产生。(2)出自同样的原因,表达"非典义"的重叠有一个同于顺向重叠(第二起首音变为流音)的阶段。由于重叠系统的压力(同形多义不好),语音进一步修饰,进而产生裂变类型。(3)重叠表达的生动印象不是可以严格界定的词义,因此不受一音一义规则的辖制,相同的两个音节无需改变,结果造成完全重叠。(4)动词重叠可以进行意义分解,因此,促其音变的动因不是一音一义规则,而是广泛存在的完全重叠的压力。至于以第一音节韵母作为音变目标,则取决于准抑扬格的特质。这一运作的结果是逆向重叠的产生。

本项研究为一般重叠理论及其他相关问题提供了启示。(1)就重叠过程中的形式变化而言,从理论上说,第一步是完全重叠,然后才是可能的语音修饰,进而形成不同的重叠类型。(2)重叠于音义界面运行具有普遍性,而具体变形方式则可因语言不同而不同。(3)中古三等非三等的对立恒见于各种重叠类型,这表明其上古源头不可能是-j-介音的有无,合理的假设是某种发声态或韵律特征的对立。(4)作为形态构词机制,古汉语重叠支持喻四及部分定母源自上古流音声母的假设。

Abstract

This dissertation aims at constructing a description of reduplication in Old Chinese(henceforth referred to as OC), developing a generative theory of morpho-phonological interaction to account for the formation of the reduplication patterns, and re-examining general reduplication theories and relevant issues of phonological reconstruction by drawing lessons from OC reduplication.

The investigation of the source data reveals that OC reduplication has four basic patterns: progressive reduplication with either "smallness" or "vividness", retrogressive reduplication with "repetition", fission reduplication with "non-typical meaning", and total reduplication with a vivid impression(a parasitic sense).

The formation of the reduplication patterns results from the interaction between morphology and phonology. With motivation from semantics, the monosyllabic base is reduplicated as two identical syllables, which undergo further modification, producing different patterns. 1) Since the reduplicative form with "diminutive" (mostly transferred reference but self-referential) or "vividness" is semantically undecomposable, OOP(One Syllable One Meaning Principle) forces the two syllables to sound like one, which is achieved by raising the sonority of the onset of the second syllable. As such, the progressive pattern arises. 2) For the same reason, the reduplicative form with "non-typical meaning" has the same shape as the progressive at one stage. Pressure from the system, i.e., no good for a single reduplication pattern to carry several meanings, thus compels it to undergo further modification, eventually producing the fission pattern. 3) The reduplicative form with a vivid impression (not a meaning that can be strictly defined) is not under the control of OOP; thus it can keep its two identical syllables intact, yielding total reduplication pattern. 4) Reduplicative verbs are semantically decomposable; thus OOP does not come into effect. That the form is actually modified stems from the pressure of an already-existent total reduplication pattern, while this modification of the first rhyme is determined by quasi-iambic stress. This interaction produces a retrogressive pattern.

This study sheds light on reduplication processes in general and relevant issues of phonological reconstruction. 1) It is theoretically necessary to consider that during reduplication, full reduplication occurs first; then a morpho-phonologically motivated modification most likely follows, thereby producing different patterns. 2) That reduplication operates on the interface between morphology and phonology is a universal phenomenon, but how this operation proceeds is language-specific. 3) The consistent distinction between Grade III syllables and Non-Grade III syllables seen in OC reduplication patterns indicates the unreasonableness of reconstructing a "medial" yod for OC and the reasonableness of distinguishing such two type syllables in OC by a phonation type or a prosodic feature. 4) As a morphological mechanism, reduplication presents strong evidence in favor of reconstructing r-like consonant for all Yù-sì (喻四) and partial Dìng(定) initials in OC phonological system.

目　　录

提要 ……………………………………………………………… 1

Abstract ………………………………………………………… 1

第一章　绪论 …………………………………………………… 1

　1.1　研究目标及研究范围 …………………………………… 1

　1.2　理论方法 ………………………………………………… 3

　　1.2.1　何谓重叠 …………………………………………… 3

　　1.2.2　如何确定重叠 ……………………………………… 4

　　1.2.3　分析模式 …………………………………………… 5

　　1.2.4　音节理论 ……………………………………………12

　　1.2.5　区别特征 ……………………………………………16

　　1.2.6　"字"本位理论 ……………………………………18

　1.3　前人对古汉语重叠的研究 ………………………………18

　　1.3.1　与古汉语重叠有关的研究 …………………………18

　　1.3.2　古汉语重叠的新近研究 ……………………………21

　　1.3.3　古汉语重叠与联绵字 ………………………………25

　1.4　上古音构拟 ………………………………………………25

第二章　逆向重叠 ………………………………………………33

　2.1　引言 ………………………………………………………33

　2.2　动词的逆向重叠 …………………………………………34

　　2.2.1　辗转：一个逆向重叠之例 …………………………34

　　2.2.2　基式音节具有[＋圆唇]区别特征的逆向重叠 ……37

　　2.2.3　基式音节具有[－圆唇]区别特征的逆向重叠 ……48

　2.3　动词逆向重叠后变成名词 ………………………………52

　2.4　衍生形式带有固定韵母＊-áŋ的逆向重叠 ………………57

　2.5　小结 ………………………………………………………58

第三章　顺向重叠 ··· 60

  3.1　引言 ··· 60

  3.2　指小顺向重叠 ··································· 60

     3.2.1　转指式指小顺向重叠 ················· 62

     3.2.2　自指式指小顺向重叠 ················· 73

     3.2.3　方言旁证 ····························· 76

  3.3　摹态顺向重叠 ··································· 79

  3.4　以 *r-（＞EMC l-）或 *l-（＞EMC j-，d-）起首的基式
及其对重叠音变的影响 ····························· 84

  3.5　流音声母 *r-（＞EMC l-）与 *l-（＞EMC j-，d-）的
交替 ··· 89

  3.6　非流音声母充任第二音节声母的顺向重叠 ······· 95

     3.6.1　前鼻音充任第二音节的声母 ··········· 95

     3.6.2　双唇鼻音和后鼻音充任第二音节的声母 · 98

     3.6.3　喉擦音充任第二音节的声母 ··········· 99

  3.7　余论 ··· 102

第四章　裂变重叠 ··· 105

  4.1　引言 ··· 105

  4.2　裂变重叠的确立——据现代方言立论 ············· 105

  4.3　中古汉语的裂变重叠 ····························· 118

  4.4　上古汉语裂变重叠例释 ··························· 121

  4.5　第一音节的韵母 ································· 137

第五章　完全重叠 ··· 144

  5.1　引言 ··· 144

  5.2　递进式完全重叠 ································· 144

  5.3　重言与印象式完全重叠 ··························· 147

  5.4　粤语印象式完全重叠与基式陪义的凸显 ··········· 149

  5.5　印象式完全重叠所表示的"意义" ··············· 157

  5.6　印象式完全重叠的来源 ··························· 162

     5.6.1　基于陪义的印象式完全重叠 ··········· 162

     5.6.2　基于语音象征性的完全重叠 ··········· 165

     5.6.3　基于拟声的完全重叠 ················· 167

    5.6.4　源自"易音别义"的完全重叠 ·················· 167

  5.7　完全重叠在上古汉语中的发展 ···················· 169

  5.8　小结 ·· 170

第六章　重叠类型的生成机制 ······························ 171

  6.1　引言 ·· 171

  6.2　两条原则 ·· 172

    6.2.1　响度顺序原则 ······························ 172

    6.2.2　一音一义原则 ······························ 173

  6.3　顺向重叠的生成机制 ································ 184

  6.4　裂变重叠的生成机制 ································ 191

  6.5　逆向重叠的生成机制 ································ 194

  6.6　完全重叠的生成机制 ································ 202

第七章　对相关问题的讨论及全书结语 ···················· 203

  7.1　引言 ·· 203

  7.2　重叠与 A/B 两类韵母的构拟 ························ 204

    7.2.1　变形重叠中保持不变的成分是什么 ·········· 205

    7.2.2　哈尼语重叠所带来的启示 ···················· 209

    7.2.3　松紧元音的中古反映形式能够告诉我们什么 ··· 212

  7.3　重叠与喻四、定母的构拟 ·························· 215

  7.4　从重叠看介音在音节结构中的归属 ·················· 217

  7.5　裂变重叠与方言分区 ································ 219

  7.6　全书结语 ·· 224

古汉语资料来源 ·· 229

参考文献 ·· 231

重叠索引 ·· 244

  （1）古代汉语 ·· 244

  （2）现代方言 ·· 254

  （3）其他语言 ·· 262

主题术语专名索引 ·· 265

后记 ·· 278

第二版后记 ·· 281

Table of Contents

Abstract (in Chinese) ·· 1

Abstract (in English) ·· 1

Table of contents ·· 1

Chapter One   Introduction ··· 1

  1.1   Aim and scope of research ·· 1

  1.2   Theoretical Approaches ·· 3

      1.2.1   What is reduplication? ··· 3

      1.2.2   How to identify reduplication? ······························ 4

      1.2.3   Analysis framework ··· 5

      1.2.4   Syllable theory ··· 12

      1.2.5   Distinctive features ··· 16

      1.2.6   *Zi*-based theory of morphology ···························· 18

  1.3   Previous research on Old Chinese reduplication ··········· 18

      1.3.1   Studies related to Old Chinese reduplication ··· 18

      1.3.2   New studies of Old Chinese reduplication ······ 21

      1.3.3   Old Chinese reduplication and liánmián words

      ··· 25

  1.4   Reconstruction of Old Chinese ······························· 25

Chapter Two   Retrogressive reduplication ······················· 33

  2.1   Introduction ·· 33

  2.2   Retrogressive reduplication of verbs ······················· 34

      2.2.1   Zhǎnzhuǎn: A paradigm of retrogressive
         reduplication ·· 34

      2.2.2   Repetitive reduplication with [＋round] in the
         final of the base syllable ·································· 37

2.2.3 Repetitive reduplication with [−round] in the final of the base syllable ·················· 48

2.3 Nouns resulting from retrogressive reduplication ········· 52

2.4 Retrogressive reduplication with the fixed *-áŋ ············ 57

2.5 Summary ·· 58

Chapter Three Progressive reduplication ·············· 60

3.1 Introduction ······································ 60

3.2 Diminutive progressive reduplication ·················· 60

3.2.1 Diminutive progressive reduplication of transferred reference ···················· 62

3.2.2 Diminutive progressive reduplication of self-referential ························· 73

3.2.3 Supporting evidence from modern dialects ······ 76

3.3 Progressive reduplication of vivid description ··········· 79

3.4 * r-(>EMC l-) and * l-(>EMC j-, d-) in the base and their impact on reduplication ·················· 84

3.5 Alternation of * r-(>EMC l-) and * l-(>EMC j-, d-) ··· 89

3.6 Progressive reduplication with non-liquid consonant as the initial of the second syllable ··················· 95

3.6.1 Dental nasal serves as the initial of the second syllable ·························· 95

3.6.2 Bilabial or velar nasal serves as the initial of the second syllable ··················· 98

3.6.3 Glottal fricative serves as the initial of the second syllable ·························· 99

3.7 Epilogue ··· 102

Chapter Four Fission reduplication ··················· 105

4.1 Introduction ······································ 105

4.2 Confirmation of fission reduplication: argument based on the evidence from modern dialects ·············· 105

4.3 Fission reduplication in Middle Chinese ··············· 118

4.4　Exemplar discussion of fission reduplication in Old

　　　Chinese　·· 121

4.5　The final of the first syllable　···························· 137

Chapter Five　Total reduplication ························· 144

5.1　Introduction　·· 144

5.2　Distributive total reduplication　···················· 144

5.3　Chóngyán and total reduplication with vivid impression

　　　··· 147

5.4　Total reduplication with vivid impression in Cantonese

　　　and the protuberance of the base's connotation　········· 149

5.5　"Meaning" signified by total reduplication with vivid

　　　impression　··· 157

5.6　The generative source of total reduplication　············ 162

　　　5.6.1　Total reduplication with vivid impression stems

　　　　　　from the connotation　························· 162

　　　5.6.2　Total reduplication with vivid impression stems

　　　　　　from sound symbolism　······················ 165

　　　5.6.3　Total reduplication with vivid impression stems

　　　　　　from onomatopoeia ·························· 167

　　　5.6.4　Total reduplication with vivid impression stems

　　　　　　from discerning meanings by altering pronuncia-

　　　　　　tion　··································· 167

5.7　Development of total reduplication in Old Chinese　······ 169

5.8　Summary　··· 170

Chapter Six　Generative mechanism of reduplication patterns ··· 171

6.1　Introduction　··· 171

6.2　Two principles ·· 172

　　　6.2.1　Sonority sequencing principle　················ 172

　　　6.2.2　One syllable one meaning principle ············· 173

6.3　Formation of progressive reduplication　················ 184

6.4　Formation of fission reduplication　···················· 191

6.5　Formation of retrogressive reduplication ⋯⋯⋯⋯⋯⋯ 194

6.6　Formation of total reduplication ⋯⋯⋯⋯⋯⋯⋯⋯⋯⋯⋯ 202

Chapter Seven　Discussion on relevant issues and the concluding

remarks ⋯⋯⋯⋯⋯⋯⋯⋯⋯⋯⋯⋯⋯⋯⋯⋯⋯⋯⋯⋯ 203

7.1　Introduction ⋯⋯⋯⋯⋯⋯⋯⋯⋯⋯⋯⋯⋯⋯⋯⋯⋯⋯⋯⋯⋯ 203

7.2　Reduplication and the reconstruction of two rhyme types

in Old Chinese ⋯⋯⋯⋯⋯⋯⋯⋯⋯⋯⋯⋯⋯⋯⋯⋯⋯⋯⋯ 204

7.2.1　What element remains consistent in partial

reduplication ⋯⋯⋯⋯⋯⋯⋯⋯⋯⋯⋯⋯⋯⋯⋯⋯ 205

7.2.2　Enlightenment from Hani reduplication ⋯⋯⋯⋯ 209

7.2.3　What can we learn from the Middle Chinese

retroflection of the lax/tense vowels in Old

Chinese? ⋯⋯⋯⋯⋯⋯⋯⋯⋯⋯⋯⋯⋯⋯⋯⋯⋯⋯ 212

7.3　Reduplication and the reconstruction of Yù－sì（喻四）

and Dìng（定母）initial consonants ⋯⋯⋯⋯⋯⋯⋯⋯⋯ 215

7.4　A discussion on how medial glide should be incorporated

into syllabic structure ⋯⋯⋯⋯⋯⋯⋯⋯⋯⋯⋯⋯⋯⋯⋯ 217

7.5　Fission reduplication and the partition of modern Chinese

dialects ⋯⋯⋯⋯⋯⋯⋯⋯⋯⋯⋯⋯⋯⋯⋯⋯⋯⋯⋯⋯⋯⋯ 219

7.6　Concluding remarks of the book ⋯⋯⋯⋯⋯⋯⋯⋯⋯⋯ 224

Textual sources from ancient Chinese ⋯⋯⋯⋯⋯⋯⋯⋯⋯ 229

Bibliography ⋯⋯⋯⋯⋯⋯⋯⋯⋯⋯⋯⋯⋯⋯⋯⋯⋯⋯⋯⋯⋯⋯ 231

Index of reduplication forms ⋯⋯⋯⋯⋯⋯⋯⋯⋯⋯⋯⋯⋯⋯ 244

（1）Ancient times ⋯⋯⋯⋯⋯⋯⋯⋯⋯⋯⋯⋯⋯⋯⋯⋯⋯⋯ 244

（2）Modern dialects ⋯⋯⋯⋯⋯⋯⋯⋯⋯⋯⋯⋯⋯⋯⋯⋯ 254

（3）Other languages ⋯⋯⋯⋯⋯⋯⋯⋯⋯⋯⋯⋯⋯⋯⋯⋯ 262

Index of subject, terms and proper names ⋯⋯⋯⋯⋯⋯⋯ 265

Postscript ⋯⋯⋯⋯⋯⋯⋯⋯⋯⋯⋯⋯⋯⋯⋯⋯⋯⋯⋯⋯⋯⋯⋯ 278

Postscript(the second edition of the book) ⋯⋯⋯⋯⋯⋯⋯ 281

第一章 绪 论

1.1 研究目标及研究范围

本研究有三个主要目标:第一,揭示并描写古汉语重叠类型;第二,发展语音-形态交互作用的生成语法理论,以论证产生不同重叠类型的动因和过程;第三,探讨重叠研究对语音学、音系学研究的作用。

本研究属于形态研究,形态研究离不开语素,让我们从古汉语语素说起。说到古汉语语素,我们大概立刻会想到它的单音节特点,即古汉语语素只有一个音节,一个音节就是一个语素。这种看法并无不妥,下面将有详细论述。不过好像也有不少语素并非单音节,请看下面的例子。

(1) 古汉语中所谓双音节语素

a. 螳螂(tángláng)(庄子)   b. 芣苢(fúyǐ)_{车前子}(诗经)

c. 逍遥(xiāoyáo)(庄子)   d. 霡霂(màimù)_{蒙蒙细雨}(诗经)

e. 匍匐(púfú)(诗经)   f. 扶摇(fúyáo)(庄子)

g. 胡蝶(húdié)(庄子)   h. 扶苏(fúsū)_{一种小树}(诗经)

i. 英英(yīngyīng)_{白云貌}(诗经)   j. 愈愈(yùyù)_{忧惧的样子}(诗经)

古汉语语素多为单音节,为什么这类语素却是双音节呢?相信很多人都会对此心存疑问,都会对这类形式产生兴趣。古人也是如此,他们同样对这些双音形式表现出极大的兴趣,除了在资料搜集上做了大量的工作之外,在理论分析上也做了努力,其成果主要是形成了下面这样一些概念,即叠字、重言、联绵字①、双声、叠韵,等等。这些概念的形成是非常有价值的,因为这说明古人对这

---

① 联绵字又称联绵词。本书除引文之外一律称联绵字。

些词的结构形式已经有了相当的了解,他们认识到意义上不能分、语音上有联系乃是这些双音节形式的根本特点。现代学者继续关注这些特殊的双音形式,金守拙(Kennedy 1955,1959)、杜百胜(Dobson 1959)、周法高(1962)、包志明(Bao 1995)、白一平和沙加尔(Baxter and Sagart 1998)、孙景涛(1998)等学者都曾对此有过研究,他们发现其中很大一部分应与重叠有关,并对某些实例进行了很好的分析。这些研究使我们对古汉语重叠有了初步的认识。但是总的来说,我们对古汉语重叠仍然缺乏全面了解,最突出的问题就是许多重叠形式尚未揭示,至于重叠类型及相应的语法意义就更是无从说起了。解决这些问题正是本研究的主要目的。我们将对古汉语重叠做出广泛调查,力求发现重叠类型,概括各种类型的语法意义,描写古汉语重叠的面貌。这是本书第二、三、四、五章的主要任务。

本研究重在描写事实,但并不局限于此。揭示隐藏于现象背后的规律,在当代语言学理论的框架之下对重叠类型的形成进行解释,这是本项研究另一个努力的方向。近年来,重叠研究无论是在国内还是在国外都颇受重视,语言学家通过调查大量的语言事实,发现重叠过程中语音变化往往与一定的语法意义相联系,语法意义不同,语音变化的方式也不同。[①]但是为什么会有这种意义和语音的一致性?为什么以重叠方式表示某种语法意义时一定要采用特定的语音修饰方式?这些问题迄今仍少有探索。我们在描写重叠类型时会不时论及这些理论问题,而第六章则专门为此而设。

重叠与语音学、音系学的关系极为密切,因此,重叠研究中的新发现可以用作解决某些语音学音系学问题的证据。本书最后一章专门进行这方面的探讨。

---

① 比如,普通话重叠就体现了语音变化与语法意义的一致性。请看下表。(据 Li and Thompson 1981;朱德熙 1982a)

用于重叠的词	表示的意义	语音变化特点说明
量词	每	两个音节一般来说都不读轻声
形容词	生动	第二个音节变成轻声并且儿化
意志动词	动量小,时量短	第二个音节变成轻声

1.2　理　论　方　法

1.2.1　何谓重叠

重叠是一种形态构词手段。在重叠过程中，一个形式得到重复，从而产生出一个新的意义。比如在山西平遥话中，i^{53}（椅）、$tɕ^hyŋ^{13}$（裙）分别是椅子、裙子的意思，重叠为 $i^{53}i^{53}$（椅椅）、$tɕ^hyŋ^{13}tɕ^hyŋ^{13}$（裙裙），意思分别是小椅子、小裙子。[①]可见此类重叠是为了表示"小"的意思。再比如在 Nisgha 语[②]中，当表示一个人划船时，所用动词是 wá:x，当表示两个或者两个以上的人划船时，用的是一个重叠形式 wix-wá:x。[③]这说明 Nisgha 语中此类重叠的语法功能是为了表示动词与复数施事的一致。大量事实告诉我们，引发重叠的动因是为了表达一个特定的意义，换言之，重叠的运作是为了给某一特定意义以形式载体。由此可见，重叠是在语音与语法（或语义）的界面上运作的形态构词机制。

为了便于讨论，若干概念需要厘清。我们首先需要理解基式、重叠部分、重叠式（词）。基式（base）指原来的形式，重叠正是以这一形式为起点开始运作的。重叠部分（redupliant）则指重叠过程中新产生的语音形式。基式与重叠部分加在一起便是重叠式，大体说来就是重叠词。举一个例子。英语中的 crisscross 是个重叠词，意思是"构成交叉图案"。其中 cross 原本是一个独立的词，有"画线"这样的动词义。criss 不是一个独立的词，它是重叠过程中产生的语音形式，即所谓重叠部分。再比如福州话中的动词 kuoŋ^{31}（卷）重叠以后变成 kiŋ^{52} kuoŋ^{31}（今卷），其中 kuoŋ^{31} 是基式，kiŋ^{52} 是重叠部分，kiŋ^{52} kuoŋ^{31} 是重叠式。[④]

根据语音形式变化与否，重叠可以分为完全重叠与音变重叠。前者如普通话中的"人人"（每个人），基式"人"重叠后语音未变，因此称

---

① 见侯精一(1989)。

② 这是一个印第安部族所使用的语言。这个部族生活在加拿大不列颠哥伦比亚省西北部。

③ 见 Shaw(1987)。

④ 例子取自郑懿德(1983)。

作完全重叠。后者如福州话中的 kiŋ⁵² kuoŋ³¹（今卷），基式 kuoŋ³¹ 在前一音节位置上变成了 kiŋ⁵²，因此称为音变重叠。

重叠还可以从方向上进行理解。如果基式在后，重叠部分在前，那么这是逆向重叠。比如福州话的 kiŋ⁵² kuoŋ³¹（今卷）。如果基式在前，重叠部分在后，那么这是顺向重叠。比如北京话的 xaw²¹⁴（好），重叠式是 xaw²¹⁴ xaw⁵⁵（好好儿），语音变化发生在后一个音节，亦即重叠部分在后，这就是顺向重叠。①逆向重叠和顺向重叠都是有方向的重叠。另有无所谓方向性的重叠。比如对于完全重叠来说，既可以说前一音节是基式，也可以说后一音节是基式，如此一来就谈不上方向性了。后面将要讨论的裂变重叠在方向性问题上也很特殊，该类重叠的特点是基式音节声母韵母分别见于重叠式的两端，我们既可以说这是没有方向性的重叠，也可以说这是双向重叠。

1.2.2　如何确定重叠

确定重叠的第一步是要找出基式，但如何确定并说明基式有时并非易事。这主要是由历时变化、语音的象征性用法、拟声词、撷取基式的随意性等原因造成的，此外，我们的研究材料大都出自文献，而汉字在表音方面存在明显不足，这些都给确定基式带来了困难。在这种情况下，找出基式进而确立重叠就需要依靠类型的力量。

如何确定重叠类型呢？前面提到，重叠是为了表示意义而引发的重复语音形式的形态构词现象。换言之，重叠是在语音与语法（或语义）的界面上运作的。因此，重叠式的发现离不开语音语法两个方面的考量。根据对现代重叠现象的调查，我们发现重叠词总是在语音语义两个方面以类相从，即表示某一意义的一系列重叠词在语音形式上具有一致性；或者反过来说，有相同语音变化形式的重叠词表示大体相同的意义。这一发现对于确立古汉语重叠词和重叠类型非常重要。由于相对来说形式和意义不像现代汉语那样透明，所以确立古汉语重叠的基式在很大的程度上需要借助于类型的力量。我们的做法是先

---

　　①　逆向、顺向的说法笔者最初是从朱德熙（1982b）中看到的。McCarthy and Prince（1986，1995）称逆向重叠为前缀式重叠（prefixing reduplications），称顺向重叠为后缀式重叠（suffixing reduplications）。

把重叠个例一一放到类型中去测试,从语音和语法两个角度逐个鉴别与这一重叠类型的吻合度。从研究的过程来看,重叠类型最初是在少数例子的基础之上假定出来的,而后经受更多实例的检验。检验的结果可以有三种情况:一是音义相合,测试的实例可以纳入此一重叠类型;二是实例显示出新的音义特点,假定的重叠类型就需要修正乃至推翻;三是测试的实例不与任何类型相合,且形单影只,拟设新的重叠类型又无法从语音和语法上加以概括,那么就只好暂时排除在重叠之外了。总之,我们将在反复测试考量的过程中确定重叠基式,根据音义两个方面的标准建立重叠类型。

1.2.3 分析模式

研究重叠可以有不同的角度和侧重点。比如,认知语言学关注重叠与表义的关系,致力于从类型学的角度阐明普遍适用的模式。这方面可以张敏(1996,1999,2001)的研究为例。张敏调查了包括汉语在内的大量语言,发现这些语言重叠式的核心义十分相似,体词多表物量增加,动词多表动作的持续或动量增减,形容词则多表性状的增减或强调程度的变化,并进一步阐明这种形式-语义的匹配是形式结构模拟意义结构的结果,是句法类象性(iconicity)的反映。我们的调查材料支持张敏的分析归纳,请看下面这组资料。

(2)动词重叠所表示的意义

a. 相互的行为动作(藏缅语族的纳西语:马学良等 1991:517)

b. 与复数施事一致(Nisgha 语:Shaw 1987)

c. 名词化(尼日利亚的 Yoruba 语:Marantz 1982;闽方言:郑懿德 1983;贵州大方方言:李蓝 1987)

d. 反复体(越南语:Thompson 1965;北美印第安 Dakota 语:Shaw 1980)

e. 重复的起始体(澳大利亚的 Mparntwe Arrernte 语:Evans 1995)

f. 尝试体(普通话:Chao Yuen Ren(赵元任)1968)

g. 进行体(菲律宾的 Ilokano 语:McCarthy and Prince 1986)

h. 动作加强(古希腊语、梵语:Steriade 1988)

i. 完成体(古希腊语、梵语、汉语永康方言:袁家骅等 1983:96)

j. 动作弱化(越南语:Thompson 1965)

上面所举远非完备,但是即便如此,也能领略到动词重叠所表意义的多样性。不过,从这些纷繁歧异的意义中,我们仍可大致归纳出"动作重复"这样的一般性意义。可见形式结构模拟意义结构的确是存在的。

这种站在普遍语法的高度对重叠所进行的探索对我们的研究大有裨益。不过这种分析与本项研究从分析角度来说是有所不同的。认知语言学的分析重在回答重叠一个形式为什么可以表示某些特定的意义,而我们的分析则重在回答这样的问题:重叠部分是如何在基式的基础上形成的? 为什么表示不同的意义会形成不同的类型? 换句话说,就是顺向、逆向等重叠类型究竟是怎样产生的?

我们所关心的这些问题前人已多少有所研究,比如生成语法学派就进行了大量的有益的探索,其间形成了很多模式(或者说是对重叠产生过程的看法)。现加以综合评述。需要注意的是,这里我们虽然是分别胪列,其实有些模式是有重合部分的,难以截然分开。

模式一(Marantz 1982):重叠过程包含两个分离的方面。第一个方面,复制基式的音素;第二个方面,究竟哪些音素最终会实现为重叠部分以及它们的韵律结构如何则取决于预先设定的特定的模块。具体说来,部分重叠(即我们所说的音变重叠)就是将基式的音段层投射到预先设定的 CV(C:辅音;V:元音)骨骼槽的过程。比如在 Agta 语(菲律宾吕宋岛上一个土著民族所使用的语言)中,takki 是"腿"的意思,重叠后变为 taktakki,意思是复数的"腿"。在 Marantz 看来,这种语言中的重叠首先有一个预设的 CVC 模块,[①]依照该语言重叠的一般性规则,它需要加在基式的前面,因此我们便有 CVC+takki。然后将基式的音段作为母本投射到基式的前面。由于预设模块只含 CVC 三个音段,所以投射母本只有前面三个音段可以实现为表层语音。

---

① 说到这里,有人也许会心存疑虑:这个预设的 CVC 模块是从哪里来的呢?为什么不是 CV 或者 V 或者 VC 或者 CVCCVC 呢?这种预设是不是太主观了?不是的。Marantz 这样假设是建立在纵观 Agta 语重叠之例的基础之上的,并非主观臆测。至于这一假设合理与否,那就要看它能否给该语言重叠以统一说明了。

(3) Agta 语:takki"腿"→taktakki"腿"(复数)

$$\underset{\underset{\text{CVC}}{\vert\vert\vert}}{\text{t a k k i}} \rightarrow \underset{\underset{+\;\text{C V C C V}}{\vert\vert\vert\vert\vert}}{\text{t a k k i}} \quad \underset{\underset{\text{C V C}}{\vert\vert\vert}}{\text{t a k k i}} \quad \underset{\underset{+\;\text{C V C C V}}{\vert\vert\vert\vert\vert}}{\text{t a k k i}} = \text{taktakki}$$

这种分析的妙处可通过下面一例清楚地表现出来。

(4) Agta 语:uffu"大腿"→ufuffu"大腿"(复数)(星号 ∗ 表示生成形式不合法)

分析一:u f f u   u f f u
$$\underset{\text{C V C}}{\text{u f f u}} + \underset{\text{V C C V}}{\text{u f f u}} = \text{ufuffu}$$

分析二:u f f u   u f f u
$$\underset{\text{C V C}}{\text{u f f u}} + \underset{\text{V C C V}}{\text{u f f u}} = {}^{*}\text{uffuffu}$$

分析三:u f f u   u f f u
$$\underset{\text{C V C}}{\text{u f f u}} + \underset{\text{V C C V}}{\text{u f f u}} = {}^{*}\text{wufuffu}$$

分析二是不合法的,因为与 u 和 f 相连的分别是 C 和 V,元音辅音不一致。分析三不合法则是因为它违背了一对一的连线准则。Marantz 的这一分析模式对于 Agta 语的重叠是成功的,但是对于汉语重叠来说则不大合适,比如前面我们举了福州话的例子,重叠过程中元音音值变了,这不是投射母本与预设模块所能说明的。

模式二(Marantz 1982;Yip 1982):这种模式的产生是为了处理好重叠中固定音段的问题。例如,据赵元任(1931),昆山反切语(反切语可以视为一种特殊的重叠)中不管基式音节的元音是什么,第一个音节的韵母总是 o。针对这种重叠,模式二的做法是预先指定一个音段模块,然后预先占据本该由基式复制中相关音段所占据的那个位置。汉语重叠中存在固定音段的现象。不过,为什么会有这样一个固定音段?为什么总是出现在固定的位置?已有理论并无现成答案。这是本项研究所要探讨的一个重要问题。

模式三(McCarthy and Prince 1986,1990,1998):产生此一模式

的一个重要原因是有的重叠无法用模式一进行分析。请看(5)。

(5) Ilokano 语①表示复数的重叠(McCarthy and Prince 1998:285):

a. kaldíŋ 山羊(单数)　　　　　　kal-kaldíŋ 山羊(复数)

b. púsa 猫(单数)　　　　　　　　pus-púsa 猫(复数)

c. kláse 班级(单数)　　　　　　　klas-kláse 班级(复数)

d. jyánitor 清扫工(单数)　　　　　jyan-jyánitor 清扫工(复数)

e. róʔot 废弃物(单数)　　　　　　ro:-róʔot 废弃物(复数)

f. trák 卡车(单数)　　　　　　　　tra:-trák 卡车(复数)

在右面表示复数的重叠形式中,重叠部分(短横前面)最少是两个音段,最多可以是四个音段。音段数量多寡不一,用第一种模式那种依据预设的 CV 序列与投射母本相连的方法显然是行不通的。按照 McCarthy and Prince 的看法,重叠不是简单的音节复制,而是把基式的音段层(即它的韵律)投射到未被填充的词缀位置之上。这个词缀并非由强制性的 CV 骨骼槽组成,而是由韵律层级体系中某一韵律单位组成,这里的韵律单位指下面韵律层级体系中的任何一级。

(6) 韵律层级体系(McCarthy and Prince 1998:286)

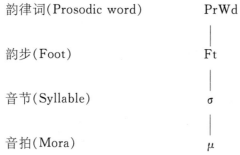

韵律词(Prosodic word)　　　　　PrWd

韵步(Foot)　　　　　　　　　　　Ft

音节(Syllable)　　　　　　　　　σ

音拍(Mora)　　　　　　　　　　μ

由上图可以清楚地看到,韵律层级共包含四级,最上面的是韵律词,最下面的是音拍。音拍是衡量音节重量的一个单位。一般来说,包含一个音拍的音节是轻音节,比如 CV 音节。包含两个音拍的音节是重音节,比如 CVC 音节或 CVV 音节。应该指出的是,音节起首辅音与音节重量无关,但是处在韵尾位置上的辅音通常负载一个音拍,因此与音节重量有直接的关系。就 Ilokano 语表示复数的重叠而言,

---

① Ilokano 语是菲律宾吕宋岛北部一农耕部族的语言。

其所复制的是由两个音拍组成的重音节。准此,(5)中的六个例子就可以得到解释了。在例(5a)中,复制的部分是 kal,之所以如此是因为 kal 是由两个音拍组成的重音节,刚好符合该语言重叠的要求。在例(5b)中,复制部分是基式 púsa 的第一个音节 pú 和第二个音节的声母 s,如此复制是为了得到一个重音节,如果仅仅复制第一音节,就只能得到轻音节 pú,这将无法满足该语言重叠对重音节的要求。McCarthy 和 Prince 发展的这种分析模式非常精彩,对于汉语重叠的分析很有借鉴的价值。比如在某些北方方言的裂变重叠中,其第一个音节也是由韵律单位界定的,不过这个单位不是 Ilokano 语中那样的双音拍重音节,而是单音拍轻音节。

模式四(Shaw 1987):这一模式的产生也是因为有的重叠无法用第一种模式进行分析。请看下面的重叠实例。

(7) Nisgha 语表示复数(抑或有体的功能牵涉在内)的重叠(Shaw 1987:295):

基式	重叠式	意义
a. qáp	qap- qáp	刮磨东西
b. ɬéːx-kʷ	ɬax-ɬéːx-kʷ	已经吃完了
c. ɬóːq	ɬax-ɬóːq	睡醒;起得早
d. ʔúx	ʔax-ʔúx	扔某些东西
e. táːw	tuː-táːw	冰冻
f. tʰákʷ	tʰuxʷ-tʻákʷ	拧扭某些东西
g. lílkʷ	luxʷ lílkʷ	系(鞋带)
h. náːɬx-kʷ	nax-náːɬx-kʷ	呼吸

按照第一种模式,基式部分的具体音段必得逐一连续地投射到重叠部分。可是 Nisgha 语中的重叠是无法以这种模式进行分析的,因为基式与重叠部分之间缺乏我们在 Agta 语中所看到的那种一致性:在所有这八个例子中,重叠部分的主元音与基式的主元音完全不同;在例(7g-h)中,某些基式音段在投射过程中完全被忽略了。有鉴于此,Shaw(1987)提出这种改进型的模式。除了说明重叠部分主元音的条件音变之外,这种模式主要是依据音节分支关系以及占先、外围、标记、层级等情况确定"音首",只有相邻成分的"音首"结构才能投射

到重叠部分的模块中去。这种模式是对投射过程中连续性原则的一种补苴。这一模式处理的 Nisgha 语重叠与汉语重叠有相似性,对本项研究很有参考价值。

模式五(Steriade 1988):不仅是完全重叠,即便是部分重叠(即我们所说的音变重叠),在理论上也应有一个完全重叠的初始阶段。在这一阶段中,基式所有音段全部投射,因而形成"基式+基式"这样一种形式。某些重叠过程到此为止,这便是完全重叠。另有一些重叠需要进一步的语音修饰,因此便有部分重叠的产生。此一分析模式具有很高的概括性,且与说话人的语感较为一致,对于分析各种各样的重叠类型均有一定程度的适用性。

模式六(Prince & Smolensky 1993;McCarthy and Prince 1994, 1995;Alderete 等 1997;等等):这是建立在优选论(Optimality Theory)基础之上的分析模式。优选论是近年发展出来的一种生成语法理论,主要用于音系学研究。按照这种理论,合乎语法的话语的产生涉及两个方面,一是"衍生模"(Gen),一是"评估"(Eval)。①"衍生模"据一个输入项生产出一系列(很可能是无限的)输出选项。"评估"则负责从这些选项中择优,标准是看哪个选项能够在最大限度上满足一系列有排列顺序之分的限定。胜出的选项便成为输出项(即真实话语)。这种生成语法理论免除了繁复的生成规则,可以说在一定程度上模拟了母语者生成无限话语及判定是否合乎语法的情形,因而更合乎说话人的语感,有广阔的发展前景。笔者有意使用这种理论模式分析重叠。不过,运用优选论的基本要求是要厘清语言事实,包括所有细节,否则整个分析就会变得毫无意义。如前所述,本研究的重点在于探索古汉语重叠的事实——总体虽能把握,细节实难概全。为了避免躐等之弊,全面使用这一理论进行分析就只能留待其他场合了。

模式七(Inkelas & Zoll 2005):所谓重叠,指一个特定的语义成分在表达动因的驱使下出现两次,并可能伴随对其中一个成分或两个成分的语音修饰。从重叠过程来看,重叠之初便有两个同一的根词形式,它们意义对等,各自独立,形式上不分彼此,语音上没有偏正之分,

---

① Gen 和 Eval 分别是 Generation(生成)和 Evaluation(评估)的缩写。

语义要求以及语音形式的映射最终分出基式与重叠部分。相对偏重语音形式复制的其他模式,这种模式同时关注语义角色与语音形式,符合重叠在音义界面上运作的实际情况。至于语音形式的修饰如何由语义指引,本模式继承了结构主义学派"别同异"的传统。例如,在非洲南部 Ndebele 语的动词重叠中,重叠部分需是双音节,如果基式为单音节,那么就增加音节 yi 以满足两个音节的要求。由于已有两个语义单位相同的假设在先,所以 Inkelas & Zoll 总结道:允许增加 yi 是因为它没有影响到意义的同一性,可见重叠中的同一性在本质上取决于语义而不是语音。再比如,印第安 Kawaiisu 语中 tono(打)的重叠形式是 to-dono,又是由于已有两个语义单位相同的假设在先,所以 Inkelas & Zoll 便说重叠的两个部分可以由同一语素的不同变体组成,进而以此为据,说明重叠式两个部分的同一是语义上的,不是语音上的,至于语音上的差异,如 t-变 d-,则是由依辅音清浊对立而别生变体的大势所定。由这里看到,模式七以追求"形式化"为主要鹄的,重平面对比,力求将表面纷繁的具体重叠整合在一条规则之下。此其长也。就汉语重叠而言,不同的语义决定不同的重叠类型,这种情况在以重视意义见长的模式七中找不到现成的分析方法,我们可以从中有所借鉴,但具体的理论模式则只有在具体的分析实践中产生了。

模式八(张敏 1996,1997,1999,2001):这是基于类型学和认知语言学以求既解释重叠共同点又涵盖其个性差异的分析模式。在这种模式之下,重叠式被视为图样像似符,其形式元素的构型与概念元素的构型呈现为同构关系。从重叠过程来看,其形式特征可概括为"类同语言形式在言语轴上的毗邻复现",其概念特征可描述为"类同形式在一定认知域内的毗邻复现",二者的对应形成像似的同构关系,这一认知图式可称为"重叠的高层像似模式"。就汉语方言而言,其体词和谓词重叠式的各种基本意义类型,如周遍、逐指、增量、减量、相似、延续、反复等,都可以从上述"类同物复现"的高层模式推导出来。这种分析模式重在从宏观角度探索重复语言形式何以表达多种语义的内在规律,对揭示意义层面以推进古汉语重叠类型的建立(发现)极具参考价值。

以上简介了八种分析模式(或者说看法)。这些模式并不对立,相反,它们在很大程度上可说是互相补充的;从另一个角度来说,事实上也没有哪个模式完美无缺。因此不可能也没有必要拘泥于某一理论模式。正确的做法是根据汉语中的重叠事实反复考量各模式合理的部分而加以利用,不敷应用之处就只有依靠本研究原创性的理论假设了。

不过,从总体上看,第五种模式对于重叠过程的总体看法有可取之处。对于汉语重叠来说,无论是完全重叠还是音变重叠,如果假定存在一个完全重叠的初始阶段,那将会有助于说明整个重叠过程。比如福州话中的 soʔ^{23}(嗦)是个动词,"吸吮"的意思。重叠为 so^{11} soʔ^{23},指奶瓶上的小奶嘴儿。[①]如果我们按照第一种模式分析,就要有所谓母本投射,可是元音发生了变化,与基式已然不同,这又如何投射呢?按照第二种模式分析,我们也许会将重叠部分中的元音 o 当作预设音段。这也行不通,因为这个元音其实是条件音变的结果,换一种情况就不是 o了(请对比 taŋ^{213}[②](探)→taŋ^{11} taŋ^{213})。设若有一个完全重叠的假设形式 soʔ^{23} soʔ^{23},接下来我们便可以通过一些语音规则进行修饰而得到应得的结果。应该指出的是,在设立语音规则以完成重叠中的语音修饰过程中,第三、四两个模式中的一些做法是很值得借鉴的。比如受到模式三的启发,我们可以说福州话重叠部分要求一个轻音节(一个音拍)。这样就 so^{11} soʔ^{23} 一例而言,我们就有很好的理由在重叠部分(第一个音节)删除原本在基式音节承载第二个音拍的喉塞音了。

总之,本研究将会综合运用上述分析模式来处理汉语中的重叠。不过语言事实总比语言学理论丰富复杂,随着汉语重叠事实的不断发现,现有理论模式不敷应用是可以想见得到的,因为上述分析模式大都没有涉及汉语中的重叠(反切语不在自然语言之列)。在汉语重叠的基础之上建立新的理论模式是必然的。

1.2.4　音节理论

在很长的一段时间里,音节不入西方语言学家的法眼,在他们那

---

① 例子引自郑懿德(1983)。

② 据上下文应该是 taŋ^{213} 这个形式。在郑懿德先生的文章中(38 页),这个形式记作 taŋ^{213},似乎是打印错误。

里,语法单位依次是:音素/音位→词→词组→句子,其中没有音节这个层次。这并不奇怪,因为西方语言的词或者语素常由多个音节组成,有些语素虽说也是单音节的,比如英语中的 tect(掩盖)、duce(引导)、vit(生命)、fact/fac(做),但并不能随意取来用作构成新词的成分,这一点与汉语中的"字"是很不相同的。[①]所以,音节这个层次在他们那里就显得不大重要。在《英语音型》(*The Sound Pattern of English*)这部里程碑式的著作中,作者乔姆斯基和海勒(Noam Chomsky and Morris Halle)并没有正式认可音节这一概念。音节不受重视的情形近年来有了很大改观,现在学者们普遍认识到音节研究非常重要,要理解说明许多语音、音系方面的现象,就必须引进音节这一概念。

音节在汉语语言学中的重要性是不言自明的。汉语是单音节语,音节是意义的载体,所以在以汉语为母语的人的心中,音节永远是中心主题,一千多年来音节一直是汉语语言学的研究重心。同样,音节在重叠研究中也是非常重要的。这样说的根本原因就在于重叠过程中的基式一般总是一个单音节。要研究汉语重叠,就必须对音节有一个全面正确的认识。现在我们就来重点讨论一下与本项研究有直接关系的两个问题:一是音节的内部构造,一是音节的响度规则。

首先讨论第一个问题。Blevins(1995)列举了五种对音节内部结构的分析。

(8)音节内部结构(Blevins 1995:206—244)

a. 平铺结构:不分下级成分,只有音段排列(Anderson 1969;Kahn 1976;Clements and Keyser 1983)

b. 音拍模式:音节→$C_o\mu(\mu)C_o$(C 代表辅音,C_o 表示此辅音不承载音拍;μ 代表音拍)(Hyman 1985;McCarthy and Prince 1986;Hayes 1989)

c. 有主体的二分法:音节→主体+韵尾;主体→声母+韵腹(Mc-Carthy 1979)

d. 三分法:音节→声母+韵腹+韵尾(Hockett 1955;Haugen

---

① 参看赵元任(1968)、吕叔湘(1979)。

1956）

e. 有韵母的二分法:音节→声母＋韵;韵→韵腹＋韵尾(这是传统中国学者的做法,例如宋代的等韵图。详细讨论见于 Chao 1941, Karlgren 1954, Pike and Pike 1947, Halle and Vergnaud 1978, Selkirk 1982)

在这五种分析当中,Blevins 认为传统中国学者的看法最为可取,它适用于所有语言的音节结构。如此断言的理由很多,[1]Blevins 主要据响度以及音节重量加以论证。[2]从音节重量的角度来看,由于主元音(韵腹)和后面的辅音(韵尾)皆为音节重量的负载者,而前面的辅音(声母)与音节重量无关,由此可知韵腹和韵尾关系密切,跟前面的声母不大密切。韵腹跟韵尾应该首先构成一个成分,然后才跟声母发生联系。准此,音节的内部结构便可以图示如下。

(9) 音节的内部构造

这一分析相当合理,不过,有一个相当重要的音段这里没有涉及,这便是介音。介音属声还是属韵近年来颇有争议。以往处理汉语语音系统时,学者们多把介音划归韵母,比如注音字母和汉语拼音方案。不过,近年来不少学者,比如 Bao(1996)、王洪君(1999)、Duanmu(2000),都对这一问题有所讨论,而讨论的依据主要是介音的语音行为。笔者(孙景涛 2006)也曾著文论述这一问题,证据来自反切、切口、口误、重叠、押韵,结论是介音介于声韵之间,本质上与双方都有潜在的联系;它有时表现出只与声母或只与韵母紧密相连,这是某一特

---

① 语言游戏如切口语就可以用来作为证据。Blevins 举英语中的"open-glopen"为证。玩这种游戏,You are mad(你疯了)就得说成[y-op-u op-aɹ m-op-æd]。三个音节的声母和韵母被 op 整齐地分成了两个部分。

② 关于响度请看下面对响度规则的讨论。音节的重量是用来区分音节凸显程度的一个概念,有轻重之别。简而言之,CV 音节是轻音节,CVC 音节是重音节。参看孙景涛(2007b)。

定情况只激活与其中一端潜在联系的结果。①不过就汉语的一般情况来说,介音与韵母的往来更加频繁些,所以如在必要的情况下需要两分,我们不妨像汉语拼音方案那样将介音归入韵母。下面是就一般情况对音节内部结构所作出的分析。

(10) 汉语音节的内部结构

音节内部构造的理论对于汉语重叠的分析极其重要。如我们在下面几章将要看到的那样,重叠过程中音变频仍,而这些音变多发生在音节内部特定的位置上。譬如,顺向重叠中的音变发生在声母位置上,逆向重叠中的音变发生在韵母位置上,而裂变重叠中的音变则同时发生在声韵两个部分;更有甚者,发生在韵母的音变有时还要求音段的严格对应,即韵腹对韵腹,韵尾对韵尾,介音对介音。所有这一切都要求我们对音节的内部构造有一个深入的了解。

现在说到音节的响度规则。语音的响度可以凭借听觉感知。在音高、重音、持续时间完全相同的条件下,如果一个音比另一个音听起来响亮,那么我们就说这个音的响度比另一个大。概括起来说,元音的响度最大,滑音(glide)次之,流音再次之;鼻音的响度比较小,而阻塞音的响度是最小的。这五类语音还可以往下细分,比如英语一些音素的响度就可以细分为如下序列:a>æ>ε>ɪ>u>i>l>n>m>z>v>s>ʃ>d>t>k。(Ladefoged 1993:246)响度这一听觉范畴的建立有助于深化人们对音节的认识。早在一个世纪以前,索绪尔(Saussure 1916)就提出每一个音节都有一个响度高峰的观点。这其实就是音节

---

① 笔者在这篇文章(孙景涛 2006)中没有用到口误证据,现做一补充。沈家煊(1992)发现口语中说错的部分,可以是声母加介音(介音与声母一起行动),也可以是韵加介音(介音与韵一起行动)。前者如把"一个人对着电扇(shàn)吹(chuēi)"说成"一个人对着电扇 chuān"。其中声母和介音共同保留下来,主元音和韵尾则变为前一音节的。后者如把"宁可留(lióu)下来"说成"宁可 nióu 下来",其中介音和韵腹韵尾一同保留下来,声母则变成了鼻音。据此可知介音既可属声,也可属韵。

响度规则的雏形。随着调查语言的增多,人们对这一规则的认识逐步加深了。这一规则概括了这样一种事实,即音节的首音至韵腹在响度上呈上升趋势,而韵腹至韵尾在响度上呈下降趋势。[①]如此,每个音节都可以表示为一个响度上的高峰。音节响度规则与重叠类型的形成有非常密切的关系,详细讨论见下面第六章。

1.2.5 区别特征

怎样分析语音?传统的办法是从发音方法和发音部位两个方面进行。唐宋等韵图的分析正是这个意思。大体说来,唇、舌、牙、齿、喉是发音部位,全清、次清、全浊、次浊是发音方法,等呼则涉及对元音、滑音的分析。目前这方面的最高成就体现在国际音标表中。这是人类智慧的结晶,非常有用。但是在分析语音中也有不少问题。例如,擦音[f, v]既有[Φ, β](双唇)的特性,又有[θ, ð](齿音)的特性,因而在国际音标系统中被称为唇齿音,其位置介于[Φ, β]和[θ, ð]之间。可是[f, v]常与双唇音往来,跟齿音无甚关系。比如,汉语史上重唇音(双唇音)在一定条件下可以变为轻唇音(唇齿音),p变成f,但是看不到t变f。由此可见,传统的发音部位说尚不足以说明这种音变和语音限制。

再如,在国际音标的舌位图上,如果不考虑前后差别,可以看到前元音 i、ɪ、e 是由高向低排列的。可是根据语音实验,ɪ 的舌位反而比 e 要低。为了准确,我们也许会调换这两个音,即把 ɪ 放在 e 的下面。可是问题并不那么简单。比如,在加拿大法语中,t 在 i 和 ɪ 的前面要变成塞擦音,在 e 的前面不变。这表明 i 和 ɪ 确实很近,把 e 排在下面是对的。可这样一来又如何解释实验语音学的数据呢?[②]

正是由于这种理论上的需求,生成语法学派才在传统分析语音以及布拉格学派的理论基础上逐渐发展出区别特征理论。区别特征肇

---

① 这一规则有一些例外。比如,s 比 p 的响度要大。依据音节响度规则,这两个音如果在同一个音节中出现在韵腹前面的位置上,那么它们的序列理应是 ps 而不是 sp。可是事实上我们有[spi:d](speed'速度')。这实际上是有条件的例外。参看王洪君(1999:113—121)。

② 参看 Kenstowicz(1994:137—138)。

始并主要运用于音系学,它是最小的对立单位,是音系的基础单位,可用以对人类语言所有可能的语音进行分类,并将其归入一个密切联系的网络之中。譬如,根据对[响音]这一区别特征呈正值还是负值,我们可以把元音、滑音、鼻音跟塞音、擦音区别开来;根据[持续],我们可以把元音、滑音、擦音跟鼻音、塞音区别开来;根据部位区别特征"唇吻"①,我们可以把元音中的 y、ø、ɒ、o、u 和辅音中的 p、b、f、v、m 归为一组,而把元音中的 i、e、a、ɤ、ɯ 和辅音中的 t、d、n、k、g、ŋ、s、z、x、ɣ、ɦ 归为另一组。以区别特征进行如此这般的纵横交错的分析归纳,语音系统的组合关系和聚合格局就可以更加清楚地显示出来,加深了对语音的认识。

区别特征对古汉语重叠的研究尤为重要。这体现在两个方面:

第一,区别特征的运用可以更加简明有效地说明重叠中的音变规律。譬如,白一平和沙加尔(Baxter & Sagart 1998)发现古汉语重叠中有这样两组语音对立,即 e:o 和 i:u。如果我们用区别特征进行分析,便可得出[-圆唇]/[+圆唇]的对立。这样的分析具有更强的概括性,音变规律因而就能够更为清晰地显示出来。

第二,研究古汉语重叠不可能不涉及古音构拟系统,可是其中不确定之处甚多,这又如何能够保证对古汉语重叠进行卓有成效的分析研究呢?区别特征的引进可以在一定程度上消弭这些不确定因素。比如,经过中外数代学人的努力,我们对古音系统中的许多特点应该说是比较清楚的,但具体是哪些音却未必有把握。如果拘泥于某一具体音值展开形态构词研究,未免似密而实疏。然而,如果我们在假设某一具体音值的同时又能将学界有定论的部分以区别特征加以说明,比如一个音的五个区别特征有三个是清楚的,我们便可倚重这三个特征展开论证;这样做似疏实密,对古汉语重叠的分析也就较为可靠了。譬如,我们对中古汉语裂变重叠中第一个音节的韵尾是-t 是-k 还是-ʔ 不甚了然,但是综合周祖谟(1943)等人的研究,可知这个尾音无疑是具有[-持续]、[-浊]等区别特征的,在此基础上与现代方言中的重叠加以比较,就会发现与晋方言裂变重叠

非常相似。①区别特征的理论手段使古代重叠与现代重叠有了可比性，我们分析的可靠程度自然就会得到很大提高。

总之，区别特征理论为我们提供了新的分析语音的手段，加深了我们对语音的认识，借此可以在更大程度上充分利用现有古音研究成果来有效地进行古汉语重叠研究。

1.2.6　"字"本位理论

"字"本位理论是以"字"为核心以反映汉语本质特点的一种理论。②按照这一理论，"字"是汉语最基本最重要的结构单位，它是表达概念(意义单位)的一个音节，是形成汉语"一个字·一个音节·一个概念"——对应格局的基础，其特点可概括为结构简单，语法功能模糊，表义性特别顽强。认识到"字"的存在及其特点对于重叠研究至关重要。首先，"字"是以音节为物质外壳的音义结合体，而重叠的运作始于这个结合体。其次，尤其重要的是，"字"的特点决定了不同重叠类型的形成，比如，重叠中有无语音修饰；如果有，那么修饰落在前一音节还是后一音节，都与"字"的特点有直接的关系。我们将全面探讨重叠的形成机制，"字"本位理论将是一个重要的支点。

1.3　前人对古汉语重叠的研究

1.3.1　与古汉语重叠有关的研究

本项研究需要调查众多双音形式，说明它们是如何在单音节基础上通过重叠而产生出来的。前代学者对此也很感兴趣，并做了大量研究。现在先来做一个回顾。

我们知道，古代文献中含有大量的由两个相同的字组成的形式。比如在《诗经》中可以看到纠纠 jiūjiū(绳索交错缠绕的样子)、掺掺 shānshān(纤细美好的样子)、提提 títí(群鸟飞翔的样子；美好安详的样子)，等等。不仅是上古时代，以后各个时代以至于今日，这类双

---

① 详细讨论见下面第四章、第六章。
② 有关"字"本位的论述主要见于徐通锵的一系列论著(1991, 1994, 1997, 1998, 2004 等)。

音形式一直屡见不鲜。由于构词方式特别,所以早在两千多年以前就引起了学者们的注意。在《尔雅》①一书的"释训"章,类似的双音形式多达一百余条,例如:"明明、斤斤,察也。"汉代毛亨、郑玄在给《诗经》作注笺时对这类条目特别留意,每每给以解释。三国时代张揖的《广雅》也收了很多这样的条目。此后类似的研究从未间断过。方以智(1579—1671)的《通雅》,史梦兰(1813—1898)的《叠雅》,在资料的搜集整理方面做了很多有益的工作。史梦兰的书中还首次出现了"重言"这一术语,这说明当时的学者已经开始从整体概括的高度来对待这一现象。不过,由于这种现象只是一个单音形式的依样画瓢,语音上没有变化,所以他们的注意力主要在单音形式与双音形式的意义关系上面。王筠(1784—1854)的《毛诗重言》、邵晋涵(1743—1796)的《尔雅正义》、王显(1959)、曹先擢(1980),都在这方面做出了有益的探索。他们的发现可以概括为两个方面:一是所有这些双音形式的作用都是对事物性状或行为进行描写;二是单音形式与双音形式之间可以有语义联系,也可以两不相涉。

除了重言,古代学者对另一类双音形式也表现出浓厚的兴趣。这类形式的两个音节意义上无法分开,比如"相羊"*sáŋ láŋ(李*saŋ raŋ)＞EMC sɨaŋ jiaŋ,②"相"是看的意思,"羊"是一种动物,而合在一起则是徜徉、徘徊之义,意义上毫无瓜葛。这种双音形式在宋代张有的《复古编》中被称作"联绵字"。联绵字自古及今一直是个热门课题,基于实际观察,学者们对联绵字逐步形成了两点看法:一是整个联绵字不可分开解释;二是构成成分之间往往有语音上的联系,一般概括为双声或者叠韵——另外有一些学者认为,只要双音形式无法拆开解释,即便是既非双声亦非叠韵,也是要看成联绵字的。在这样的认识之下,大量的联绵字(包括重言)为学人搜集,例如:

---

① 《尔雅》的成书历来颇多争议。何九盈(1985)从训诂史以及《尔雅》的名义、内容等多种角度加以论证,力主为战国齐鲁儒生所著的观点。

② 带星号的是蒲立本的上古音,括号中出示李方桂的上古音,以"李"字标志。EMC是蒲立本 Early Middle Chinese(早期中古音,即《切韵》音)的缩写。有关本书所用古音体系的说明请看下面 1.4 节。

王国维(1923):《联绵字谱》。收集了两千多个先秦两汉时代的双音形式,包括联绵字和重言。

符定一(1943):《联绵字典》。广收六朝以前双声、叠韵、重言,兼收一般双音复词。

杜其容(1960):"毛诗连绵词谱"。该文搜集了《诗经》中的 646 个双音形式,并全部安置于董同龢(1944)的古音系统之中。

喻遂生、郭力(1987):"说文解字的复音词"。该文对《说文》中的双音形式进行了穷尽式的搜索,共得 1 690 个条目。

陈燕(1992):"广韵叠韵联绵字的语音研究"。该文由《广韵》中辑录 916 个条目,其中 548 个出自上古文献。

以上论著并不仅仅是材料的搜集,材料搜集之外,作者们还依照古音系统进行了分类整理,有的还进一步对一些古音问题进行了探讨。这些工作极具价值,为深入研究提供了很多便利。不过这些工作中的问题也是相当明显的。问题之一涉及"联绵字"的界定,即如何认识联绵字的问题。前面提到,学者们已经认识到与语音有关、意义无关才能算做联绵字。这一界定相当严谨,然而以这种界定所标志的现象究竟有什么语言学上的意义仍然值得深入探讨。如许多学者所指出的那样,汉语语素的一个基本特点是一音一义,[1]然而何以联绵字却是二音一义呢?汉语词汇系统中多有双音形式,但是为何这类形式会有双声叠韵的关系呢?而且是什么原因造成了双声与叠韵的分别呢?这些语言学上的问题在联绵字的研究中没有答案。正因如此,所以当以那样谨严的定义界定联绵字时就多有扞格不通。例如,匍匐(*báγ bə̀k>EMC bɔ buwk;李 *bag bjək)一词常被视为典型的联绵字,然而其中的"匐"字只是"伏"(趴下)的不同写法而已,代表同一个词。"匐(伏)"与"匍匐"意义上密切相关,这跟联绵字与组成成分在意义上没有关系的看法是抵触的。从语音特点上看,很多学者都认为双声叠韵是联绵字的一大特点。然而若以此界定联绵字,那么很多意义上无法分开的双音形式就要排除在联绵字之外,比如"淡漠、翱翔、颠沛、滂沱"——这很难令人接受,这些一向被认作联绵字的实例怎能说不是

---

[1] 参看李方桂(Li 1951)、赵元任(Chao 1968, 1976)、徐通锵(1994, 1998)、丁邦新(2002)、孙景涛(2005a)。

联绵字呢？为了囊括这些实例，我们也许会考虑放宽联绵字在语音和意义上的限定，可是这样一来，联绵字又如何与一般的双音词相互区别呢？如此进退失据，说明"联绵字"这一概念是建立在对某种语言现象粗略观察的基础之上的，其科学性先天不足。但是无论如何，历久不衰的联绵字研究在材料的搜集上厥功甚伟，为进一步从新的角度进行研究打下了良好的基础。本项研究所依据的材料实际上就大都来自传统的联绵字研究。

1.3.2　古汉语重叠的新近研究

受到现代语言学理论以及其他语言中重叠研究的启发，学者们很早即已认识到古代汉语中有重叠现象的存在。根据周法高（1962：97），董同龢于1955年在台湾大学举行的一次研讨会上曾用部分重叠（partial reduplication）这一术语指称有双声或者叠韵关系的联绵字。与此同时，金守拙（Kennedy 1955）也提出计划要研究古汉语中的重叠词，他举出英语中的重叠词 ding-dong（叮当声）和 pell-mell（乱糟糟的），准备以此与有双声或者叠韵关系的重叠词相联系。金守拙此项研究的部分成果见于金守拙（Kennedy 1959）。杜百胜（Dobson 1959）和周法高（1962）均属古汉语语法研究专著，其中均设有独立章节，专门讨论重叠问题。近年来，古汉语重叠引起更多学者的注意。在罗杰瑞（Norman 1988）以及蒲立本（Pulleyblank 2000）当中，我们可以看到二位学者对古汉语重叠简洁而确当的论述。受到生成音系学的启发，包志明（Bao Zhiming 1995）力图通过古汉语重叠中声母、介音、韵母、声调的特性以及表现而对其作出限定，孙景涛（1998）则试图建立古汉语重叠的类型。同样也是要建立古汉语重叠类型，白一平和沙加尔（Baxter and Sagart 1998）在讨论中涉及很多古音方面的细节。下面是对这些研究的述评。

金守拙（Kennedy 1959）对《诗经》中"反反、幡幡"之类的重言形式进行了深入的观察，他发现了这样一种倾向，即，构成重言的单音节形式大都不常用，而常用的单音形式反而不大见于重言形式。比如，《诗经》中表示"忧愁"的重言条目极多，然而这些形式中的单音形式却绝无"忧愁"之义。相反，常用词"忧"字虽然在《诗经》中共有82个用例（皆是"忧愁"义），但是从不见于重言形式。金守拙对《诗经》所有

360个重言形式进行调查,发现竟有139个仅见于重言,不见于别处。至于另外221个重言形式,其单音节成分虽然也可以独立运用,但是它们的意义与重言形式的意义大都两不相涉。这表明单音节的意义跟重言的意义并没有什么关系。基于以上观察,金守拙得出结论:重言是原生形式,与重叠无关;重言很可能起源于拟声以及双关表达。

必须看到,金守拙的考察非常细致,揭示了重要的语言现象;他立足于对语言事实的观察,而不是囿于字形的含义,可以说颇得清儒因声求义、不限形体的要领。不过,他的观察及结论仍有值得商榷之处。首先,虽说大、小、远、近、美等许多常用词不用于重言,但是高、明、青等常用词在《诗经》中是有重言形式的。其次,金守拙对重叠意义的生成在理解上似乎也有一些偏差,尤其是对完全重叠表示的"意义"没有恰当的认识。在他看来,即使是完全重叠,其与基式之间也必须有一种显性的逻辑关系。事实上,完全重叠所表示的"意义"非同一般,它同基式概念义可以说是一种跳跃式的感性联系。单字与完全重叠之间没有显性的逻辑联系并不能否定二者是重叠关系。下面第五章将会对这一问题进行详细的讨论。

基于杜其容(1960)对《诗经》重叠所作的全面研究,周法高(1962)对重叠进行了广泛的探讨。根据重叠中两个成分之间的语音关系,他把《诗经》中的重叠式分成了两类:一类是完全重叠,一类是部分重叠;第二类又进一步细分为双声重叠与叠韵重叠。此一研究最有价值的部分是从语言学以及语文学的角度对重叠式所进行的分析。对于完全重叠,周法高以句子为单位对其分布进行了详细的分析描写。对于部分重叠,在对所处句中位置进行统计之后,他指出这些重叠形式多用作状词、名词、单呼词。周法高的研究很有价值,但对一些根本问题并未涉及,比如没有探讨重叠何以产生的原因,也没有说明在什么样的条件下才会出现语音上的变化。

为了弥补以往研究的不足,包志明(Bao 1995)根据生成音系学理论对古汉语重叠中语音变化的机制进行了探讨。基于学者们的一般性看法,包志明将联绵字理解为重叠词,并进一步按照两个音节中同一成分所处相应位置而分为双声重叠(包志明称之为 i-words)和叠韵重叠(r-words)。包志明认为,在任何分析重叠的理论之中,确知基式是不可或缺的,然而由于语源未明,在对古汉语重叠进行研究中我们无此便利条件,因此必须取一种新的方法才能奏效。包志明所采用的新方法是将切入点集中在韵律词(P-word)的两个音节的关系上面,找出二者相异的部分。具体操作中的关键是引进"音节特质"(P_σ)这一概念。所谓"音节特质"(P_σ)是以一种反向机制的方式提取出来的,它是古汉语重叠的产物,它所表示的是韵律词所具有的语音特质。"音节特质"(P_σ)可以反过来让我们窥测到部分重叠的本质以及相关音节结构和声调的种种情形。在这一理论框架之下,包志明深入探讨了韵律词的"音节特质"(P_σ),重点是声调与其他音段如声母、介音、主要元音、韵尾等之间的限定。经过一番考察,他得出以下结论:如果一个韵律词的两个音节只是声母相同,或者只是介音相同,或者只是主要元音相同,①那么,两个音节的声调就一定相同;如果这种相同的成分不止一个,那么声调相同与否就是不可预测的,就是说,其声调可以相同,但是不一定总是如此。此外,根据从部分重叠中所得到的启示,包志明还提出介音在古汉语音节中的地位并不确定的看法。

   总的看来,包志明的研究分析程序谨严,透过外部现象提取内在本质,对古汉语部分重叠进行形式化的分析,是一个很有价值的尝试。不过,既然是重叠,就应该有基式,如果一时找不到,亦应根据重叠式做出假设,因为这样才有可能复原重叠过程,逐步加深对重叠的认识。在没有假设的基式的情况下一味关注两个音节之间的关系,很容易为表象所淹没,最终难以揭示重叠过程中语音形式发生变化的情况。此外还有其他方面的一些问题。首先,如前所述,古往今来以联绵字为名而搜集的材料实在是内容芜杂,内部很不一致。在这种情况下,如果我们不加分别地将其一例看待,凡是联绵字就是重叠词,那么,许多实际上并非联绵字的形式必然会掺杂进来。比如,文中引"颠倒"以为部分重叠之用例,殊不知这实际上只是同义词并列。②把这样的用例与

---

①   包志明接受了学者们对《广韵》音节结构的分析,即除了声调,一个音节最多可包括四个成分:C_1GVC_2(其中 C 代表辅音,G 代表滑音,V 代表元音)。包志明分别以 $P_\sigma(C_1)$、$P_\sigma(G)$、$P_\sigma(V)$、$P_\sigma(C_2)$ 表示这些不同音段的语音特质。

②   《诗经·东方未明》:"东方未明,颠倒衣裳。颠之倒之,自公召之。""颠"和"倒"都是各自可以独立运用的词。再比如,《论语·季氏》:"危而不持,颠而不扶,则将焉用彼相矣?"司马相如《上林赋》:"弓不虚发,应声而倒。"

真正的部分重叠用例进行同样的分析,其结论很难可靠。其次,文中所用材料大多出自上古,然而所采用的语音形式则是中古音。如学界普遍认同的那样,上古音与中古音是很不相同的,这种不同不仅表现在具体的音值上面,而且表现在音节结构上面。不区别时代有可能造成严重的问题。这里有一个例子。为了说明两个音节在 GVC₂ 诸音段上的不同,包志明引"兼葭"为例,并标上了中古音 kien T1① ka T1。我们知道,"葭"在中古音中是个二等字,按照雅洪托夫(1960)和蒲立本(Pulleyblank 1962)的研究,这类字在上古音中应该有一个用作介音的流音,这一理论已经为很多学者接受。据此可知,"葭"字在上古音中应该有一个用作介音的流音,而这个流音在中古音中是不存在的。不分中古上古怎能对重叠中的语音变化做出正确的分析呢?再次,如我们所知,重叠是一种涉及语音与语义两个方面的形态构词现象,因此研究重叠时同时涉及这两个方面是无法回避的,我们不能只管一个方面而完全忽略另一个方面。有时某一研究或可侧重某一方面,但是即便如此,该研究也应该适当虑及另一方面的情况,否则会有迷失方向之虞。比如,在包志明的重叠研究中,"辗转"和"骎骎"(一种快马)是一例看待的,并受到了同样的音节结构分析,但实际上这两个重叠词分属不同的重叠类型,因此对其进行同样的音节结构分析是不恰当的。尤其值得注意的是,这两个重叠词在音变类型上的区别与二者在形态意义上的区别是相互对应的。只有理解了形态意义这个侧面,其音变类型的另一个侧面才能说清楚。总之,古汉语重叠不是单纯的语音现象,研究中应该将语音语义两个方面全都考虑进来。

白一平和沙加尔(Baxter and Sagart 1998)是对古汉语构词的综合性研究,其中有一节是专门讨论重叠的。下面是他们举出的例子。

(11) 重叠类型(Baxter and Sagart 1998)

a. *e/o 交替重叠

刺促 qìcù<tshjek-tshjowk<*tsʰjek-tsʰjok

辗转 zhǎnzhuǎn<trjenX-trjwenX<*t-n-r-jenʔ-t-n-r-jonʔ

鞞琫 bǐngběng<pengX-puwngX<*peŋʔ-poŋʔ

踟蹰 chíchú＜drje-drju＜*drje-drjo

蜘蛛 zhīzhū＜trje-trju＜*trje-trjo

b. *i/u 交替重叠

蟋蟀 xīshuài＜s(r)it-srwit＜*srjit-srjut

伊威 yī wēi＜ʔjij-/ʔjwip＜*rjij-rjup

通过这些例子(请注意每个例子最右边以星号标志的那两个音节)可以看到,a、b 两种类型是根据主要元音的对立而区分出来的,这是考察语音细节的结果,值得肯定。不过,从更为概括的眼光来看,这两种类型是可以归为一类的。如笔者(孙景涛 1998)曾经论述的那样,这种*e/o 交替或者*i/u 交替实际上可以理解为[－圆唇]/[＋圆唇]区别特征的对立,如此处理比归结为具体音段的对立更加具有概括性,因而也更加可取。

以上是对此前古代汉语重叠研究的评介。总的来看,这一领域的研究在过去几十年间是在不断发展的,其中一个重要的收获,是学者们已经认识到很多双音形式实为重叠这一形态构词机制的产物。不过就目前的研究状况来看,我们还缺乏从形态意义和语音变化两个方面对古汉语重叠所进行的全面研究,填补这一空白正是本研究致力达成的目标。

1.3.3　古汉语重叠与联绵字

本研究所用材料虽受惠于传统语言学在联绵字名下的广泛搜罗,但是并不以全面研究联绵字为目的。因此,某些联绵字不能纳入本研究的理论框架是非常自然的。换言之,论述中我们对某些联绵字避而不谈并不是刻意隐瞒,而实在是因为与重叠形式无关,我们不能强为之解致使自乱其例。重叠形式与联绵字实为各有界定范式的两个不同的集合,二者是交集关系,在二者之间硬性画上等号无助于研究的深入。

1.4　上古音构拟

作为一种形态构词机制,重叠是在语音和语义的界面上运作的,因此,要深入研究重叠,就一定会涉及语音问题。我们研究的是古汉语重叠,那么就一定要以上古音为基础,这是先决条件,不满足这一条件,古汉语重叠研究便无法展开。

重叠研究对古音的倚重给我们提出了一个问题,即我们究竟可以在多大程度上信赖上古音呢?我们知道,上古音并不是一个确凿的实际语音系统,它是一个构拟体系,是一个重建的系统。有鉴于此,我们不禁要问,如果这一构拟体系的可信程度不足,那么在此基础上的研究又有什么意义呢?这是一个非常严重的问题。不过通过考察可以看到,学者们在研究上古音中所使用的材料是丰富的,采纳的方法是科学的,其实际状况让我们有信心在其基础上展开古汉语重叠研究。

与汉语语言学其他分支相比,古音学是最具历史纵向连续性、最有国际横向沟通特点的学科。自陈第(1541—1617)、顾炎武(1613—1682)开创这一学科以来,古今中外众多学者辛勤耕耘,使用材料日益丰富,研究方法后出转精,新获成果层出不穷。不过,总的原则仍然是陈、顾所定,四百年来一脉相承。这件事本身就说明古音学是发展得相当成熟的学科,其结论不可小觑。下面对古音研究方法作一概述,从中可以看到这些方法是相当科学的。

第一,比较《诗经》用韵与《切韵》分韵。《诗经》用韵是客观存在,仔细分析韵例,排比归纳韵字,即可见其分合;再与《切韵》分韵比较,《诗经》韵部就产生了。此法为顾炎武首创,后经江永(1681—1762)、段玉裁(1735—1815)、戴震(1723—1777)、孔广森(1752—1786)、王念孙(1744—1832)、江有诰(?—1851)、章太炎(1869—1936)、黄侃(1886—1935)、王力(1900—1986)、董同龢(1911—1963)的不断研究,古韵分部几近完善。这构成了后人构拟上古韵母的坚实基础。

第二,谐声材料。段玉裁以前,学人研究古韵的材料只是《诗经》押韵,自段玉裁开始,由于他发现了"同谐声者必同部"的规律,所以研究材料又扩大到文字谐声材料。文字谐声材料不但可以补押韵证据之不足,又为上古声母研究提供了最主要的材料。与押韵证据相比,以谐声证古音似乎不是非常有力,但是谐声造字法发生既早,至先秦时代已相当成熟,加上材料丰富,合理使用是很能说明问题的。雅洪托夫(1960)和蒲立本(1962)据谐声证二等韵的上古来源是一个流音介音已成为运用此一方法的典范。

第三,利用现代读音。共时反映历时,因此利用现代读音构拟古音是一个相当有效的方法。比如钱大昕(1728—1804)发现古代轻重唇音相通,所引文献丰富,证据确凿可信。然而一个需要解决的问题是古无重唇音还是古无轻唇音呢?仅就古书通用之例,两说皆可。钱氏以当代方言材料为证而认定古无轻唇音。他说:"今江西、湖南方音读'无'如'冒'。"[①]可见如果唇音不分轻重,那么其读音应该是重唇。汉语方言材料十分丰富,以之为证进行古音研究的前景十分广阔。

第四,对音材料和借词。中国与域外的交往由来已矣,其间发生词语互相转写以及词语移借是非常普遍的,这为古音研究提供了宝贵的材料。比如地名 Alexandria[②]在《汉书·西域传》中被写作"乌弋山离",四个字刚好与源词的四个音节对应,其中透露出来的信息对古音构拟意义重大。比如第二音节"弋"的声母是喻[四],源词中与之对应的音节的声母是 l-。许多学者以此为证,认定古汉语中的喻[四]声母是 *l-。

第五,汉藏语同源词对比。有同源关系的语言在语音、语法、词汇各方面存在千丝万缕的联系,因此,汉藏语其他语言可以为古音构拟提供证据。例如,目前一般都认为古汉语中存在两个流音,一个是 *l-,一个是 *r-。然而在这两个流音如何分派上却存在分歧。有两种意见:第一种意见认为中古喻[四]源自上古声母 *r-,中古来母源自上古声母 *l-;第二种意见则刚好与之相反。汉藏语对比有助于对此作出决断。下面是汉语与古藏文对比例(例子取自全广镇 1996)。

(12) 汉藏同源词(汉语拟音依次是蒲立本的上古音和早期中古音(EMC))

    a. "离"　汉语 *ràl; liạ　离开

           藏语 ral-ba　被裂,斩为小片

           ral　(意见等的)分裂

           dbral　分离

    b. "卢"　汉语 *ráɤ; lɔ　黑[③]

---

① 见《十驾斋养心录》卷五。"无"是微母字,轻唇音;"冒"是明母字,重唇音。

② 马其顿国王亚历山大大帝(Alxandria the Great 前356—前323)东侵南征过程中在亚非各地建立了数十座城市,均以 Alxandria 命名。

③ 《尚书·文侯之命》:卢弓一,卢矢一。孔安国传:卢,黑也。

藏语 rog-po　黑

c. "扬"　汉语 *làŋ; jɨaŋ　扬起,举起,飞扬

藏语 laŋ-pa　上扬,起来

d. "用"　汉语 *làŋ^{h}s; juawŋ^h　使用

藏语 loŋs　用,使用,欣赏

这四组汉藏词例在意义和语音上对应得相当整齐,其中有一点正好与我们讨论的问题相关,那就是它们的声母:来母与古藏文的 r-对应,而中古喻四则与古藏文的 l-对应。这一事实告诉我们第二种意见更为可取。

第六,形态构词。前面已经提到,语音与形态互为表里,密不可分,所以形态可以成为窥测古音的窗口。比如高本汉(1954)发现中古群母 g-与匣母 ɣ-呈互补分布,g-、ɣ-又皆为舌根音,因此在上古可能是同一个来源;又由于 g-比 ɣ-更常见,所以这个共同来源很可能就是 *g-。但问题是呈互补分布的不一定全都同出一源。如何处置,颇费踌躇。幸好形态学可以提供证据。高本汉注意到,不少有意义联系的一对词是以声母的清浊而形成对立的,比如分(*p-)与份(*b-)、增(*ts-)与层(*dz-)、长(*tr-)与长(*dr-)。这表明声母清变浊是一种形态构词手段。见(jiàn)与见("现"xiàn)与此同类。两个词的不同意义"看见"和"显示"恰与中古清塞音声母(k-)与中古浊擦音声母(ɣ-)的不同相平行。比照声母清变浊的形态构词过程,可知将"见(xiàn)"拟为 *g-比拟为 *ɣ-要合理,因为 *k-变成 *g-只是清变浊,其他方面不变(如皆为塞音),这与分(*p-)与份(*b-)等完全相同。如果将"见(xiàn)"拟为 *ɣ-,这一形态构词过程就成了 *k-变 *ɣ-。*k-变 *ɣ-当然也是清变浊,但是发音方法的改变(*k-为塞音, *ɣ-为擦音)得不到解释。由此可见,"见(xiàn)"的声母应该是全浊塞音 *g-。"见(xiàn)"是匣母,所以匣母字的上古音应该是 *g-。这一构拟既符合语音变化的一般性规则,又与形态构词上的音变类型相平行,所以结论相当可靠。

以上是对古音研究中六种方法材料的概述。[①]从中可以看到,经过古今中外众多学者数百年的努力,古音学作为一门独立的学科已经发展得相当成熟。从使用材料上看,它既使用文献材料,又使用活语言

[①]　白一平和沙加尔(Baxter and Sagart 2014:9—41)专门就如何构拟古音作了系统的阐述,可参看。

的材料;既使用汉语自身的证据,又利用其他语言材料以为旁证。从采纳的方法上来看,它遵从历史语言学的普遍规则,强调语音演变的规律性;无论是逆向追溯还是顺向纵观都非常重视演变轨迹及其演变条件,而这些条件又总是尽量周全地与一般语音规则相对照;此外在比较方法的运用上也是不断改进完善:最初是中古与上古比较,后来扩展到与方言、与外语比较,此外还有词语转写这类语文学上的比较,还有在广阔视野上的类型学的比较。总之,由于材料丰富,方法科学,手段多样,所以古音研究取得了很大的成绩,它不仅为两千多年以前的汉语语音系统勾勒出了大致的轮廓,而且在声母、介音、韵腹、韵尾等细节方面也得出了不少确定不移的结论。这为重叠研究打下了坚实的基础。

接下来是选择何种古音体系的问题。我们知道,古音学中有争议的地方很多,各家处理多有不一,在这种情况下进行选择,取舍之间,难以定夺。不过就本项研究的旨趣而言,这并不是一个不可逾越的难关。事实上,在有价值的若干古音体系中,无论作出何种选择都会有助于实际操作。这种情况是由重叠研究的性质所决定的。如前所说,重叠研究固然要求知悉语音要素,而且越细越好,但是由于重叠个例在形成过程中多是以类相从,其语音变化常常可以概括为某种区别特征,所以只要能找到这种区别特征,即便其他语音细节不甚了然也无碍于辨识重叠类型。从各家的古音构拟体系来看,他们构拟时所使用的材料证据总的来说是相同的,所以某些语音特征在各家体系中均有体现,而这些语音特征往往正是建立重叠类型的语音基础。比如,中古喻₄常常出现在重叠词第二个音节的位置上,然而喻₄的上古来源却有 *l-、*r-、*ʎ- 等多种不同的构拟,不过这并不妨碍我们发现古汉语中的重叠类型,因为所有这三个辅音都是流音,共有[响音]、[持续]等区别特征。我们因此可以说此类重叠的语音特点是第二个音节总是流音,依从三种构拟方案中的任何一种都可以得出相同的结论。

再来看一个例子。在下面第二章将会看到,古汉语逆向重叠中有这样一种类型,其前后两个音节的韵母呈[-圆唇]/[+圆唇]这样的区别特征对立。就某一实例而言,各家构拟或有不同,但是由于各家构拟所用的证据大同小异,所以无论采用哪一家的构拟都可以看到这样的区别特征对立。请看各家对逆向重叠词"跼蹐"的不同构拟:

(13)"踟蹰"的六种构拟

*d'i̯ĕg d'i̯u   高本汉(B.Karlgren)

*dǐe dǐwo   王力

*drjig drjug   李方桂

*dràj dràɥ   蒲立本(E.Pulleyblank)

*drje drjo   白一平(W.Baxter)

*de do   郑张尚芳

六种构拟各不相同,但是从任何一种构拟中都可以看到[－圆唇]/[＋圆唇]的对立;下面截取各家构拟中两个音节的相关部分以显示这种对立:*-ĕ-/-u(高本汉),*-e/-wo(王力),*-i-/-u-(李方桂),-j/-ɥ(蒲立本),*-e/-o(白一平、郑张尚芳)。

以上例子表明,尽管各家构拟颇多抵牾,但由于使用的材料基本相同,所以若从大处着眼便可发现一致之处颇多。这些一致之处可说是各家构拟的最大公约数,它们建立在可靠材料的基础之上,是相当稳妥的。就"踟、蹰"二字而言,中古韵书韵图以及现代方言中都有证据说明二字韵母有非圆唇与圆唇的对立,各家构拟充分利用了这一证据,所以无论采用哪一家的构拟都可以得出相同的结论,都可以引导我们发现古汉语重叠中的重要规律。在这种情况下,选择古音体系相对来说就变得容易些了。

本研究采用蒲立本的古音构拟体系,同时给出李方桂(1971/1980)的构拟。李方桂的古音体系见其专著《上古音研究》(1971/1980),蒲立本的古音体系散见于多种论著,这里作一综合介绍。

(14)蒲立本的古音体系(Pulleyblank 1962, 1977—1978, 1991a)

a. 声母(从上古到中古;EMC指蒲立本的早期中古音;演变条件置入括号,A和B表示A类音节与B类音节[①])

喉音(laryngeals) *ʔ>EMCʔ

舌根音(velars) *k kʰ g x ŋ>EMC k kʰ ɣ x ŋ(A);k kʰ g x ŋ,后随 j 或腭化韵尾时则有可能变为 tɕ tɕʰ dʑ ɕɲ(B)

唇化舌根音(labial velar) *w>EMC ɣw(A),w(B)

---

① B类音节与A类音节指发展到中古汉语分别变成三等与非三等的音节。参看第七章的相关讨论。

舌齿音(dentals) *t tʰ d n＞EMC t tʰ d n(A)，tɕ tɕʰ dʑ ɲ(B)

*t tʰ d n ＞ EMC tr trʰ dr nr(r 的前面)

*r＞EMC l

*ɬ＞EMC tʰ(A)，ɕ(B)

*l (＜ *a̯ɬ)＞EMC d(A)，j(B)

*l (＞ *ld) ＞EMC d(A)，ʑ or dʑ(B)①

嘶音(sibilants) *ts tsʰ dz s＞EMC ts tsʰ dz s(A，B)，tʂ tʂʰ dʐ ʂ
(r 的前面)

唇音(labials) *p pʰ b m＞EMC p pʰ b m

说明:此表未列复辅音。复辅音主要包括-r-、-l-处在第二个辅音位置的类型
以及 s-处在第一个辅音位置的类型。

b. 韵

	阴声韵			阳声韵			入声韵		
		蒲	李		蒲	李		蒲	李
Ⅰ				侵	əm	əm	缉	əp	əp
Ⅱ				談	am	am	盍(葉)	ap	ap
Ⅲ	微	əl	əd	諄(文)	ən	ən	術(物)	ət	ət
Ⅳ i ii	祭 歌	ats al	ad ar	元	an	an	月(祭)	at	at
Ⅴ	脂	əj	id	真	əɲʲ	in	質	əkʲ	it
Ⅵ	佳(支)	aj	ig	耕	aɲʲ	iŋ	錫	akʲ	ik
Ⅶ	之	əɤ	əg	蒸	əŋ	əŋ	職	ək	ək
Ⅷ	魚	aɤ	ag	陽	aŋ	aŋ	鐸	ak	ak
Ⅸ	幽	əw	əgʷ	中(冬)	əŋʷ	əŋʷ	毒(覺)	əkʷ	əkʷ
Ⅹ	侯	aɥ	ug	東	aŋɥ	uŋ	屋	akɥ	uk
Ⅺ	宵	aw	agʷ				藥	akʷ	akʷ

说明:(1)中古非三等韵与三等韵在蒲立本的古音系统中分别称作 A 类韵与 B 类韵,其
中 A 类韵有一个上升的尖锐调(acute accent), B 类韵则有一个下降的钝调(grave accent),
分别以在主元音上方加╱和╲表示。(2)介音有-j-和-w-。-j-见于后来变为四等(包括纯四
等以及重纽四等)的韵,还见于后来变为重纽三等(部分)和二等(部分)的韵。

---

① 在这里,上古同一个 *l-变成中古两套声母。实际情况是这样的:根据同族语以及汉
代对音转写方面的证据,上古应该有两个区别细微的边音,这样才能解释后来的分合,但是
这两个边音的具体情况如何现在尚不得而知。参看蒲立本(Pulleyblank 1991b)。

c. 声调

平声:无标记;上声:*-ʔ;去声:*-s;入声:*-p, -t, -k。

蒲、李两家构拟有所不同,但对于本书所分析的绝大部分例子来说,无论取哪一体系作为重叠研究的基础,都可以得出大致相同的结论。在具体讨论中偶尔会有两种构拟导致不同分析结果的情况,那么我们会有相应的讨论,力求充分利用古音研究的成果。

第二章 逆向重叠

2.1 引 言

本章及随后三章重点探索古汉语重叠类型,以期对古汉语重叠作出全面的描写。具体做法有三:一是广泛调查各种来源的相关资料;二是分析归纳,建立重叠类型;三是与现代方言以及其他语言中的同类现象从语音形式和语法意义诸方面进行比较。

前面曾经提到,很多学者的工作,包括王国维(1923)、杜其容(1960)、喻遂生、郭力(1987)、陈燕(1992)等,已经涉及大量的有关古汉语重叠的资料。现在所做的工作是要广泛汇集这些材料,加注古音,然后整理归纳,分析排比,以求发现规律,确立不同的重叠类型。这项工作需同时遵从形式和意义两个方面的标准。从形式方面来说,重叠中的语音变化是有规律的,因此,要确立一个重叠类型,所有相关的例子必须能够纳入相同的语音变化模式——是声母变还是韵母变,是变为流音还是呈现某种区别特征的交替,是前音节变还是后音节变,其中必有规律可循。在寻求音变规则的同时,此种音变所负载的特定意义也一定要考虑进来。简言之,一个呈现规则音变的重叠类型必有一以贯之的意义与之相应。设定这样两个方面的标准并非主观上的硬性规定,恰恰相反,这是对现代活语言重叠方式的概括。举个简单的例子。普通话动词重叠表示时量短或动量小,这是意义上的特点,语音上的特点是第二个音节总是读轻声,如:走走、看看、听听。与动词不同,名量重叠表示"每"的意思,语音上的特点则是第二个音节不读轻声,如:人人、张张、个个。由这里看到,名量重叠与动词重叠表义不同,与此相应,它们的音变方式也不相同;重叠类型是音义互为表里的产物,同时从语音和语义两个方面入手是确立重叠类型最根本的方法准则。

本章讨论古汉语中的逆向重叠。我们在第一章已经指出,逆向重叠指的是基式在后、重叠部分在前的重叠。为便于说明这一重叠类型,先举两个例子。福建连城话有 si^{51} sai^{51} 这样一个双音形式。据项梦冰(1998),可知后面的 sai^{51}(洗)是基式,前面的 si^{51} 则纯粹是衍生音节。基式在后,重叠部分在前,这是逆向重叠。再举一个英语中的例子。Hip-hop 指一种流行于美国非裔人士中的一种音乐舞蹈的风格,特点是动感强,节奏快,有跳跃性。其中 hop 有跳跃的意思,与 hip-hop 有密切联系,应该是基式。hip(使忧郁;臀部)的意思与 hip-hop 无关,显系重叠中的衍生形式。基式居后,说明这是一个逆向重叠。逆向重叠是古汉语中一个相当重要的重叠类型,下面是具体讨论。

2.2　动词的逆向重叠

2.2.1　辗转:一个逆向重叠之例

"辗转"见于《诗经》,指翻来覆去地转动身体,其基本义可概括为"动作重复"或者"动量增加"。"辗转"的这个语义特点令人觉得可能是重叠词,因为动词重叠表示这样的意义极具普遍性,比如在越南语(Thompson 1965)、达科他语(Dakota,一种印第安语)(Shaw 1980)以及汉藏语系的多种语言(张敏 2001)中,动词重叠就正是表示这样一种意义。

对"辗转"两个构成成分进行语义上的分析同样支持这一假设,而且,语义分析还表明"辗转"应该属于逆向重叠。我们知道,逆向重叠的第二个音节是基式;作为基式,本身与重叠式存在着统一的意义联系。与此相反,第一个音节是一个衍生形式,没有独立的意义。"辗转"正好与此相符。我们先来看"转"字。"转"的意思是"转动","辗转"的意义是多次转动。二者之间的语义联系是很明显的。"辗转"应该就是在"转"的基础上产生的。

假定"转"是基式意味着"辗"是一个衍生形式,本身并没有独立的意义。通过查检多种大型工具书,我们发现在上古文献中找不到"辗"字独立运用的实例。中古以后好像有用例,比如宋代葛长庚《中秋月》:"千崖爽气已平分,万里晴天辗玉轮。"但事实上无法用作证据。第一,此例时代太晚。第二,这种文人创作不能保证不是截取"辗转"而成。第三,即便"辗"有"转"义,也不能保证它不是"词义沾染"①的结果。总之,考诸文献,"辗"字没有转动的意义,上古汉语尤其如此。当然,研究语言不能拘泥于字形。辗、展同音,而且,在《诗经》有的版本中,"辗转"正写作"展转"。所以对"展"的用法也应考虑进来。

《说文》:"展,转也。"许慎以"转"为训是不可取的。清代学者徐灏明确指出:《广雅》曰:展,舒也。此乃展之本义。其训为转者,由《周南》'辗转'之文为说耳。"这一批评十分中肯。不过,我们还是不能就此放手。因为许慎解释"展"字容或有错,但是"展"字的实际运用仍需认真考察。

《汉语大字典》信从《说文》,在"展"的第一个义项即"转动,翻转"下面举了三个例子,但是全都不足为凭。首先,最早的用例出自《世说新语》,晚于《诗经》一千年左右。此外,例子也经不起推敲:"(陈)遗已聚敛得数斗焦饭,未展归家,遂带以从军。""展"字不一定是"转"的意思。《西游记》中的例子是"那马打个展身。"其中的"展身"未必等于转身,也许是舒展身体之义。②第三个例子出自《红楼梦》。《红楼梦》中多有"展眼"之说,比如第19回:"幸而袭人家不远,不过一半里路程,展眼已到门前。"因为有"转眼"与之相对,"展眼"的"展"字似乎可以理解为"转"。但是这种理解是错误的。俞敏(1988)曾回忆说早年在北京常常听说书人将"杀人不眨眼"说成"杀人不展眼",俞敏由此得出结论:"展眼"实为"眨眼"逆向同化的结果,即,tʂa³⁵ jɛn²¹⁴(眨眼)→tʂan³⁵ jɛn²¹⁴(展眼)。

以上调查表明,"展"没有"转"的意思,"展"的其他意思如"伸张、展开;陈列、展示;审查"(见《王力古汉语字典》)也难说与"辗转"有什么关系。由此可知,"展(辗)"不大可能是以其独立意义参与构成"辗转"的,"辗转"不会是并列复合词。既如此,那么"辗转"是什么样的结构关系呢? 我们不得不另求他解。如前所述,"转"的意思与"辗转"密

---

① "词义沾染"指一个成分因为经常与另一个成分连用因而获得了那个相邻成分的意义的现象。见朱庆之(1992)、方一新(2004)。

② 请参看《庄子》中的一个例子。《盗跖》:两展其足。成玄英注:两展其足,伸两脚也。

切相关，而"展（辗）"则没有直接的意义关系，看起来很像衍生形式。"辗转"很可能是基于基式"转"的逆向重叠词。

　　"辗转"语音上的特点支持这一假设。"展（辗）"与"转"属于古音元部，中古则属于狝韵。就声母而言，它们在中古音与上古音中皆为 *tr-。二者的区别在于韵母开合口对立，而且这种对立依然普遍存在于现代方言。[①]根据这些证据，蒲立本与李方桂分别将"辗转"拟为 *trànʔ trwànʔ(＞EMC train' trwian') 和 *trjanx trjuanx。两种构拟略有不同，但"辗"与"转"的对立在各自系统中是完全一致的，全都表现为合口介音的有无："辗"是开口，"转"是合口。前边我们已经根据构成成分的意义特点初步说明"转"是基式、"辗"是重叠部分，现在将关注点由语义转向语音，便可以发现基式的 *-w-(依李方桂则为 *-u-)介音在重叠部分中消失了，逆向重叠实际上是合口变开口的过程。下面我们将用更多的平行例证说明这种音变是符合逆向重叠的音变模式的。这里需要强调指出的是，丢掉合口介音是一种很常见的自然音变。例如，河北顺平方言中有 twej 这个音节，但是在"各队的队长"（各生产队的队长）这一短语中，原本应该发 twej51 这个音的"队"字多说成 tej51，合口介音-w-丢掉了。再比如，有些老北京人会说"桌子 xan51 椅子"，其中的 xan51 可以理解为"和"，但语源上并无关系。据俞敏(1988)考证，xan51 实为 xwan51(唤)字失去合口介音所致。[②]这两个例子与重叠无关，但这一事实表明，合口介音极易失落，逆向重叠中丢掉合口介音应该是一种自然的语音变化。至于引发这一音变的动因则请参看第六章的相关讨论。

　　总之，"辗转"很可能是逆向重叠的产物。从语义上看，如果假定"转"是基式，那么重叠所产生的语法意义便可概括为"动作重复"，这种语法意义在多种语言中都是通过重叠实现的。从语音上看，介音-w-的失落是一种自然的语音变化。正是基于语义语音两个方面的考量我们才做出"辗转"源自重叠的假设的。

---

　　① 参看北京大学中文系(2003)。

　　② 用 xan51 表示"和"的意思据说曾得到赵元任的倡导(见俞敏1988)，但并不为多数人接受，比如相声演员侯宝林曾用"电焊还是气焊"讥讽其不合标准。不过，这个音在战后推广"国语"的运动中流布到台湾，至今依然如此，比如台湾的播音员会说"台湾 xan51 香港"。

2.2.2　基式音节具有[＋圆唇]区别特征的逆向重叠

上一节的讨论初步说明"辗转"是一个逆向重叠词,形成过程中呈现-ø-/-w-(ø 表示零)对立。但是,就其语音形式而言,这种具体音段的隐现究竟有何意义仍有待进一步探讨。另外,为了深入理解逆向重叠,同时也是为了进一步证实客观上的确存在这样一种重叠类型,我们需要了解这种音段对立是否受制于某种更高层次的语音变化规则,是否体现了逆向重叠的某种普遍性的音变模式。通过广泛调查,我们发现这种音段对立的确体现了逆向重叠的一般性音变模式。具体来说,基式音节对区别特征[圆唇]呈正、负值的不同可以导致不同音变类型的产生。本节集中讨论[＋圆唇]条件下的逆向重叠。

根据掌握的材料,我们发现基式音节韵母的任何一个音段(包括介音、韵腹、韵尾)如果对[圆唇]呈正值,那么衍生音节的韵母在相应位置上就会对[圆唇]呈负值。这种由基式音节的[＋圆唇]区别特征所决定的音变模式可以图示如下:

(1) 基式音节对[圆唇]呈正值条件下的逆向重叠音变模式(σ 代表音节;I、F 分别表示声母(initial)和韵母(final);[①]下标字母表示音段或音韵成分的异同)

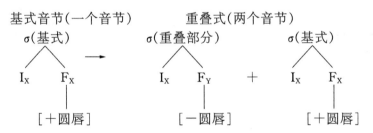

由这一示意图可以看到,基式音节与重叠部分音节的声母是相同的,韵母则以[－圆唇]/[＋圆唇]相对立。着眼于逆向重叠的形成过程,我们可以说基式音节原有的[＋圆唇]区别特征变成了[－圆唇]区

---

①　在分析音节内部结构的过程中,生成音系学的做法一般是将音节先分为起首音(Onset)和韵(Rime)两个部分。在这种框架之下,有的学者将汉语音节中的介音-j-和-w-归入起首音。然而正如在第一章所指出的那样,汉语中的介音介于声韵之间,而在大多数情况下随韵母一起行动——重叠中正是如此。我们需要一个可以将介音、韵腹、韵尾包括在一起的成分(constituent),将音节分为声母(I)和韵母(F)的做法恰好适应这一需求。

别特征。

下面我们将讨论更多的逆向重叠实例,以期进一步证实这里所建立的重叠类型。这种讨论颇为不易。首先,我们有时需要面对某些语音形式上的不确定,因此拟音方面的讨论就显得十分必要。此外,语义内容有时也不容易确定,由于材料多出自文献,并非田野调查所得,一些语文学上的问题也会给讨论带来困难,需要相应的辨析,需要在去伪存真上下一番工夫。在这些方面有了较为确定的意见之后,我们主要从这样几个方面把握逆向重叠。第一,两个音节只在韵母的相应位置上互相区别。第二,两个音段的对立要能够解释为[−圆唇]/[+圆唇]的对立。第三,第一个音节只是衍生形式,本身无义或表示与此一双音形式毫不相干的意义。第四,第二个音节与双音形式在意义上有一种规则的对应关系。

上述四条考量标准是在调查"辗转"等例的过程中逐步形成的,现在用作进一步调查逆向重叠的出发点。我们知道,理论假设之于事实本来就是主观认识客观的产物,它是需要根据事实不断修正的;假设常常建立在有限实例的基础之上,它需要置于更广阔的事实中去接受检验。如果与事实有出入,那么就需要修正乃至抛弃假设。如果与事实相符,那么就说明该假设是站得住脚的。我们在调查中发现了不少与此一假设相符的平行之例,这说明根据"辗转"所做出的逆向重叠的假设是有道理的,古汉语中存在这样一种重叠类型。

例一,缱绻(qiǎnquǎn) *kʰjànʔkʰwànʔ＞EMC kʰjian' kʰuan'(李 *kʰjanx kʰwjanx)

"缱绻"首见于《诗经·民劳》:"无纵诡随,以谨缱绻。"毛亨的解释是"反覆也",孔颖达的解释则是"牢固相着"。两种解释有别,但大体都与动作反复有关。毛亨的解释无须多说,孔颖达的释义也暗含反复的意味,因为"牢固相着"是可以由反复缠结达成的。逆向重叠多表示动作反复,而"缱绻"也表示这个意思。因此就意义而言,"缱绻"与"辗转"有共同点,有可能也是逆向重叠的产物。这样假设同时意味着"缱"是个衍生音节,没有独立的语义;而"绻"则是基式,其义与"缱绻"有关。

第一个音节"缱"在古汉语中从不独用,我们因此根据因声求义的

原则,将调查延伸到另外一些相关的词目,请看:

曓(qiǎn)　土块(见《说文》)。

遣(qiǎn)　派遣,差遣(《墨子》);送走,打发(《诗经》《左传》)。

谴(qiǎn)　责备(《诗经》《战国策》)。

这三个词的读音与"缱"相同,各自有义,但这些意义无法跟"缱绻"产生联系。我们因此可以说"缱"与"缱绻"没有意义上的直接联系。与"缱"不同,"绻"可以独用,比如《黄帝内经·灵枢经》:"膀胱之胞薄以懦,得酸则绻缩。"在读音和字形上跟"绻"有关系的字(实为同源词)也都有相关的意义,如:

a. 卷(juǎn)*kwàn?＞EMC kwian' 曲;卷起来(《诗经》)

b. 眷(quàn)*kwàns＞EMC kwianʰ 回头看(《诗经》)

c. 桊(juàn)*kwàns＞EMC kwianʰ 曲木制成的盂(《孟子》)

d. 鬈(quán)*gwàn＞EMC gwian 头发卷曲(《诗经》)

e. 拳(quán)*gwàn＞EMC gwian 手指蜷曲在一起(《礼记》)

f. 蜷(quán)*gwàn＞EMC gwian 蜷曲不伸(《离骚》)

这些同源词都有弯曲、缠绕之类的意味,因此可以推定"绻"也有同样的意味。"绻"在这一意义的基础上通过逆向重叠产生"缱绻"以表示反复缠结(结果是"牢固相着")是完全可能的。

语音上的考量同样支持逆向重叠的假设。无论是依据蒲立本的拟音还是李方桂的拟音,"缱"与"绻"的区别都体现为[－圆唇]/[＋圆唇]的相互对立。具体来说,-j-([－圆唇])出现在第一个音节"缱",-w-([＋圆唇])出现在第二个音节"绻",这与(1)所表示的逆向重叠音变模式是完全相同的。

例二,磬控(qìngkòng)*kʰáŋjs kʰáŋʷs＞EMC kʰɛjŋʰ kʰəwŋʰ(李*kʰiŋh kʰuŋh)

《诗经·大叔于田》:"抑磬控忌,抑纵送忌。"其中"磬控"究竟何指颇有争议。《毛传》:"骋马曰磬,止马曰控。"很多学者不同意毛亨的解释,主要根据是"磬"的这种用法没有旁证,我们找不到"磬"在这个意义上用于别处的实例。清胡承珙将《礼记》中的"磬折"与"磬控"一例看待,认为"磬"是像石磬那样弯着的意思。应该看到,胡氏将"磬折"中的"磬"解释为名词用作状语是正确的,但是,对"磬控"亦作同样解释就不恰当了。我们可以说"磬折"是像石磬那样弯曲着(身体)("弯曲"是对动词"折"的译解),但是不能说"磬控"是像石磬那样控制(马匹),因为这在意思上是说不通的。也许有人会说"磬控"的意思是像石磬那样弯曲着身体控制(马匹),这个意思不错,但是"弯曲着身体"云云无从坐实。清马瑞辰认为"磬控"是一个联绵字,意指"御者驰逐之貌"。其说近是。

从语义结构以及语音特点两个方面进行分析,可知"磬控"应该是一个逆向重叠词。首先从语义上看,第一个音节的"磬"与"磬控"没有意义联系,因而有可能是一个衍生形式。"控"的常用义是"控制",如《谷梁传》就有"桓控大国,扶小国"的说法。驾驭车马时需要控制马匹,所以这里使用"控";又由于驾驭马匹需要反复地以不同方式予以操控,重复"控"字以逆向重叠的方式来表示这一意思就变得相当合理,因为逆向重叠的语义功能正是表示动作重复。"磬"与"控"在语音上的对立也完全符合逆向重叠的音变模式。按照蒲立本的构拟,这是次要发音特征 *-j 与 *-ɥ 的对立。按照李方桂的拟音,这是主元音 *-i-与 *-u-的对立。无论采取哪一种构拟,都可以解释为[－圆唇]/[＋圆唇]的对立。

例三,踟蹰(chíchú) *dràj dràɥ＞EMC driạ druạ(李 *drjig drjug)

《诗经·静女》讲述了一个有趣的故事:小伙儿与姑娘约好在城上角楼相见。姑娘先到,但故意躲了起来,急得小伙儿走来走去不知如何是好。这里,诗人用"踟蹰"表示走来走去。"踟蹰"是个双音形式,所表意思又关乎动作的重复,所以很可能是一个逆向重叠词。下面是对其语音语义细节的讨论。

无论是古汉语还是现代方言,"踟"和"蹰"都是两个基本相同的音节,不同仅仅体现在[－圆唇]/[＋圆唇]的对立上;尤其值得注意的是,[－圆唇]区别特征出现在前面的音节,[＋圆唇]区别特征出现在后面的音节,与逆向重叠的语音模式完全一致。

"踟"和"蹰"都不能独用,因而难知其义。不过,借助于另外的写法,我们仍可大致了解后一音节的含义。《楚辞·九辩》"事亹亹而觊进兮,蹇淹留而踌躇"。洪兴祖《补注》:"踌躇,进退貌。""踌躇"与"踟蹰"的意思是一样的,语音也很相近,二者应有同源关系。"踌躇"的第一个音节不能独用,但是第二个音节是可以的,如,《列子·天瑞》:"若躇步跐蹈,终日在地上行止,奈何忧其坏?"其中"躇"是"踩、践踏"的意思。这与"踌躇"的意思很有关系——反复用双脚踏地不就是走来走去、徘徊不前吗?而动作反复正是典型的逆向重叠的意义。"蹰"与"躇"一样,也处在第二个音节的位置上,所以也应该有这样的意义。如此看来,"蹰"与"踟蹰"有意义上的对应关系,它应该是这个逆向重叠词的基式。

例四,瑟缩(sèsuō)*srək^j srək^w＞EMC ṣit ṣuwk(李 *srjit srjək^w)

蒲、李两家对"瑟"字的构拟不完全一致。"瑟"在中古属于栉韵,韵尾是-t,上古属于质部,其韵尾一般也拟为*-t。不过有证据显示可能是舌根音之类的韵尾。首先,将质部("瑟"属于质部)与锡部(通常认为此部古音有 *-k 韵尾)拟为主元音不同、韵尾相同(腭化的舌根音)有助于说明向中古音的演变(见蒲立本 1977—1978)。此外还有同源词的证据。请看下面这组汉、藏、缅同源的例子(见 Gong(龚煌城 1980);原文为英文,这里译成汉语):

古汉语	*tsit＜*trik 节	竹节
	*sjit 郗膝	膝
	*tshit 切	砍切
书面藏语	tshigs	关节,膝,结节
书面缅语	chać＜*tshik	切碎
	a-chać＜*a-tshik	关节

"节"是质部字,与之同源的藏语词和缅语词皆以舌根音收尾,可见质部字的韵尾最初也有可能如此。所以,蒲立本将质部拟为 *-k^j 是有一定道理的。准此,"瑟"与"缩"刚好以[－圆唇]/[＋圆唇]相互对立。当然,将"瑟"拟为 *-k^j 还不能说是定论,但即便采纳高本汉、李方桂的拟音,[－圆唇]/[＋圆唇]的对立也仍然是存在的。这与逆向重叠的语音条件是吻合的。

相对而言,从语义的角度认定"瑟缩"是逆向重叠词要容易得多。"瑟缩"最早见于《吕氏春秋》,"收缩"的意思。其中"瑟"字独用时可以有"一种乐器、鲜明洁净的样子、茂密的样子、庄严的样子"等义,全都与"瑟缩"无关。与"瑟"不同,"缩"独用时有"减少、紧缩"之类的意思,明显与"瑟缩"意义相关,而且又处在后一个音节,正是逆向重叠的基式。

例五,斯须(sīxū)*sàj sàɥ>siạ suạ(李*sjig sjug)

无论依从蒲立本的拟音还是李方桂的拟音,"斯须"都完全符合逆向重叠的语音模式,即两个音节的区别仅在于圆唇与否,而且是后一个音节表现出[＋圆唇]区别特征。

语义考察亦可说明"斯须"是一个逆向重叠词,因为是后一个音节而不是前一个音节与整个双音形式有意义关系。"须"有等待的意思,《诗经》《谷梁传》中皆有典型用例。"斯须"见于《孟子·告子上》:"庸敬在兄,斯须之敬在乡人。"赵岐注:"斯须,暂时也。""暂时"是短时、一会儿的意思。这个意思表面看来与逆向重叠的反复义不相符合,反复地"等"怎么反而是时间短呢? 但是,可以"等"的时间本身就是短的,那么逆向重叠表增量也不至于过长。换个角度考虑,基式本身隐含时间短,那么,重叠的反复义也许应该理解为短上加短。由此可见,"斯须"表示时间短仍然符合逆向重叠表示反复义的特点。

例六,契阔(qìkuò)*kʰját kʰwát＞EMC kʰɛt kʰwat(李*kʰiat kʰwat)

"契阔"见于《诗经·击鼓》:"死生契阔,与子成说。执子之手,与子偕老。"毛、郑认为"契阔"是"勤苦"的意思。但朱熹认为是"隔远之意"。朱说更切近诗意,而且后代也有在这一意义上的用例,如,《后汉书·范冉传》:"行路仓卒,非陈契阔之所,可共到前亭宿息,以叙分隔。"两个组成成分哪个与"契阔"有意义联系呢? 显然是后字"阔",因为"阔"有远离之义。[①]"阔"是基式,在此基础上逆向重叠,其意思应该就是相隔悬远。在《诗经》原文中,"契阔"是就"死生"来说的,可见表示"分离"的意味比"阔"字原有的"分离"义要重得多。这正是在逆向重叠过程中所看到的意义变化。

跟语义上的考察相比,从语音形式上说明"契阔"是一个逆向重叠词要容易得多。契、阔二音节仅以[－圆唇]/[＋圆唇]互相对立,与逆向重叠的语音模式若合符节。

---

① 《诗经·击鼓》:"于嗟阔兮,不我活兮。"《尔雅·释诂》:"阔,远也。"

例七，霢霂(màimù)*mrák^j mák^ɥ＞EMC məɨjk məwk(李*mrik muk)

"霢霂"见于《诗经》，意指蒙蒙细雨。"霢"和"霂"都不单用，不过，"霂"的声符"沐"是个常用字。"沐"本指洗发，古人多活动于户外，头发被雨水淋湿乃平常之事，因此，用义为洗发的沐字表示雨水淋湿头发是非常自然的，《庄子·天下》"沐甚雨，栉疾风"可以为证。"沐"既然有"淋(雨)"的用法，那么重复这一基式就有可能表示连绵不断的细雨，"霢霂"正是这样的意思，其中隐含着逆向重叠的动作重复义。

就语音形式而言，"霢"和"霂"是符合[－圆唇]/[＋圆唇]相互对立这一要求的。按照蒲立本的构拟，是*-j 与*-ɥ 的对立。按照李方桂的拟音，是主元音*-i-与*-u-的对立。语音上唯一不易说明之处是第一个音节中的*-r-不知从何而来。

例八，町畽(tiǎntuǎn)*tʰján? tʰwán?(*tʰján? tʰwáŋ?^①)＞EMC tʰɛn' tʰwan'(李*tʰianx tʰuanx)

"町畽"见于《诗经·东山》："町畽鹿场，熠耀宵行。"《毛传》："町畽，鹿迹也。"《说文》："畽，禽兽所践处也。《诗》曰：'町畽鹿场。'"《诗集传》："舍旁隙地也，无人焉，故鹿以为场也。"马瑞辰《毛诗传笺通释》："町畽为鹿践之迹。"大体说来，这四种解释都认为"町畽"与鹿群践踏有关。目前还没有证据显示单个组成成分与双音形式有什么意义关系，但是鹿足践踏具有动作反复性，这无疑是逆向重叠的语义特征。^②此外，"町"与"畽"在语音上的对立恰好是[－圆唇]/[＋圆唇]区别特征的对立，与逆向重叠的音变模式完全相合。

例九，撠挶(jǐjú)*kàk kàk^ɥ＞EMC kiajk kuawk (李*kjak kjuk)

这个双音形式首见于《毛传》。《诗经·鸱鸮》："予手拮据，予所捋茶。"《毛传》："拮据，撠挶也。""拮据"和"撠挶"音、义相通，应该是一个形式的变体，所以可以互证。"据"有"抓、拿"的意思，如《老子》："毒虫

<hr>

① 《经典释文》："町，他典反。畽，他短反。"这是构拟前鼻音韵尾的根据。二字的声符"丁"和"重"都是舌根韵尾，所以町、畽也有以舌根音收尾的可能性。不过这种分歧并不影响对两个组成成分语音关系的分析。

② 这里引述的四种解释都是名词性的。从"町畽鹿场"的句法关系看，说"町畽"作为名词修饰后面的名词性成分"鹿场"是说得过去的，但是着眼于语义关系，说这句诗的意思是"鹿迹的鹿场"就显得有点儿不大自然，若解释为"反复践踏的鹿场"就容易理解了。

不螫,猛兽不据。"所以"搰"也可以有类似的意思。在此基础上逆向重叠,正可表示手爪反复运动、辛勤劳作,与上下文的意思颇为相合。从语音上看,"撅"和"搰"分属铎部和屋部,按照蒲立本,是-k与-kʷ的对立,按照李方桂,是-a-与-u-的对立,全都是[-圆唇]/[+圆唇]对立。

例十,崎岖(qíqū)*kʰàl(西汉时期为*kʰàj①) kʰàʮ>EMC kiɑ kuɑ̯,(李*kʰjar/*kʰjig kʰjug)

"崎岖"指山道或地势险阻不平,这个用法最早见于《汉书》。"崎"与"岖"恰成[-圆唇]/[+圆唇]对立,符合逆向重叠的音变模式。从意思上看,"崎"和"岖"都不能单用,②但是与"岖"语音相近的曲*kʰàkʮ、句*káʮ等字可以单用,而且都表示"弯曲"。由此推测,"崎岖"的后一个字应该是这一逆向重叠的基式,它的基本意思与"弯曲"有关,重复这样的基式有可能产生出"崎岖"。

例十一,间关(jiānguān)*krján krwán>EMC kəin kwain(李*kran krwan)

《诗经·车舝》:"间关车之舝兮。""舝"同"辖",指穿在轴上不使车轮脱落的键销。至于"间关"的意思,毛亨解释为"设舝貌"。古时车子不用时要将车轮卸下(类似于弓在不用时将弓弦取下来),装上车轮并插上车键则意味着出行。所以毛亨说"设舝貌"等于说行进。后世"间关"的用法支持此说。《汉书·王莽传》:"王邑昼夜战,罢极,士死伤略尽,驰入宫,间关至渐台。"严师古注:"间关犹言崎岖辗转也。"《后汉书·荀彧传论》:"荀君乃越河冀,间关以从曹氏。"看来"间关"就是迤逦前行的意思,这个意思有动量增加的特点,正可以由逆向重叠表示。此外,语音上"间关"也很像逆向重叠。"间"与"关"读音相近,差别在于[-圆唇]/[+圆唇]之别。

以上连同"辗转"共讨论了十二个例子。这些例子表明逆向重叠的确存在于古代汉语。如我们已经看到的那样,这些例子在语音、语

---

① "崎"原本属于歌部,西汉时已转入支部。参看罗常培、周祖谟(1958),王力(1985)。

② 战国宋玉《高唐赋》:"盘石险峻,倾崎崕陨。"这似乎可以用作"崎"字独用的例证,事实上不大典型。《史记·燕召公世家》:"燕北破蛮貉,内措齐晋,崎岖强国之间。""崎岖"比喻处境困难。"崎岖"在《史记》时代已经有了比喻用法,可见"崎岖"应该出现得比《史记》要早。而宋玉比司马迁不过早一百多年,所以宋玉那个时代"崎岖"可能已经存在了,他在《高唐赋》中对"崎"字的使用很可能源于"崎岖"的减省,也可能是词义沾染所致。

义上具有高度的一致性。从意义上看,它们表示动作的反复——语言类型学的研究表明这是一种常用重叠形式表示的意义。就组成成分而言,第二个音节跟整个重叠词的意义有关,第一个音节只是衍生形式——这正反映了一生二重叠过程的根本特点。

从语音形式上看,前后两个音节以[－圆唇]/[＋圆唇]的方式形成对立。尤有进者,有标记的(marked)区别特征[＋圆唇]处在基式即第二个音节上面,无标记的(unmarked)区别特征[－圆唇]处在衍生音节即第一个音节上面。我们从这里看到,有标记的区别特征[＋圆唇]在逆向重叠过程中变成了无标记的区别特征[－圆唇]——这是一种从"有"到"无"的非常自然的音变过程。这种合理的变化说明[－圆唇]/[＋圆唇]音变模式是可信的。反过来,如果假定无标记的区别特征[－圆唇]在逆向重叠过程中变成了有标记的区别特征[＋圆唇],那就成了无中生有,很难令人相信。[①]

总之,通过严格按照音义两个方面的标准进行考量,我们才得以把具有高度一致性的语言材料归纳在一起,进而发现逆向重叠这一形态类别。我们在这一过程中所用的证据都是独立的,得出的结论并不是在其他理论假设基础上的进一步假设。

当然,虽然已经有了独立的证据,任何其他有关的旁证也都是有益的。下面就是我们在现代语言中所发现的旁证。

(2) 连城方言中的逆向重叠[②](项梦冰 1998)

基式	重叠式
a. t^hau^{33} 拖	t^hi^{33} t^hau^{33}
b. t^hiu^{33} 跳	t^hi^{33} t^hiu^{33}
c. iu^{55} 摇	i^{55} iu^{55}
d. $mø\partial^{51}$ 舞	mi^{51} $mø\partial^{51}$
e. $k^huai\text{ʔ}^5$ 掘	$k^hi\text{ʔ}^5$ $k^huai\text{ʔ}^5$
f. sai^{51} 洗	si^{51} sai^{51}
g. fa^{33} 翻	fi^{33} fa^{33}

---

① 事实上,具有[－圆唇]区别特征的单音节形式也是有可能成为逆向重叠的基式的,但是其语音模式并不是[＋圆唇]/[－圆唇]。下面将对这种情况进行讨论。

② 连城县地处福建西部,境内通行的客家话属于客家话汀州片。

h. t^hie^{33} 偷 $t^hi^{33}\ t^hie^{33}$

i. ȵia³ 看（训读字）   ȵi³ ȵia³

j. ta^{35} 跌 $ti^{35}\ ta^{35}$

按照项梦冰的描述,连城方言动词重叠的功能是表示行为的反复进行或持续,这一语义特点与古汉语是完全一致的。[①]此外,基式总是处在第二个音节的位置上,这说明连城方言的动词重叠与古汉语相同,也是逆向重叠。

不仅是客家方言,在闽方言如福州话、泉州话中也发现了相同的重叠类型。下面是福州话的例子。

(3) 福州话中的逆向重叠(郑懿德 1983)

基式	重叠式	意义
a. $p^huo?^{44}$ 曝	$p^hi^{52}\ p'uo?^{44}$ 悲曝	随便晒晒
b. $tɔʏ?^{23}$ 罩	$ti^{52}\ tɔʏ?^{23}$ 知罩	干脆罩下去
c. kuo^{31} 卷	$kiŋ^{52}\ kuoŋ^{31}$ 今卷	随便卷起来[②]
d. si^{52} 洗	$si^{52}\ sɛ^{31}$	随便洗洗
e. $kɛ^{31}$ 铰	$ki^{52}\ kɛ^{31}$ 基铰	干脆铰了

在这五个例子中,基式全都处在第二个音节的位置上,这显然是逆向重叠。从意义上看,全都表示随便、简单之类的意思,这与古代汉语以及连城方言表示动作重复有所不同,但是二者是有联系的,因为随便、简单之类的意义可以说是从动作重复义引申而来——容易重复的动作往往是随便、简单的动作。由此看来,福州话与古代汉语的逆向重叠在表达意义上仍有一致性。

现代汉语方言之外,汉藏语其他语言也可以为我们在古代汉语中的发现提供旁证。根据马学良(2003),苗瑶语中的音变重叠主要涉及

----

① 现代方言中的动词重叠多表示简单、随便、草率、轻易、尝试、持续时间短等意义。下面引的福州话就是如此。实际上,动词重叠表示动作量的增加也是相当普遍的,这里引的客家话如此,再引一个西南官话的例子。据李启群(2002:230),湖南吉首方言属于西南官话,其动词重叠式与北京话不同,主要表示动作行为的进行持续,附带有时量长、程度深的意思。比如:得块腊肉挂挂,挂长霉了。得了一块腊肉,挂了一段时间,生霉了。$ti^{11}\ k'uai^{42}\ la^{11}\ zu^{11}\ kua^{35}\ kua^{35}$,$kua^{35}\ tsaŋ^{42}\ mei^{11}$-lə。其中的"挂挂"$kua^{35}\ kua^{35}$ 是动词重叠式,表示"挂"的行为状态持续时间较长。

② 郑懿德(1983)说这一类型的重叠主要表示动作的草率、轻易、随便、简单、干脆。对"$kiŋ^{52}\ kuoŋ^{31}$ 今卷"的释义是根据郑先生的解释给出的,不是郑先生的原话。

动词,按照形式可分为变韵、变调、变韵变调三种类型。比如苗语养蒿话:ti³³ tu³³"随便放"(tu³³是"放"的意思),pi¹³ pu¹³"随便钻"(pu¹³是"钻"的意思);再如苗语石门坎话:li⁵⁵ lu⁵⁵"随便换换"(lu⁵⁵是"换"的意思),nu⁵⁵ nɕia³¹"随便看看"(nɕia³¹是"看"的意思)。在这些重叠式中,前面音节改变,不变的基式居后,皆为逆向重叠。我们再来考察现代藏语中的类似实例。

(4) 现代藏语(李如龙 1984)

基式	重叠式	意义
a. cʻom⁵⁵ 摇	cʻam⁵⁵ cʻom⁵⁵	摇摇晃晃
b. kʻə̃⁵³ 怒	kʻã⁵³·⁵⁵ kʻə̃⁵³·⁵⁴	愤愤不平
c. loŋ³⁵ 起	laŋ³⁵·¹¹ loŋ³⁵·³⁴	翻滚
d. tʻuʔ⁵³ 摸、碰	tʻaʔ⁵³·⁵⁵ tʻuʔ⁵³·⁵⁴	摸摸、碰碰
e. ʂip⁵³ 遮、罩	ʂap⁵³·⁵⁵ ʂip⁵³·⁵⁴	遮遮、罩罩
f. sim¹⁵ 眼半闭	sam³⁵·¹¹ sim³⁵·²⁴	半睁半闭

现代藏语的这些例子与古汉语逆向重叠是一致的。以(4a)为例,基式音节 cʻom⁵⁵ 居后,"摇"的意思,对比重叠式的意思"摇摇晃晃",可知重叠过程中所产生的语法意义是动作的重复,这恰好是古汉语逆向重叠所表示的意义。

不仅是现代藏语,古藏语也有逆向重叠,与古汉语逆向重叠一致。请看下面的例子。

(5) 古代藏语(Beyer 1992:135;意义是笔者的翻译)

基式	重叠式
a. khums-pa 弯曲	kham-khum 带有崎岖山脊的
b. nkhrug-pa 扰乱的	khrag-khyug 喧嚣的
c. nkhol-ba 无知觉的	khal-khol 晕倒的
d. ndzog-pa 堆积的	ndzag-ndzog 乱七八糟的

在这四个例子中,衍生音节在前,基式音节居后,与古汉语逆向重叠相同。不同之处是古汉语逆向重叠涉及动词,而这里基式和重叠式都是形容词。但这并无实质性的冲突,因为从形容词性的意义中也能看出动作量的增加。比如(5a),反复弯曲不就成了崎岖的山脊了吗?再比如(5d),反复堆积不就变得乱七八糟了吗?这样看来,古藏语逆

向重叠与古汉语逆向重叠在类型上仍然是相同的。

以上在方言和藏语逆向重叠的讨论中,我们有意回避了语音细节方面的比较。现在集中讨论这方面的问题。前面已经提到,古汉语逆向重叠的音变模式体现为区别特征的正负值对立,而这些语言(方言)中逆向重叠的音变模式则是衍生音节具有固定的主元音:在连城客家方言以及福州话中,固定的主元音是 i;在现代以及古藏语的逆向重叠中,固定的主元音是 a。对于这种固定元音,我们也许会认为在逆向重叠产生之初就已存在了。但事实恐非如此,这种固定元音并不是一个现成的附加上去的前缀。根据调查可知,最初衍生音节是可以有不同的主元音的,后来因为趋同性的作用才固定在某一特定的元音上面。首先,固定元音前面的声母(即衍生音节的声母)总与基式音节的声母相同,可见这个包含固定元音的衍生音节是逆向重叠过程中的产物,不是附加的固有成分。第二,项梦冰(1998)在描写连城方言逆向重叠时明确指出,如果基式音节的韵母是 i,那么,这个音节就不再有这个类型的重叠。比如衣 i^{33}、拂 fi^{35}、撕 si^{33},尽管都是动作性很强的动词,但是在连城方言中并没有衣衣 i^{33} i^{33}、拂拂 fi^{35} fi^{35}、撕撕 si^{33} si^{33} 这样的重叠式。这说明固定元音 i 能否成立还要看基式音节的语音细节,可见它是与基式元音互动而产生的,并不是独立于基式之外的附加固定成分。如此看来,这种固定元音与古汉语中[−圆唇]/[＋圆唇]对立在本质上是一样的:衍生音节无论是出现固定元音还是出现[−圆唇]区别特征,都是在有意有别于基式音节的动因之下形成的。衍生音节的元音必定与基式音节呈现某种对立,在这一点上,古汉语与客家方言、闽方言以及现代藏语、古代藏语是完全一样的。

总之,以上分析显示了古今逆向重叠在音变类型上的一致性,这对我们在古汉语中的发现无疑是一个有力的旁证。

2.2.3　基式音节具有[−圆唇]区别特征的逆向重叠

上面一节集中讨论了基式音节呈[＋圆唇]的逆向重叠,现在探索基式音节呈现[−圆唇]的逆向重叠。我们的主要问题是,如果基式有[−圆唇]区别特征,那么衍生形式会是一种什么样的情况呢?

考虑到[−圆唇]/[＋圆唇]的对立模式,我们也许会指望有相反的[＋圆唇]/[－圆唇]对立模式的存在,但是古汉语逆向重叠中并不存在这样一种对立模式。事实是这样的,当基式音节的韵母有[－圆唇]区别特征时,衍生形式的韵母会呈现出多种多样的变化,包括失去或者增加音段,替换区别特征,等等,很难用一条语音规则加以概括。请看下面的例子。

(6) 古汉语逆向重叠:基式音节具有[－圆唇]区别特征

a. 匍匐(púfú) * báɣ bə̀k(或者bək)＞EMC bə bək[1](李 * bag bək)
   或者:扶伏(fúfú) * bàɣ bə̀k＞EMC buạ buwk(诗经)(李 * bjag bjək)

b. 次且(zījū) * tsə̀j tsàɣ＞EMC tsi tsɨạ犹豫不进貌(易经)(李 * tsjid tsjag)

c. 觇觑(cīqù) * tsʰə̀j tsʰàɣs＞EMC tsʰi tsʰɨạʰ窥视(说文)(李 * tsʰjid tsʰjagh)

d. 趚趄(jíjié) * kə̀kʲ(或者k(j)ə̀t)kàt＞EMC kjit kɨat疾驰迅进(说文)(李 * kjid kjagh)

e. 觱沸(bìfèi) * pə̀kʲ pə̀ts 或者 * pjə̀t pə̀ts＞EMC pjit pujʰ 泉水喷涌而出(诗经;司马相如《上林赋》写作"滭沸")(李 * pjit pjədh)

请看(6a)。"匍匐"最早见于《诗经》,它有多种不同写法,如,匍伏(战国策)、扶伏(左传)、扶服(礼记)。其中第二个音节"匐(伏)"(趴伏)明显与"匍匐"的意思(伏地而行)有关,第一个音节"匍(扶)"与"匍匐"无关。这种情况使我们想到"匍匐"很可能是一个逆向重叠词。

现在考察语音情况。与"辗转"等例不同,我们在第二个音节中看到的不是[＋圆唇]而是[－圆唇]。根据逆向重叠对[圆唇]呈现正负对立的经验,我们也许会指望第一个音节具有[＋圆唇],但实际并非如此,比如(6a)第一个音节"匍"(蒲 * báɣ、李 * bjag)并没有[＋圆唇],[圆唇]正负值对立在这些例子中是不存在的。有鉴于此,我们有必要从其他区别特征入手,以期发现带有规律性的对立。仍以"匍匐"为例,若依照蒲立本,主要对立是 á/ɔ́;若依照李方桂,主要对立是 a/ə。据此,我们似乎可以说这种对立是[＋低]/[－低]的对立,但是若把这

---

① 《经典释文》:"匐,浦北切。一音服。"据此,可知"匐"的早期中古音(EMC)应是 bək,这是个一等字。又音"服",早期中古音(EMC)是 buwk,这是个三等字。

种对立推及"次且"(6b)和"觇觑"(6c),就会发现这种对立并不成立,因为其对立元音都是-ə-,根本就没有[高]或[低]的分别(依照蒲立本拟音)。若依照李方桂对"次且"(6b)和"觇觑"(6c)的拟音,则其分别应该解释为[+高]/[+低]的对立。如此看来,(6)中的这些例子是难以使用[圆唇]、[高]、[低]这些区别特征进行统一区别的,用其他区别特征如[后]、[舌根前移](ATR: Advanced Tongue Root)也无济于事。这还仅仅是就主元音而言,如果同时将介音以及韵尾的情况考虑进来(事实上我们必须将这些情况考虑进来),那么衍生音节与基式音节的差别就更大了。如此看来,在基式音节呈现[-圆唇]的条件下,要在衍生音节与基式音节之间画一条明确单一的界限是不大可能的。不过,这一事实在理论上是可以得到解释的。从前面的讨论中可以看到,逆向重叠要求衍生音节在韵母位置有别于基式音节。这种区别的实现与基式音节的语音特点有关。如已经看到的那样,如果基式具有有标记的区别特征[+圆唇],实现这种对立就变得很简单——用相应的无标记区别特征[-圆唇]取而代之就可以了;由于无标记成分本来就可以充任默认形式(default),所以这种对立的实现就变得方向明确,过程自然。①但是,当本身就可以充任默认形式的无标记区别特征[-圆唇]处于基式音节时,要基于这一语音特征去形成与之针锋相对的对立形式就变得相当困难,因为有标记的[+圆唇]区别特征是难以成为默认形式的。举个简单的例子,假定基式音节是 twan,那么逆向重叠的衍生形式只要用可以充任默认形式的无标记区别特征[-圆唇]替换[+圆唇]就可以了,这是一个从"有"到"无"的过程,这样就有 tjan 或者 tan,从而形成[-圆唇]/[+圆唇]对立。但是,如果基式音节是 tjan,

①　我们有多方面的证据说明区别特征[+圆唇]是有标记的,[-圆唇]是无标记的(因而可以充任默认形式)。这里以语助词的语音特点为证。我们知道,语助词的意思比较虚灵,因此它的语音变化比较而言要随便些:怎么发音顺畅怎么变,而这一变化的一个重要内容就是[+圆唇]变成[-圆唇],比如李方桂(1971/1980)明确指出:"语助词在音韵的演变上往往有例外的地方(失去合口成分)。"我们从语助词自身也能看到这样的特点(语助词的语音形式是长期音变的结果),比如在"之乎者也亦焉哉,七字安排当秀才"这一俗语中,七个语助词全都是开口("乎"字中古是合口,但是上古可说是开口)。另外,这七个语助词分属于古韵之部、鱼部、歌部、铎部、元部,这几个韵部的主元音以及韵尾没有[+圆唇]区别特征。总之,这些语助词都是[-圆唇]。语助词多为[-圆唇]的事实表明[-圆唇]是无标记的。相关讨论请参看 Norman(罗杰瑞 1994)、孙景涛(2007a)。

它本身具有无标记区别特征[－圆唇],那么要针锋相对地形成衍生音节,就成了从"无"到"有"的过程,方向目标不明,有标记区别特征[＋圆唇]很难得到实现,(6)中诸例看不到[＋圆唇]/[－圆唇]的原因可能就在于此。当然,语音变化应该是有规律的,基式呈[－圆唇]时衍生形式也会表现出一些规律来。从现有的材料看,虽然一些语音细节尚未明了,但是其基本走势还是清楚的,一是衍生音节与基式的对立要明显突出,二是衍生音节的结构趋于简单。比如,在这些例子中,两个音节多是ə/a(蒲立本拟音)或者 i/a(李方桂拟音)的对立,音值上的区分是很明显的。"觱""沸"(6e)元音相同(参看蒲立本的拟音),但第一音节的韵尾明显变得简单了,呈现一种"无标记/有标记"的对立。

　　现在考察这些双音形式的语义结构。与"匍匐"平行,(6)中后面四个例子也是只有第二个音节与整个双音形式意义相关。请看下表。

(7) 组成成分与双音形式的意义关系

双音形式	第一音节	第二音节
a. 次且(zījū) 犹豫不前	驻扎	前往
b. 覻觑(cīqù) 偷看	(不能独用)	伏在隐蔽处偷看
c. 趌趌(jíjié) 疾驰迅进	(不能独用)	越过(班固:车骑将军窦北征颂)
d. 觱沸(bìfèi) 泉水涌出	(不能独用)	沸腾

着眼于意义,可以看到跟双音节形式有联系的是第二个音节而不是第一个音节。这种意义关系与典型的逆向重叠的情形是一致的。我们再来看一组例子。

(8) a. 胥疏(xūshū)＊sàɤ sràɤ＞EMC siạ ṣiạ 游荡(庄子)(李＊sag srag)

　　b. 辖辖(èxiá)＊kát krát＞EMC kat kəit 摇目吐舌(史记)(李＊kat krat)

　　c. 绵蛮(miánmán)＊mjàn mrán＞mjian maɨn 有文采(诗经)(李＊mjan mran)

　　d. 睍睆(xiànhuàn)＊gjáns gráns＞ɤɛn' ɤaɨn' 美丽好看(诗经)(李＊ganh granh)

请看第一个例子。"疏"有"分散、稀疏、关系疏远"之类的意义,

"胥疏"的飘泊不定、游荡江湖之义显然与这个意义是有关系的。此外,双音形式还暗含着"动作重复"的意味,所以这很可能是逆向重叠。余下三例的语义结构不是很清楚,但语音形式与"胥疏"是平行的,它们的一个共同点是第二个音节的*-r-介音不见于第一个音节,这应该是逆向重叠过程中衍生形式趋于简化的表现。

以上我们讨论了[一圆唇]条件下的若干逆向重叠实例。与[十圆唇]条件下的情况相比,这类逆向重叠在语音形式方面显得不够规则,但是它们除[圆唇]外基本上与(1)中所表述的规则相合,比如两个音节的声母相同,此外还有语义结构上的一致性,所以认定它们是逆向重叠是有道理的。下面的两个例子也是以同样的方式确定的。

(9) a. 参差(cēncī)*tsʰrəm tsʰràːl＞EMC tʂʰim tʂʰiɑ不齐的样子
(诗经)(李 *tsʰrəm tsʰrar)

b. 媕婀(ān' ē)*ʔám ʔál＞EMC ʔam ʔa 依违随人无主见(说文)(李 *ʔam ʔar)

这两个例子都是第二个音节与整个双音形式意义相关。"差"有差等之义,与"参差"的意思有关;"婀"(阿)有曲从、应合之义,与"媕婀"的意思有关。各自的两个音节均是声母相同,难点在于无法解释主元音和韵尾的不一致。不过,考虑到基式[一圆唇]是一个无标记的成分,其衍生形式的变化具有不定因素,那么,在发现更多实例之后,此处的不一致也许就可以得到解释了。

2.3 动词逆向重叠后变成名词

动词逆向重叠除了可以表示动作重复之外,还可以变成名词,指称与动作相关的事物。现代方言多有此类实例。

(10) 福州方言(a-f 引自郑懿德 1983;g-i 引自梁玉璋 1983)

动词基式	重叠式
a. sɔʔ²³ 嗍	so¹¹ sɔʔ²³ 小奶嘴儿之类的东西
b. xouʔ²³ 拂	xu¹¹ xouʔ²³ 掸子
c. tʰɔʔ²³ 托	tʰo¹¹ tʰɔʔ²³ 托子
d. kʰu⁴⁴ 箍(动词)	kʰu³¹ kʰu⁴⁴ 箍(名词)

e. tsʰuoŋ⁴⁴ 穿 　　　　　　　tsʰuoŋ³¹ ts·uoŋ⁴⁴ 洞

f. kau⁴⁴ 钩 　　　　　　　　kau³¹ kau⁴⁴ 钩子

　形容词基式 　　　　　　　名词重叠式

g. tsieŋ⁴⁴ 尖 　　　　　　　tsieŋ³¹ tsieŋ⁴⁴ 尖儿

h. tsɔy²¹³ 碎 　　　　　　　sɔy¹¹ tsɔy²¹³ 碎末儿

i. kʰøyŋ⁴⁴ 空 　　　　　　　kʰøyŋ³¹ kʰøyŋ⁴⁴ 窟窿

从语音形式上对比各例前后两个音节，可以看到不变的形式位居第二个音节，发生音变的(这里是声调)处在第一个音节，所以这是逆向重叠。对比基式与重叠式的意义，可以清楚地看到此类重叠的语法功能是改变动词或形容词以成为相应的名词。名词义与动作重复存在着对立，但同时又是一致的。请看(10a)。动词sɔʔ²³(嗍)重叠之后指奶嘴儿，而奶嘴儿不正是小儿反复吸吮(嗍)的对象吗？动词xouʔ²³(拂)重复之后指(鸡毛)掸子。掸子是拂拭的工具，而拂拭的动作一般总是重复的。

不仅仅是福州话，这种情况亦见于其他方言。比如河北顺平话中tʂʰəw⁵⁵(抽)是一个动词，重叠后是tʂʰəw²¹ tʂʰəwᵒ，抽屉的意思。苏州话中tɕiæ⁵²³(叫)是个动词，重叠以后变成tɕiæ⁴⁴ tɕiæ²¹，是个名词，"哨子"的意思。(李小凡 1998：44)在贵州大方方言中，动词"飞"重叠以后指纸条或纸屑；动词"搅"重叠以后表示稀粥；动词"扯"重叠以后指扯皮的事或俏皮幽默的人。(李蓝 1987)这些实例表明，动词重叠可以表示名词，现代汉语如此，古代汉语也可能如此。

通过调查，我们发现古代汉语确实存在着相类的现象，就是说，动词重叠不仅可以生成表示反复动作的动词，而且可以生成名词，并且这种名词还带有小称的语义色彩，与现代方言中的情况是一样的。下面先重点讨论两个例子。

第一个例子：蝍蟖(jícù) * tsəkʲ tsəkʷ ＞EMC tsik tsuwk 尺蠖、造桥虫(见郭璞尔雅注、玉篇；《方言》写作"蠀螬")(李 * tsjit tsjuk)。我们先从形式上观察一下这一双音词。按照蒲立本的拟音，两个音节的差别仅在于[−圆唇]/[＋圆唇]对立。这一对立在李方桂的拟音中体现为i/u，同时在韵尾上也有对立。[−圆唇]/[＋圆唇]的对立使我们很自然地联想起逆向重叠，"蟖"应该是基式。"蟖"不能独用，但是其声符"就"与"蝍蝛"有相当密切的意义联系。[①]"就"有走向、趋向之类的意思。《左传·僖公二十三年》:"我二十五年矣,又如是而嫁,则就木焉。"其中"就木"是走向棺材之义。现代方言亦有与此有联系的用法。在河北顺平话中,"就"可以有"紧缩成(一团)"的意思,比如描写扎头发的皮筋扭成一团时可以说"皮筋都就成疙瘩了"。在河南伊川方言中,描写蹲坐这一动作或者姿态时的用语是 kə⁵ tɕjəw³¹(圪蹴)。这一动作姿态的特点是上下相互接近,仍有"趋向、走向"的意味。古今实例表明,"就"的确有趋向、走向之类的意思。"蝛"以"就"为声符,假定"蝛"也有此类意义是有道理的。再来看"蝍蝛"的意思。"蝍蝛"指尺蠖,这种小虫移动时的姿态很特别:它的身体向上弯成弧状,像用大拇指和食指量距离那样一下又一下地前移。这里有两个特点值得注意,一是动作的反复,二是首尾的紧缩相接。这些都是尺蠖的典型姿态。"就"(蝛)的意思与此相关,重叠后又可以产生重复的意味,于是古人就以逆向重叠的方式为尺蠖这种小虫起了一个名儿:蝍蝛。这种命名方式与福州话 so¹¹ sɔʔ²³(嗦嗦;小奶嘴儿)的命名方式是一致的。

第二个例子:蛣蜣(jíqū)* kʰ ək kʰ wət >* kʰ jət kʰ wət >EMC kʰ jit kʰ ut '蝎子'(尔雅、说文)(李* kʰ jit kʰ wjət)。"蛣"属于质部,"蜣"属于物(术)部,两部在先秦严格区分,不相通押。到了两汉,两部可以合用,没有分别。[②]上面按照蒲立本的体系给出两种拟音,目的就是为了反映这种历史音变。对比"蛣"与"蜣",可以见到[-圆唇]/[+圆唇]对立,这说明蛣蜣有可能是逆向重叠。就意义关系而言,"屈"(蜣的声符)是个动词,弯曲的意思。我们知道,蝎子的一个突出的特点是弯曲的尾巴。在甲骨文中,表示蝎子的字写作𦚟(萬),弯尾巴很明显,可见这一特点在古人眼中同样是非常突出的。[③]准此,古人以弯曲义为基础造成重叠式以

---

① 裘锡圭(1988)在讲到形声字产生的途径时曾明确指出,在已有文字上加注意符是一种很常见的情况。"蝛"从不单用,其意符"虫"很可能是后加的。下面的"蜣"字与此相同。

② 见罗常培、周祖谟(1958:42)。

③ *Longman Dictionary of Contemporary English*(1995)这样解释 scorpion(蝎子):"a tropical animal like an insect with a curving tail and a poisonous sting"(一种类似昆虫的热带动物,生有弯弯的尾巴和有毒的螫针)。可见在西方人的眼中,尾巴弯弯也是蝎子的一个突出的特点。

表示这种小动物也就是可以理解的了。这与武汉话中以"吊吊"表示米象、"爬爬"表示乌龟①的道理是一样的。

蛐蟮、蛞蝓二例表明,通过动词的逆向重叠以表示名词义的现象亦见于古代汉语。下面是更多的例子。

(11) 由动词逆向重叠而产生的名词

a. 蛴螬(qícáo)*dzə́j dzə́w＞EMC dzɛj dzaw 金龟子的幼虫(庄子)(李*dzid dzəgʷ)

b. 蚍蜉(pífú)*bə̀j bə̀w＞EMC bi buw 蚂蚁(尔雅)(李*bjid bjəgʷ)

c. 孑孓(jiéjué)*kàt kwàt＞EMC kiat kuat(淮南子)蚊子的幼虫(李*kjat kwjat)

d. 蓸董(dǐngdǒng)*táŋʲʔ táŋᵘʔ＞EMC tɛjŋˈ təwŋˈ 一种草(尔雅)(李*tiŋx tuŋx)

e. 麗廔(lílóu)*rə́j rə́w＞EMC lɛj ləw 窗棂(说文)(李*lig lug)

f. 曬彲(yìyù)*làls làɥs＞EMC jiạʰ juạʰ 一种帽子(广雅)(李*rjarh rjugh)

g. 轣辘(lìlù)*rákʲ rákᵘ＞EMC lɛjk ləwk 一种缫丝工具(方言)(李*lik luk)

h. 秸鵴(jiéjué)*kə̀kʲ kə̀kʷ＞EMC kit②kuwk 一种鸟(说文)(李*kjit kjəkʷ)

i. 氤氲(yīnyūn)*ʔə̀ŋʲ ʔwə̀n＞*ʔjən ʔwən＞EMC ʔjin ʔun 烟或云气浓郁(易经)(李*ʔjin ʔwjən)

j. 鼅鼄(zhīzhū)*tràj tràɥ＞EMC triạ truạ 一种节肢动物(说文;后多作"蜘蛛")(李*trjig trjug)

k. 伊威(yīwēi)*ʔjə̀l ʔwə̀l＞*ʔəj ʔwə̀l＞EMC ʔji ʔuj 一种小虫(诗经)(李*ʔjəl ʔwəl)

l. 夫不(fūbū)*pàɣ pəɣ＞EMC puạ puw 一种鸟(孟子)(李*pjag pəg)

m. 黼黻(fǔfú)*pàɣʔ pàɣ＞EMC puạˈput 礼服上所绣花纹(吕氏春秋)(李*pjagx pjat)

n. 蟾蜍(chánchú)*dàm dàɣ＞EMC dʑiam dʑɨạ 癞蛤蟆(淮南子)

（李 *djam djag）

o. 蟏蛸（xiāoshāo）*sjə́w sàw（或者 sjàw）＞EMC sɛw siaw 一种
小蜘蛛（诗经）（李 *sjəgʷ sjagʷ）

以上各例与蚰蜒、蛞螻二例在语义结构以及语音形式上都有平行
之处。从语义上看，这些双音形式大都表示昆虫、小动物、小植物或小
的物件。比如，蛴螬、蚍蜉、孑孓、鼅鼄是小的昆虫动物，萧萐表示一种
小草，麢廔表示窗棂，而窗棂总是比较小的。这与重叠一般性的语义
功能是相符的。从语音形式上看，各例的两个音节声母相同，不同表
现在韵母上，而韵母上的这种不同又见于前述逆向重叠。请看前七个
例子，各自皆有［－圆唇］/［＋圆唇］的对立。比如在鼅鼄（zhīzhū）*tràj
tràɥ（李 *trjig trjug）（11f）一例中，按照蒲立本的拟音，对立表现为-j
与-ɥ；按照李方桂的拟音，对立表现为-i-与-u-，都是典型的［－圆唇］/
［＋圆唇］对立。综合考察语义语音上的这些特点，可以发现这些例子
确实多与蚰蜒、蛞螻相合，它们应该属于同一类型。

不过，假设这些例子出自逆向重叠，仍然存在一个问题，就是基式
难以确定。以"蛴螬"为例，我们不知道"螬"本来究竟代表一个什么样
的词。这对于"蛴螬"出于逆向重叠的假设无疑是一个缺失。但是这
一假设仍然是有意义的，因为它体现了对多种材料证据的整合，拓宽
了视野，其所引发的质疑、思索有助于对实事的全面认识，有助于最终
解决问题。[①]

---

① 陆俭明先生在为崔希亮（2001）作序时说："从某个角度来说，科学研究就有点像瞎
子摸象，谁也没有本领把研究对象的内在规律、外部联系一下子看得很准、很清楚。摸着腿
的，说大象像根柱子；摸着耳朵的，说大象像把大蒲扇；摸着身体的，说大象像堵墙。你可以
说他们各自的说法都不对，但你得承认这里边的每一种说法都有他部分合理的因素。如果
能把这种种说法整合在一起，就会获得有关大象的更符合客观事实的看法。"陆先生是就现
代汉语"连"字研究做出这番议论的。我认为陆先生这一观点同样适用于重叠词的研究。看
到蚰蜒、蛴螬、鼅鼄的不可分解，我们会说它们是联绵字；看到它们声母相同，我们会说它们
是双声联绵字；看到它们的语义特点，我们会说它们有表示小称的功能。所有这些观察无疑
都是正确的，但同时又是不全面的。我们需要整合这些说法（或者说证据），用一种更高层面
上的理论假设去涵盖这些现象。我在这里提出的理论假设就是它们是逆向重叠的产物。逆
向重叠是在活语言中得到证实的形态构词现象，因而有可能进行古今中外语言间的比较。
有这样的假设比没有要好得多。有了这样的假设，我们便可知道应于何处着力。这样就能缩
短与最终解决问题之目标的距离。

2.4 衍生形式带有固定韵母 *-ɐŋ 的逆向重叠

根据邓玉荣(1995),广西藤县方言(属粤语)存在一种特殊的逆向重叠:不论基式音节属于何种类型,其衍生音节的韵母总是-ɐŋ。这种类型的重叠主要适用于形容词,其作用是使表达更为生动。下面是例子。

(12) 广西藤县方言带韵母-ɐŋ 的重叠

基式	重叠式
a. ʃo²¹ 傻	ʃɐŋ²⁴ ʃo²¹
b. tiu⁵³ 焦	tɐŋ⁴⁴ tiu⁵³
c. ʃoi⁵³ 衰	ʃɐŋ²⁴ ʃoi⁵³
d. θu⁵³ 酥	θɐŋ⁴⁴ θu⁵³
e. tɐn²³¹ 钝	tɐŋ²¹ tɐn²³¹
f. bɛn⁴⁴ 扁	bɐŋ⁴²³ bɛn⁴⁴
g. nuŋ²³¹ 浓	nɐŋ²¹ nuŋ²³¹
h. nɔp⁵ 凹	nɐŋ⁴²³ nɔp⁵

在所有这十个例子中,基式语音形式互不相同,(12a-d)是阴声韵,(12e-g)是阳声韵,(12h)是入声韵,然而它们的衍生形式皆以-ɐŋ为韵母。这种重叠的适用范围相当广,该方言全部 261 个单音节形容词可如此重叠的有 204 个。如此大的比重说明这是一种成熟的重叠,其发展应该说已经经历了一个相当长的过程。

有现代方言实例作为对照,古汉语中的同类重叠就比较容易识别了。我们看到,古汉语中也有这种类型的重叠,其衍生形式的固定韵母是 *-aŋ,与-ɐŋ 非常相似;所表意义也是涉及某种状态,是形容词生动形式所表示的意义。

(13) 衍生形式为固定韵母 *-aŋ 的逆向重叠

a. 忼慨(kāngkǎi)*kʰáŋ kʰə́ls＞EMC kʰaŋ kʰəjʰ,'vehement, fervent'(屈原:哀郢;后来写作"慷慨")

b. 狼戾(lánglì)*ráŋ rəkⁱs＞EMC laŋ lejʰ 情绪激昂(孟子)

c. 恍惚(huǎnghū)*xwáŋ ʔxwə́t＞EMC xwaŋˀ xwət,神志不清(老子、韩非子)

d. 沆瀣(hàngxiè)＊gáŋʔ grjáts＞EMC ɣaŋˊ ɣəijʰ 露水(屈原:远游)

e. 磅礴(pángbó)＊báŋ bák＞EMC baŋ bak(气势)盛大(庄子)

f. 鏜锑(tángdì)＊dáŋ də́kʲs＞EMC daŋ dejʰ 火齐珠(说文)

g. 鹧鹕(tángtú)＊dáŋ dáɣ＞EMC daŋ dɔ 一种鸟(尔雅)

h. 唐棣(tángdì)＊dáŋ də́kʲs＞EMC daŋ dɛjʰ 状似白杨的一种树
(诗经)

先看第一个例子。"忼慨"见于《楚辞·哀郢》:"憎愠愉之修美兮,好夫人之忼慨。"《史记·项羽本纪》中亦有用例:"于是项王乃悲歌忼慨。"都是意气风发、心情激动的意思。再来看组成成分的特点。"忼"不见于别处,而"慨"可在"感慨"的意义上使用,与"忼慨"是有关系的。双音形式与组成成分之间的这种意义格局与藤县方言的情形十分相似。此外,语音形式与藤县方言的情形也很相似,表现在两个方面:第一,"忼慨"的两个音节双声。第二,"忼"的韵母是＊-aŋ,与藤县形容词重叠词第一音节相似,也是以后鼻音收尾的阳声韵。意义和形式两个方面的一致性表明"忼慨"很可能也是重叠词。

再来考察(13b-e)。这四个例子的第一个音节皆以＊-aŋ为韵母,所表意义全都是形容词生动形式的意义,这与"忼慨"的情形是一致的。(13f-h)三个例子的不同之处在于它们是名词而非形容词。现在还不能肯定这些名词最初一定是形容词,但是有这种可能性。[1]尤为重要的是,它们在语音形式上与前面诸例平行,因此也应该归入以固定韵母＊-aŋ为其特点的逆向重叠。

2.5 小 结

本章讨论了古汉语中的逆向重叠。我们发现,古汉语中的此类重叠主要适用于动词。当一个单音节动词重复为两个音节之后,"动作重复"义便产生了。此类重叠亦可产生名词,不过其基式原本也是动词。从语音形式上看,单音节动词的重叠会伴随如下变化:如果基式的韵母对区

---

① 比如"红火"本是形容词,表示兴旺、热闹。在山西方言中可以指演戏等大型文娱活动。太谷民歌《看秧歌》:"看红火,走一儿遭,刮风下雨能咋的?"其中的"红火"表示名词性的意思。

别特征[圆唇]呈正值,那么,基式前面的重叠部分便会在其相应位置上呈负值;如果基式的韵母对区别特征[圆唇]呈负值,我们看到的却并非所期待的[＋圆唇]/[－圆唇]对立,实际所看到的是一种"无标记/有标记"的对立。此类重叠实乃语音与语义、语法交互作用的结果,具体过程下面第六章将有详细讨论。此外,还有以 *-aŋ 为其衍生音节韵母的逆向重叠,现代粤方言的平行之例是其真实存在的佐证。

第三章 顺 向 重 叠

3.1 引　　言

顺向重叠指基式在前、重叠部分在后的重叠。举例来说,在广西藤县话(属粤语)中,"皱"([ȵɐu⁴²³])字重叠之后变成 ȵɐu⁴²³ hɐu⁴²³ tʃɛŋ²³¹。(邓玉荣 1995)除去末尾的固定音节,头两个音节 ȵɐu⁴²³ hɐu⁴²³ 恰为顺向重叠之例——前一音节保持不变,是基式,后一音节声母发生了变化,是重叠部分。再比如,英语 handy-dandy 表示"猜手手"儿童游戏,其中前一形式 handy 与 hand(手)有关,是基式,后一部分的起首辅音变了,属于重叠部分,这也是一个顺向重叠的例子。

顺向重叠广泛存在于古代汉语。从产生过程看,与前面讨论的逆向重叠一样,也是在表义动因和语音制约双重作用之下形成的。在下面的讨论中,我们将首先根据表达意义的不同将顺向重叠分为两类,着重从语义表达与音变类型之间的对应关系入手探求建立这些类型的根据。接下来讨论语音形式方面的问题,重点是基式流音声母引发的特殊音变以及 *r-/l- 在衍生音节位置上的交替。最后讨论重叠部分实现为非流音声母的种种变例。

3.2　指小顺向重叠

"指小"(diminutive)是一种常见的语法范畴,实现方式多种多样:有的是一个或数个音节,比如,彝语的 zɯ³³,哈尼语的 za³¹,纳西语的 zo³³,[1]英语的-let,日语的-ko,意大利语的-ino,葡萄牙语的-zinho,[2]山

---

[1]　以上三例见马学良等(1991)。

[2]　葡萄牙语以及意大利语中的例子见 Crystal(1997a)。

西寿阳的 ər²¹,山西兴县的-lə,山西武乡的-l;①有的是一个音素,比如普通话的-r,洛阳话的-ɯ,吴语的-n,Gilyak 语的-k/-q;②有的是一个超音段的声调,有名的例子是广泛存在于粤语诸方言表示小称时的高升调。③

"指小"语法范畴的实现还可借助韵律手段,即重叠,实例极多。比如,在陕西吴堡方言中,"绳绳"指细绳儿,较粗的称"绳、绳子";"水水"指较少液体如药水之类,一般的液体则称"水";"勺勺"指小勺儿,盛饭勺称"勺子"。据(邢向东、王兆富 2014:317)在福州话中,桶桶指小桶,包包指小包,大大指头一个孩子。④在湘西苗语(腊乙坪)中,te³⁵ 是孩子的意思,te³⁵ te³⁵ 是小孩儿的意思;mpin³³ 是瓶子的意思,mpin³³ mpin³³ 是小瓶子的意思。(马学良 2003:616)在 Lushootseed 语中,⑤čʼλʼáʔ 是岩石的意思,čʼí-čʼλʼaʔ 是小石头的意思;čáləs 是手的意思,čá-čaləs 是小手的意思;təláwʼ-il 是跑的意思,相应的重叠式 tí-təláwʼ-il 是慢跑的意思。

现代语言以重复名词(完全重叠)的方式表示指小,令人联想到古汉语是否也有相同的情况。古汉语有大量的所谓重言(叠字),实即完全重叠。但是,这些完全重叠主要是摹景状物,以达成一种形象生动的表达效果,并不表示小称或爱称。此类完全重叠之外,古汉语中偶尔也能找到名词完全重叠的实例,不过其语法作用是表示逐指,比如宋玉《高唐赋》中的"朝朝暮暮"就是每个早上、每个晚上的意思,与小称没有关系(有关完全重叠的情况请参看下面第五章)。

那么,古汉语以什么方式表示小称呢?在广泛调查文献资料并进行音义两个角度的分析归纳之后,我们发现其表达方式是一种特殊的重叠,这种重叠无论是音变模式还是语义表达都与现代语言中的完全

---

① 以上三例见乔全生(2000)。

② 此例见 Crystal(1997b)。Gilyak 语是西伯利亚东部民族的一种语言,属古西伯利亚诸语言(Paleo-Siberian Languages)。

③ 比如,在广东信宜方言中,kɐu³⁵ 的意思是大狗,读为高升调 kɐu↗之后则表示小狗。见叶国泉、唐志东(1982)。

④ 例子取自梁玉璋(1983)。

⑤ Lushootseed 语是生活在美国华盛顿州的一支印第安人所说的语言,属于 Salish 语族。材料引自 Alderete 等(1997)。

重叠有别。下面分两类进行讨论。

3.2.1 转指式指小顺向重叠①

请看下面这组叠韵材料。

(1) 古汉语中有叠韵关系的双音形式(一)

a. 蜉蝣(fúyóu)*bə̀w lə̀w＞EMC buw juw 一种成群飞舞的小昆虫(诗经)(李*bjəgʷ rjəgʷ)

b. 螳蜋(tánglíng)*dáŋ ráŋ＞EMC daŋ laŋ 一种前腿呈镰刀状的昆虫(庄子)(李*daŋ laŋ)

c. 螟蛉(mínglíng)*máŋʲ ráŋʲ＞EMC mɛjŋ lɛjŋ 一种绿色小虫(诗经)(李*miŋ liŋ)

d. 蒲卢(púlú)*báɤ ráɤ＞EMC bɔlɔ 细腰蜂(礼记;尔雅)(李*dag lag)

e. 蜾蠃(guǒluǒ)*kwálʔ rwálʔ＞EMC kwa' lwa'细腰蜂(诗经)(李*kʷarx gʷlarx)

f. 果臝(guǒluǒ)*kwálʔ rwálʔ＞EMC kwa' lwa'一种蔓生植物(诗经、尔雅)(李*kʷarx gʷlarx)

g. 茹藘(rúlú)*nɐ̀ɤ rɐ̀ɤ＞EMC ȵiɐ liɐ茜草(诗经)(李*njag ljag)

h. 罜麗(dúlù)*dákᵘ rákᵘ＞EMC dəwk ləwk 小网(国语)(李*duk luk)

i. 鸼鹩(diāoliáo)*tjáw rjáw＞EMC tɛw lɛw 一种小鸟(尔雅)(李*diagʷ liagʷ)

j. 薜荔(bìlì)*bájs rájs＞EMC bɛjʰ lɛjʰ 一种蔓生木本植物(离骚)(李*bigh ligh)

以上十个双音形式的共同特点是各由两个韵部相同的音节组成,比如,蜉蝣同属幽部,螳蜋同属阳部,罜麗同属屋部,薜荔同属支(佳)

① 转指、自指是语法研究中常常涉及的一对范畴(参看朱德熙 1983),这里借用以涵盖重叠过程中两种情况的意义变化。举个简单的例子,在平遥方言中,"火火、腿腿、锁锁"分别指炉灶、器具下部起支撑作用的部分、幼儿颈上带的银制饰品,这是转指。"刀刀、瓯瓯、手手"分别指小刀儿、小盅儿、小孩儿的手,这是自指。我们这里的自指和转指与通常用法有所不同。

部。此外,每个形式的两个音节连缀起来构成一个语素,意义上无法拆开。鉴于这些特点,很容易便可看出它们是所谓叠韵联绵字。我们在第一章中曾经提到,联绵字范畴是古代学者在词汇形式研究中的一大贡献,它为后人的同类研究带来很大的便利,但这种范畴仅仅是对某些语言现象的粗略概括,并没有揭示其背后的语言学真值。我们知道,古汉语语素通常由一个音节表示,一个音节必定是一个语素的载体。考虑到这一特点,联绵字现象总令人疑心隐含着尚未揭示的深意。我们不禁要问,汉语语素单音节占压倒优势,何以这部分语素偏偏是双音节呢?如果说早期汉语曾以双音节语素为其原生形式,何以两个音节之间会有双声叠韵之类的联系呢?是什么样的机制促成了这种有规则的语音联系呢?总之有太多的不解之谜。语言事实告诉我们,一个语言单位不外语音形式以及意义内涵两个方面,因此,要了解这些双音形式的本质就要由此入手,而借助构拟的古音并借鉴现代实例将可保证这种探索的有效性。

先从语音形式上进行考察。(1)中的十个例子有两个共同的特点。第一,两个音节韵母相同。第二,第二个音节的声母是 l-或者 r-——l-和 r-发音部位一致,响度相同,音值接近,皆为流音。①语音形式上的这两个特点极富启发性。考虑到两个韵母相同,我们可能会猜想这是由元音和谐之类的同化作用所造成的。这一假设有一定道理,但条件限定并不清楚,此外,这种假设完全忽略了语义方面的特征,因此是不可取的。最具可能的是重叠。韵母在音节中占主要部分,现在两个音节叠韵,主要部分已经完全相同,可见有可能涉及重叠。不过,双音形式的声母互不相同,比如(1a)中的两个声母分别是 *b-和 *l-(按照李方桂则是 *b-和 *r-),这似乎不利于重叠的假设。但是,由于第二个音节固定为流音,因此可以假设这一固定流音是在重叠过程中产生出来的。这一假设是有根据的,因为重叠过程中出现固定音段是很常见的现象。下面是例子。

(2)重叠过程中产生固定音段的实例

a. 北京话中拟声重叠词的第二个音节多以流音 l-为声母(朱德熙

---

① l-和 r 在上古音中是两个不同的音位,但在这一特殊情况下实为流音的两个自由变体。下面有讨论。

1982b)

b. 粤语藤县话有一种形容词重叠的第一个音节总是以-eŋ 为韵母（邓玉荣 1995;参看前面 2.4 一节）

c. 非洲 Yoruba 语名词化重叠中的第一音节总是以-i 为韵母(D. Pulleyblank 1988)

d. Kamrupi 语拟声重叠部分的第一个辅音总是 s-(转引自 Alderete 等 1997)

这里举出四种语言/方言,用以说明重叠过程中的确可以产生固定音段。有此旁证,可知(1)中诸例有固定的流音声母并不是什么不可思议的事,它的存在不会成为重叠假设的障碍。

以上讨论着眼于语音形式,初步认定(1)中诸例可能来自重叠。语义语法方面的考量同样支持这一假设。侧重于所指事物,我们看到这些形式皆有"小"的特点。蜉蝣、螳螂、蟏蛸、蒲卢、蜾蠃都是昆虫,形体很小。果蠃又称栝楼、瓜蒌,结小圆果。茹藘是一种草,不会大。罜䍡指小网。①鸠鹩是一种剖开苇茎啄食其中小虫的鸟,②完成这样的觅食动作需要落在苇茎苇叶上,所以形体也不会大。薜荔属于木本植物,但是柔软蔓生,跟其他木本植物相比形体较小。这些形式全都指称小事物很有启发性。我们知道,指小是重叠常见的语义语法功能,实例俯拾即是。这反过来支持我们将上面十个形式看作是重叠的结果。

除了这种经验上的证据之外,理论上也可以找到证据。事实上重叠指小并非偶然现象,背后有语义动因以为基础。从认知语言学的角度来看,语言中的形式结构应是相应的意义结构的模拟,准此,客观世界数量的增多正好可用语言形式的增多进行表达,而重叠正是增加语言形式的便捷方式。这就是重叠常常用来表示数量增多的认知学理据。同样是根据认知学的原理,处在同类事物中的个体总是要比该个体独处时显得渺小。比如同一棵大树,生长在平旷的草原与茂密的森林会给人以不同的印象:独处于草原高大显眼,置身于森林就相对变

---

① 《国语·鲁语上》:"水虞于是禁罝罜䍡。"韦昭注:罜䍡,小网也。

② 《尔雅·释鸟》:"鸠鹩,剖苇。"郭璞注:"好剖苇皮食其中虫,因名。"邢昺疏:"鸠鹩,一名剖苇。"

得平常无奇。由此可知,在认知过程中,从数量多到维量小不过一步之遥,其间发生过渡是非常自然的。这种认知构型中的情况同样适用于与之对应的类同元素在线性语言序列上复现的重叠;简而言之,既然重叠形式可以表示数量多,那么它同样就可以表示指小。①

重叠表示指小既有实例为证,又有理论基础。因此,(1)中诸例指小的语义特点可以作为假定它们与重叠有关的根据。现在继续讨论与这一假设相关的细节。

重叠意味着一个形式的重复。因此,要确认重叠,就要找出它的基式。具体来说,要进一步证实(1)中诸例源自重叠,孰为基式就成了不可回避的问题。但是,这些例子皆为联绵字,其构成成分照传统的说法是不能分开来讲的,这给探索基式带来了很大的困难。不过,如果能够充分利用古音研究的新近成果以探究细节,仍然可以发现其中的一些条理。我们在前面曾经提到,这些双音形式的第二个音节要么是*r-要么是*l-,皆为流音。这一事实对于确定基式很有帮助,因为这等于明确地告诉我们,第二个音节不可能是基式。原因很简单,作为形态构词手段的重叠,只以声母是流音的音节作为基式是无法想象的。换言之,作为重叠基式的音节就其声母而言一定是常态分布,唇音、舌齿音、舌根音、塞音、塞擦音、擦音俱全才属正常,不可能只集中在一两个流音声母上面。

既然第二个音节不可能是基式,那么第一个音节就自然地成了考虑的对象。就(1)中诸例第一个音节的声母而言,它们没有集中在某个声母上面,将其假定为基式不存在声母分布有失常态的问题。但是接下来我们需要面对一个更大的问题,那就是意义。如果说第一个音节是基式,那么它就应该有一个与双音形式有关联的意义。然而这个意义是什么呢? 事实上,由于学者们一直将这种形式视为不可拆开的联绵字,所以对单字字义很少顾及,而我们要了解重叠过程中的意义构成,对此就必须要有足够的重视、正确的认识。

我们首先需要对构成词义的不同义素(semantic component)有一个正确的认识,此外还要对不同义素在词义发展以及构词过程中

---

① 张敏(1996, 1999)对汉语及非汉语中重叠形式和意义之间的联系进行了探讨。可参看。

所表现出来的特点有所了解。我们知道,构成一个词义的若干义素可分为中心义素(central semantic component)和陪义义素(connotative semantic component)。比如,要给"牛"下定义,我们可以说这是一种反刍类哺乳动物,体大,趾端有蹄,头上有角。这些皆属于中心义素的范围,用来与马、骡、驴、羊等相区别。至于老实、脾气倔犟、行动迟缓大概就只能属于陪义义素的范围了。相对于中心义素而言,陪义义素是一种边缘化的义素,它在词义系统中似乎不很重要。但是,在词义发展或形态构词的过程中,陪义义素有可能得到凸显进而在新的意义中扮演重要的角色。比如,近年来"牛"字常在厉害之类的形容词意义上使用。如"这人真牛",年轻人口中甚至有"牛人"的说法。很显然,这是陪义义素在新生义位(sememe)中变成中心义素的结果。

陪义义素还可以在形态构词中扮演重要角色。比如"脚",中心义素应包括身体部位,前端有指头,以之站立走路。至于位处下面,应该属于陪义义素的范围。这一陪义义素在界定"脚"时不起重要作用,但是在重叠形式中可以得到凸显,发挥重要的作用。例如,根据李小凡(1998:44),在苏州话中,重叠式"脚脚"([tɕiAʔ⁵⁵ tɕiAʔ⁵⁵])是"渣子"的意思。"渣子"以处在下面为其常态,原来的陪义义素在重叠式中变成了中心义素。着眼于重叠过程,我们可以说在以"脚"字为基式进行重叠时,人们取用的并不是"脚"字的中心义素,而是陪义义素。还有反过来的情形,即基式的中心义素到了重叠式中成了陪义义素。比如,根据李蓝(1987),在贵州大方方言中,重叠式"搅搅"指粥。"搅"是转动、和弄的意思,在重叠式"搅搅"中发挥作用的正是搅拌转动这样的中心义素,因为煮粥时通常需要不停地搅拌。然而相对于"粥"的中心义素(《现代汉语词典》:"粥,用粮食或粮食加其他东西煮成的半流质食物")来说,"搅拌转动"不过是陪义义素。由此可知,在以"搅"字为基式进行重叠时,人们取用的是"搅"字的中心义素,但是这一中心义素在重叠式中却成了陪义义素。再比如,"撩"是把垂下的部分掀起来的意思,因为里边的衣服兜儿需要把外边的衣服"撩"起来才能将手插进去,所以,山西临县人就用重叠式"撩撩"表示衣服兜儿。(见乔全生2000:33)基式"撩"

的中心义素在重叠式的意义构成中恐怕连陪义义素都说不上,最多只能说是相关义素。中心义素与陪义义素的转变在重叠构词中并非个例,事实上相当普遍。请看下面的例子。

(3)基式与重叠式意义联系释例

重叠式	意义	材料出处	解释(据笔者的理解)
a. 抓抓	小树枝	贵州大方(李蓝 1987)	小树枝常常是抓的对象
b. 飞飞	小纸条	(同上)	纸条轻飘可以飞
c. 抽抽	抽屉	(同上)	抽屉可以抽出来
d. 爬爬	虫子	北京平谷(陈淑静 1998)	虫子善爬
e. 挨儿挨儿	工具家具的安放处	(同上)	工具家具多挨着墙放着①
f. 挠儿挠儿	白菜上部菜叶部分切成的细碎菜丝	(同上)	白菜上部折皱弯曲
g. 楼楼	鸽子	山西忻州(乔全生 2000)	鸽子窝总是在房上
h. 腰腰	背心	(同上)	背心紧贴人的腰部
i. 怕怕	特指狼(儿语)	(同上)	狼令人害怕
j. 插插	口袋儿	(同上)	手可以插在口袋里
k. 打打	有裂纹的物体	(同上)	裂纹是"打"的结果
l. 蹦蹦	蝗虫的一种	(同上)	蝗虫善蹦跳

这些实例相当有趣,从基式与重叠式的意义关系看,颇有抓住一点不及其余的意味。造成这一状况的原因就在于重叠过程中基式义素的地位发生了转换。简而言之,基式在重叠过程中所突显的意义有可能不是中心义素,而是陪义义素。或者,基式的中心义素到了重叠式中变成了陪义义素。认识到这一点对于探究重叠式的基式问题非常重要,因为我们据此可以知道,尽管基式与重叠式总是会有意义联系,但是这种联系有可能相当松散,不易预测,甚至有些出乎意料,因此,据重叠式反推基式时要在符合逻辑的前提下尝试多种可能,不可过于拘泥基式抑或重叠式的中心义素。为了进一步说明这一道理,我

---

① 陈淑静给出的例子是:这些铁锨你找个~收拾好。

们再来比较一对例子。

（4）"路"字重叠对比例

方　言	基　式	重叠式（基式凸显的义素）	据重叠式拟测基式的难易程度
湖南城步青衣苗人话（李蓝 2004）	"路":供人车行走的通道	$lu^{52} lu^{52}$"条状印迹或文理"（陪义义素）	难
陕西礼泉话①	"路":供人车行走的通道	$lu^{44} lu^{22}$"小路"（中心义素）	易

"路"指供人车行走的通道，这是就其中心义素来说的。此外，"路"通常还有细长蜿蜒之类的义素，乡间小路尤其如此，但这只能说是陪义义素。在青衣苗人话中，重叠式"路路"的意思是"条状印迹或文理"。如此表义无疑是因为"条状印迹或文理"也有细长蜿蜒的特点。很显然，基式在重叠中所突显的意义是陪义义素。礼泉话的"路路"指小路。小路虽小，仍可供人车行走，性质未变，可见基式所突显的意义仍然是原来的中心义素。这里我们看到，重叠式"路路"同现于两个方言，但是意义各不相同，原因就在于基式突显的义素不同。

据实论之，无论是青衣苗人话还是礼泉话，"路"字重叠为"路路"都是合情合理的，没有高下之分。然而，设若在调查中首先看到的是重叠式，现在要据以反推基式，情况就有分别了。礼泉话比较透明。我们先从发音人那里知道 $lu^{44} lu^{22}$ 表示小路，随后又得知 lu^{22} 表示道路，此时我们马上就可以将二者联系在一起，辨识出二者之间的重叠关系。青衣苗人话就不同了。通过调查，我们首先得知 $lu^{52} lu^{52}$ 表示"条状印迹或文理"，随后又得知 lu^{52} 表示道路。然而即便此时，我们也未必可以马上做出最后的判断，因为如果"路"可以在重叠之后表示"条状印迹或文理"，那么，同样具有"细长蜿蜒"陪义义素的线、绳、沟、河、渠、蛇等为什么不可以呢？作为严谨的科学调查，我们有必要追问发音人，看这些单词在该方言中是否也有读作 lu^{52} 的，接下来还需要更多更为精细的分析对比。这里，探究难度的增加是由基式在重叠过程中突显陪义义素造成的。这还只是现代语言中的情形。试想我们研

---

① 笔者 2005 年元月实地调查了礼泉方言，发音合作人是高尔寿先生。

究的是历史语言学,对象是两千多年前的古代汉语,相关的文字音韵问题多有未安,难度也就可想而知了。不过,无论如何,由于有语言实例以及其中的规律以为借鉴,探讨古汉语相类问题时仍然有所依凭。总之,基式的陪义义素在重叠过程中可以发挥主导作用,基式的中心义素在重叠过程中反倒可能变成新义位的陪义义素。这些事实可以作为探讨古汉语基式时的参考。

现在回到基式问题。根据前面的讨论,我们知道(1)中诸例的第二个音节不可能是基式,第一个音节才有可能。然而第一个音节或不能独用,或与双音节的整体义无关,说它是基式有些勉强。不过,我们现在有活语言的启发,了解到基式与重叠式在意义联系上的多样性,因此可以另辟蹊径进行探讨。

先来看"蜉蝣"(1a)。"蜉蝣"是一种体软弱、翅半透明、常在夏天日落后大群飞舞、寿命极短的昆虫。这种昆虫有两个特点十分突出:一是小,最小的只有三毫米;二是性喜成群飞舞,但整体不动,悬浮空中。这两个非常直观的特点都有可能与重叠命名发生联系。因为体形小,所以非常适合重叠构词。至于浮动,虽然这并不是蜉蝣的中心义素而是陪义义素,但是易于为人察知,所以就如同虫子善爬因而以"爬爬"(3d)命名一样,很有可能用作重叠的基式。具体来说,在古代汉语中,表示"悬浮"的词主要是"浮",适用对象包括水面与空中,前者如"范蠡遂乘轻舟以浮于五湖"(《国语·越语》),后者如"不义而富且贵,于我如浮云"(《论语·述而》)。为了表示这种具有在空中"悬浮"特点的小昆虫,以"浮"作为重叠的基式合情合理。从形式上看,"浮"与"蜉"读音完全相同,写法上的差异不过是以"虫"代"水"罢了,目的显然是为了让字形与意义更为一致,这是汉字发展史上十分常见的一种现象。如此看来,"蜉蝣"应该就是"浮蝣",①"蜉蝣"是"浮"字重叠的结果。

与"蜉蝣"相比,果蠃(1f)的构词途径更直接一些。果蠃是一种攀援草本植物,藤上结的小圆果可食用,亦可入药,所以很为古人关注,《诗经》有"果蠃之实,亦施于宇"的诗句。为事物命名的通则是反映突

---

① 《荀子·大略》:"饮而不食者,蝉也。不饮不食者,浮蝣也。""蜉蝣"正作"浮蝣"。

出的地方,既然果实受人关注,那么命名时就有可能以此为基础。"果"是表果实义的典型用词,加之这种果实具有"多、小"的特点,在此基础上进行重叠构词是很有可能的。

蜾蠃(1e)与果蠃关系密切。一方面,读音完全相同,皆为*kʷál?rwál?(李*kʷarx gʷlarx)。另一方面,所指对象非常相似。蜾蠃指细腰蜂。细腰蜂的头和尾都是圆圆的,外形很像果蠃的果实,因此有相同的命名。就目前所掌握的材料来看,我们还无法断定何者为先;也许,当时外形圆圆的事物皆可以此指称。但无论哪一种情况,从这一双音形式的产生过程看,重叠都是最合理的假设。

"罜麗"(1h)出自《国语》记载鲁国史事的"鲁语"卷,意思是"小网也"。现代徐州话有 tu⁵⁵ luº 一词,指一种捕鱼工具。当地歇后语云:狗顶 tu⁵⁵ luº——不安生。(见李申 1985)这种捕鱼工具是一竹编尖筐,大小如同一个热水瓶,但形状是前端开口略大,"脖子"稍细,中部向外凸鼓,往后容积逐渐缩小,到尾部便很尖细,口是封闭的。一般将其放入浅水之中,卡在水梁处,鱼顺流进入筐中,便出不去。筐主隔一段时间来取筐中之鱼,再将筐放归原处,无须守候。①徐州临近鲁国故地,加之语音古今相承,所以李申认定这就是古代的"罜麗"是有道理的。

有了对"罜麗"具体形制的认识,现在就可以讨论产生过程了。"罜麗"在语音上很有特点,一是叠韵,二是有流音声母,这同样见于蚴蛴、果蠃、蜾蠃,所以也有可能源自重叠。但哪个字是基式呢?前面的讨论说明有流音声母的第二字不大可能,而第一字表面看来也不大可能,因为不能单用。不过,因声求义、不拘形体的研究方法可以使基式有迹可循。《论语》有匵、椟二字,代表同一个词,指存放美玉的函匣。②着眼于含裹空间以及形状较小的特点,匵(椟)与罜麗有一定的相似之处,或者说,二者之间存在意义联系。从语音上看,罜麗的第一字恰与匵(椟)同音,皆读徒谷切,古音属定母屋部,拟音是*dákᵠ(李*duk)。如此看来,罜、匵(椟)有可能只是写法不同,至少可以说是同源的。换

---

① 这是李申教授 2006 年 5 月在给笔者的信中对这种捕鱼工具的详细描写。谨此致谢。

② 《论语·子罕》:子贡曰:"有美玉于斯,韫匵而藏诸?求善贾而沽?"《论语·季氏》:"虎兕出于柙,龟玉毁于椟中,是谁之过与?"

言之，"罛麗"的"罛"很可能就是"匵(椟)"。由于"匵(椟)"表示函匣，而要表示的这种捕鱼工具类似于一种小的函匣，于是在命名时便以"匵(椟)"为基式进行重叠，这样"罛麗"这一重叠形式便产生了。

如此推断还有其他证据。《说文》："兜，兜鍪，首铠也。从兆从皃省。皃，象人头也。"这里许慎以"首铠"解释的是"兜"还是"兜鍪"有些含混，但是他对"兜"字形体的解释是比较确定的。兆字按照许慎的解释是"䙴蔽也。从人，象左右皆蔽形"。"兜"字从兆从皃，显示的意思就是遮蔽人头，这是对头盔功能的说明。所以"兜"应该就是头盔之类的意思。"兜"与"罛麗"的形状是很相近的。证明"兜"与"罛麗"有这种潜在的相似支持将"罛"视为"罛麗"的基式。原因在于二者语音相近。"兜"字古音属于端母侯部，拟音是为 *táu（李 *tug），"罛"字古音是 *dákʷ（李 *duk）。二字声母皆为齿槽音，差别仅在于清浊的不同。从韵母方面来看，它们主元音相同，韵尾则是在基本相同的情况下略有差异。尤其需要指出的是，"兜"和"罛"分别属于侯部和屋部，适成传统音韵学中所说的对转关系。仅仅指出对转关系并不解决问题，因为我们还需要明了这种语音变化的语法语义动因以及实现这种变化的具体方式。但无论如何，对转关系表明两个音节存在对应关系是可以肯定的。

这里我们看到，一方面，匵、椟、兜在语义上与"罛麗"相关，在语音上与不作他用的"罛"字相同相近，所以"罛"与"罛麗"也可能存在语义关系。另一方面，"罛"和"麗"两个音节韵母相同，第二音节表现为流音声母，与前面讨论过的蜉蝣、果蠃、螺蠃完全一致。"罛麗"和"罛"在语音和语义上如此相互对应，可见也是一个重叠式。

以上我们着重讨论了蜉蝣、果蠃、螺蠃、罛麗四个重叠形式。在这四个重叠式当中，基式"蜉、果、螺、罛"居前，重叠部分居后，所以这是顺向重叠。此外，由于这种重叠的基本功能是"指小"，所以可称作指小顺向重叠。[①]

根据基式与重叠式所指对象的异同，指小顺向重叠还可以有进一步的区分。在前面讨论的四个例子当中，基式的所指与重叠式的所指是不同的。比如，"浮(蜉)"的所指是悬浮，而蜉蝣则专指那种小昆虫，

---

① 上面(1)中另外六个例子在这里没有逐一讨论。这六个双音形式所指事物皆有"小"的特征，语音上也有叠韵以及流音声母的特点，所以也应该归入此类。

所指对象发生了转移。因此这种类型可称作转指式指小顺向重叠。另有一种指小顺向重叠,设若其基式的所指是"X",重叠式的所指则是"小 X",其间没有发生所指对象的转移,这一类型因此可称作自指式指小顺向重叠(参看下面 3.2.2 一节)。

至此,我们通过对典型实例进行分析归纳,初步揭示了转指式指小顺向重叠在形式与意义上的本质特点:其基本功能是"指小",其形式变化可图示如下:

(5) 转指式指小顺向重叠(σ:音节;I:声母(initial);R:韵母(rhyme);L:流音(liquid);下标字母表示音段的异同。这是基式音节没有流音声母的情况,有流音声母的下面有讨论)

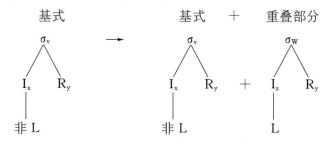

这一示意图反映了一般情况下顺向重叠的语音变化,包括下面将要讨论的自指式指小顺向重叠以及摹态顺向重叠。至于语音形式上的一些特殊变化,包括基式流音声母对音变的影响、第二音节在 *r-和 *l-之间的选择、第二音节以其他响音为声母,下面将作专门讨论。此外,我们还将对这种重叠类型的生成过程作出理论探讨,详见第六章。

在结束这一小节之前,有一点需要指出,即在目前的情况下,要指出所有转指式指小顺向重叠的基式是一件很困难的工作。比如,在上面(2)中的十个例子中,我们只给出了几个,其余尚在探讨之中。事实上很多例子一时还难以确认其基式,请看:

(6) 古汉语中有叠韵关系的双音形式(二)

a. 复育(fùyù)*bə̀kʷ lə̀kʷ>EMC buwk juwk 蝉之幼虫(论衡)(李 *bjəkʷ rjəgʷ)

b. 硗狪(jiǎoliǎo)*kjáwʔ rjáwʔ>EMC kɛwʼ lɛwʼ 小套裤①(方言)

---

① 《方言》卷四:小袴谓之硗狪。

(李 *kiagʷx liagʷx)

c. 㼌瓜(gōulóu)*káɥ ráɥ＞EMC kəw ləw 王瓜,土瓜(广雅)(李 *kug lug)

d. 蝄蜽(wǎngliǎng)*màŋʔ ràŋʔ＞EMC muaŋˬ lɨaŋˬ山川之小精怪 (国语)(李 *mjax ljax)

e. 蜻蛉(qīnglíng)*tsʰáŋʲ ráŋʲ＞EMC tsʰɛjŋ lɛjŋ 蜻蜓(方言)(李 *tsʰiŋ liŋ)

f. 鼨鼦(jiōnglíng)*kwáŋʲ ràŋʲ＞EMC kwɛjŋ liajŋ 一种老鼠(广雅)(李 *kʷiŋ ljiŋ)

g. 裋褕(shùyú)*dàɥ làɥ＞EMC dʑuaˬ juaˬ童仆穿的粗制衣服(方言)(李 *djag rjag)

h. 茱萸(zhūyú)*dàɥ làɥ＞EMC dʑuaˬ juaˬ一种落叶小乔木(说文)(李 *djug rjug)

i. 蜥易(xīyì)*sákʲ làkʲ＞EMC sɛjk jiajk 四脚蛇(说文)(李 *sik rjik)

从形式上看,以上九例与前面讨论的例子完全相同:两个音节叠韵,第二音节的声母是流音。从意上看,双音形式大都指向形体较小的事物。比如复育、鲛衬、蜻蛉、鼨鼦、茱萸都很小。㼌瓜即"王瓜",据《本草纲目》,王瓜大小如弹子,个头很小。蝄蜽指山川中的精怪,似无大小可言,但据说"状如三岁小儿"(《说文》引淮南王刘安的说法),个头不大。蜥易即四脚蛇,在爬行动物中形体很小。表示较小事物恰是指小顺向重叠的特点,再联系叠韵、流音的特点,应该承认这些例子是指小顺向重叠。尽管一时还无法具体说明它们的基式,但音义两个方面的若合符节使我们坚信这一总体判断。

3.2.2 自指式指小顺向重叠

就语音变化的方式而言,自指式指小顺向重叠与转指式指小顺向重叠是相同的。二者的分别在于基式与重叠式所指对象的关系有所不同。对于自指式来说,假如基式所指为"X",那么重叠式的所指就是"小 X"。对于转指式指小顺向重叠来说,假如基式所指为"X",重叠式的所指却是"Y",Y 是一种形体较小的事物。

转指式指小顺向重叠前面已经进行过讨论,现在讨论自指式。严格说来,自指式指小顺向重叠并不见于上古汉语,中古汉语才有用例。考虑到这两种指小顺向重叠在历史上的此消彼长,为了显示其间的发展演变,因此将自指式附在这里略加讨论。下面是一个典型的例子。

"壶"字甲骨文作𤮾(前5.5.5),像细长的圆腹形器皿。《左传·昭公十三年》:"司铎射怀锦奉壶饮冰,以蒲伏焉。""瓠"字从瓜、夸声,表示一种蔓生草本植物及其细长、圆筒形的果实。《诗经·南有嘉鱼》:"南有樛木,甘瓠纍之。"壶、瓠二字可以互用。比如,《诗经·七月》:"七月食瓜,八月断壶。"毛传:"壶,瓠也。"《尔雅·释器》:"康瓠谓之甄。"郭璞注:"瓠,壶也。"从文字学的角度来看,例中的"壶、瓠"可以说是假借用法。但是从语言学的角度来看,"壶、瓠"代表同一个词。首先,壶与瓠的形状及大小都很相似,而事物相似便可促成词义引申。所以,一个表示水壶的词可以引申出瓠瓜的意思,一个表示瓠瓜的词也可以引申出水壶的意思。"壶"与"瓠"不过是为同一个词的不同义位造的两个字而已。其次,在表示这种植物果实的意义上,"壶"与"瓠"声母韵母完全相同,声调亦皆为平声。①总之,"瓠、壶"读音相同,两个字可以互用,各自的"本义"之间还可以有引申关系,可见二字所代表的的确是同一个词。

"壶(瓠)"是一种较大的瓜果。《庄子·逍遥游》:"惠子谓庄子曰:魏王贻我大瓠之种,我树之成而实五石……"瓠大到五石(一石等于十斗)当然不足采信,但"荒唐之言"用它说事儿,足见其个头儿不小。后来出现了"壶卢"(又写作"葫芦")一词,所指实物与瓠同类,但是形体较小。《世说新语·简傲》:"(刘道真)性嗜酒。礼毕,初无他言,唯问东吴有长柄壶卢,卿得种来不?"《太平广记》卷三十九:"(王十八)自于腰间取一葫芦开之,泻出药三丸,如小豆大。"《太平广记》卷七十二:"(骡鞭客)探怀中取葫芦,泻出两丸药,以物搅之。"陆游《剑南诗稿·

---

① 根据《广韵》,"瓠"在"瓠𬞟"一词中读平声(户吴切),在瓠瓜意义上单独使用则读去声(胡误切)。不过先秦去声是有争议的。首先,去声后起,后来的去声可能另有来源。其次,"壶"与"瓠"在表示这种植物的果实的意义上同现于《诗经》。"瓠"字不是韵脚字,读平声还是去声不得而知。"壶"在《诗经·七月》第六章与瓜、苴、樗、夫四个平声字押韵,可知"壶"是平声,与之同义的"瓠"也应是平声。

午坐戏咏》："贮药葫芦二寸黄,煎茶橄榄一瓯香。"又《刘道士赠小葫芦》："葫芦虽小藏天地,伴我云山万里身。"由这些用例可以看出,葫芦常用来放置酒、药等物,或挂于腰间,或揣在怀中,个头不会太大。

"壶(瓠)"与"葫芦"的所指对象一大一小,这种对应关系很容易让我们联想到重叠。语音形式的变化方式支持这一想法。首先,单音节形式"壶(瓠)"与双音节形式"葫芦"的第一个音节完全相同,全都是*gáɣ(李*gag)。其次,双音节的两个韵母相同,并且第二音节有流音声母。这些语音特点同样见于蟛蜞、螳蠡、罣罳等,加上这种重叠也是表示指小,所以理应归入指小顺向重叠。不过差别仍然是有的。如前所述,在蟛蜞、螳蠡、罣罳这些转指式指小顺向重叠中,基式所指对象与重叠式的所指对象完全不同。而在这个例子当中,基式(壶(瓠))与重叠式的所指对象属于同类,区别在于大小不同,因此称之为自指式指小顺向重叠。

再看一个例子。"傀儡"一词首见于唐代吴兢的《贞观政要·慎所好》,指木偶人。从语音形式上看,"傀儡"(EMC kʰwəj' lwəj')不仅叠韵,而且有流音声母,与"葫芦"完全平行,因此有可能也是顺向重叠的产物。但是,理应是基式的"傀"字不能单用,要探求其语义内涵还需要因声求义。首先,"傀"的声符是"鬼",甲骨文鬼字作🦴(京津 2582),从字形上看,与𤱿(子;前 6.52.1)、𠀀(儿;京津 1341)相同,头部特别突出,可知在古人心目中鬼的头很大。其次,查《广韵》上声贿韵可知,与"傀"同小韵的字共有"頯、靧、顝、磈"等四字,其中"頯"的意思是"大头","顝"的意思是"首大骨"。再次,"傀儡"又作"魁磊"①,"魁"与"傀"仅声调有别,"魁"字有大、头、首领、大树根之类的意思。将这些情况综合起来考虑,可知"傀"字可以是一个有意义的形式,表示鬼、大头之类的意思。与此相对,"傀儡"指木偶人,此乃游戏器具,形体很小,这种器具常用于丧乐,可能是鬼形,所以可以说"傀儡"指的是小鬼小头。由此看来,"傀"与"傀儡"无论在语音关系还是在语义关系上都与"壶(瓠)"与"葫芦"的关系相合。"傀儡"应是自指式指小顺向重叠的产物。

---

① 《旧唐书·音乐志》："魁磊子,作偶人以戏,善歌舞,本丧家乐也。汉末始用之于嘉会。"

3.2.3　方言旁证

以上我们从音义两个方面对古汉语材料进行分析归纳,发现了指小顺向重叠,包括转指式和自指式。古今汉语一脉相承,我们需要调查现代方言以求能为古汉语中的发现提供旁证。另外,为说明重叠可以"指小",陪义义素可以在重叠过程中发挥主导作用,前面曾多次引用现代方言中的同类现象以为参考,其间为了简化问题以便集中讨论,我们有意仅就某个侧面进行对比,并没有涉及方言例证与古汉语重叠在其他方面的一些差异。事实上,这些方言引例与古汉语颇有不一致的地方,主要表现在语音形式上。如(5)所示,古汉语此类重叠的一个普遍特征是第二音节需有流音声母,而所引现代方言中的重叠则是完全重叠,前后两个音节完全相同,并无流音声母的出现。为了使我们对古汉语顺向重叠的论证更为可靠,我们需要在现代方言中找到更为一致的实例。

项梦冰(1998)是集中讨论连城方言动词重叠的专文,文章对该方言重叠的一般情况也有较为详细的讨论,其中提到的"变声重叠"很有参考价值。例见下。

(7) 连城方言中的构词性变声重叠(项梦冰 1998)

a. 把 pu⁵³　　　　　　　把□pu⁵³ lu⁵³　　　　　　　　（量词）

b. 团 tʰiu⁵⁵　　　　　　团来 tʰiu⁵⁵ liu⁵⁵　　　　　　（量词）

c. 块 kʰuə³³　　　　　　块癞 kʰuə³³ luə³³　　　　　　（量词）

d. 球 kʰiau⁵⁵　　　　　　球留 kʰiau⁵⁵ liau⁵⁵　　　　　（量词）

e. 沟坑底 kie³³ kʰa³³ tai⁵³　沟□坑底 kie³³ lie³³ kʰa³³ tai⁵³　沟里

f. 框 kʰia³³　　　　　　框懒 kʰia³³ la³³　　　　　　　小框

g. 柄 pia³³ tsai⁵³　　　　柄□子 pia³³ la³³ tsai⁵³　　　　小柄

h. 圆圈 vie⁵⁵ tʂʰɥe³³　　圆圈□vie⁵⁵ tʂʰɥe³³ lie³³　　　小圆圈

先看前面五组例子(7a-e)。五个单音基式分别是 pu⁵³、tʰiu⁵⁵、kʰuə³³、kʰiau⁵⁵、kie³³,相应的重叠部分则分别是 lu⁵³、liu⁵⁵、luə³³、liau⁵⁵、lie³³;两两相对的音节各自韵母相同,第二音节则一律是流音声母 l-。(7f, g)两组例子中的语音形式略有变异——基式的介音不见于第二音节;本应是 lia 的第二个音节实际上变成了 la。这种变异的产生是由于音节 lia 不见于连城方言,与之音值相近而且频繁使用的 la 自然就成了最理想的替补形式。在最后一组例子中,"圈 tʂʰɥe³³"字重叠之后变成了 tʂʰɥe³³ lie³³，而不是 tʂʰɥe³³ lɥe³³，这也是由音节配列(phono-tactics)的限制所造成的。考虑到这个因素，可以说(7f，g，h)三例中的双音节形式也是叠韵关系。如此看来，连城话的这些重叠实例在语音形式上与古汉语顺向重叠是相同的。

现在考察意义。(7)中的重叠式全部表示小称，①与古汉语指小顺向重叠完全一致。再来对比基式与重叠式的所指对象，可以看到二者的关系相当直接。简言之，基式所指是无标记的，不分大小，重叠式则指同类事物中的体小者。比如，"框、柄、圈"(7f-h)在顺向重叠之后分别表示小框、小柄、小圈，这与古汉语自指式指小顺向重叠是完全相同的。

连城方言还有转指式指小顺向重叠。所谓转指式，如前所述，是说所指对象发生转移且基式与重叠式的所指不能简单地别之以"大"与"小"的指小顺向重叠。从另一个角度来看，义素在这种重叠中表现出身份上的改变，简言之，其间发挥主导作用的可以是陪义义素，而原来的中心义素在重叠式的意义构成中却有可能退居陪义义素的地位。义素身份的这种巨大改变使得基式与重叠式的联系相当的松散，辨认起来不那么容易。连城方言存在这样的实例。

(8) 连城方言中的构词性变声重叠(右上角的星号表示同音字。项梦冰 1998)

　　a. 骨劈 *kuai³⁵ lai³⁵ 一种体瘦的青蛙

　　　　(←骨 kuai³⁵ 形容词，指骨瘦如柴)

　　b. 结劈 *头 kai³⁵ lai³⁵ thie⁵⁵ 绳结

　　　　(←kai³⁵ 单用不指绳结)

　　c. 锅罗 *巴 kau³³ lau³³ pu³³

　　　　(←锅巴 kau³³ pu³³ 不能单用)

　　d. □落 *骨 pauʔ⁵⁵ lauʔ⁵⁵ kuai³⁵ 软骨

　　　　([pauʔ⁵⁵ lauʔ⁵⁵]是拟声词[pauʔ⁵⁵]的变声重叠)

_____

① 据项梦冰(1998)，重叠指小有时不很明显。这一事实并不妨碍我们认定重叠表示小称，因为这实际上是后来语义磨损的结果；功能趋于弱化，原先小称的语义特点就不那么突出了。这是一种常见的语言现象。比如，无论着眼于共时还是历时，儿尾都应与小称有关，但实际上并不专表小称，比如在山西方言中可以表示敬称、类称、方位。极端的例子是"车儿"指大车，大公牛称为"犍牛儿"(参看乔全生 2000)。

e. 花□fu³³ lu³³ 区别词,指带花纹的

（←花 fu³³ 形容词,花哨）

f. □□肥 kuaʔ⁵⁵ laʔ⁵⁵ phai⁵⁵ 状态词,形容极肥

（←□肥 kuaʔ⁵⁵ phai⁵⁵ 原式也说）

g. □兰*妈 kua⁵⁵ la⁵⁵ mu⁵⁵ 快嘴婆

（[kua⁵⁵ la⁵⁵]是拟声词[kua⁵⁵]的变声重叠）

以上七例项梦冰认为是基式在前的变声重叠,实即我们所说的转指式指小顺向重叠。比较基式与重叠式,可以发现其意义关系相当特别。先看 kuai³⁵ lai³⁵(8a)。其中基式是"骨",重叠后则表示"一种体瘦的青蛙"。"体瘦的青蛙"骨头显得突出,命名时以"骨"作为基式可以说抓住了它的特点,因此是合乎情理的。但从另一个角度来看,如果因为这种青蛙骨头显得多就如此命名,那为什么不可以用同一形式为体瘦的鸡、鸭、狗、鹌鹑、麻雀命名呢? 提出这样的问题似乎有些无谓——名无固宜,命名并无一定之规嘛。但这一问题却传达出这样的信息,即作为基式,"骨"有关骨头的义素在新的重叠词中不再是中心义素,实际上变成了陪义义素。义素身份的改变使得基式与重叠式的意义关系显得相当随意,正因如此,设若调查中发现了这样的重叠形式,我们是很难根据"骨"推测出它的具体所指的。这种情况跟古汉语转指式指小顺向重叠是完全相同的。如前所述,由于"蜉蝣"可以悬浮空中,因此重叠"浮"字以表示这种昆虫。自然界中可以悬浮的昆虫不只是蜉蝣,比如蜻蜓也可以。"蜉蝣"的命名以"浮"为起点有其随意性。考虑到这一因素,根据重叠反推基式的困难就是可以想象的了。

请看(8e)。基式"花"表示花哨,就是艳丽好看的意思。一般来说,花纹总是好看的,所以重叠"花"以表示花纹是合理的。花纹可定义为各种条文和图形,基式的艳丽好看义(中心义素)变成了陪义。由于义素身份在重叠过程中发生了重大改变,所以基式与重叠式在意义关系上就显得相当松散,因此,从花哨义出发是不容易想到重叠之后会表示花纹义的。这与古汉语转指式指小顺向重叠的情况是一样的。

现在讨论一个存在于多种方言的实例:蟑螂。蟑螂一词不见于古籍(蟑螂古称蜚蠊)。从形式上看,这个双音词的两个音节韵母相同,第二个声母是流音。从意义上看,这是一种小昆虫。叠韵、流音、指

小,这些音义特点令人疑心它是指小顺向重叠的产物。对基式的考察支持这一假设。我们知道,蟑螂是一种常见的害虫,爬行于厨房、厕所、盥洗室、垃圾堆,它全身带有多种细菌,散发臭味,污染食物,传染肝炎、肺炎、结核、伤寒、霍乱等多种疾病。可见蟑螂的一个突出特点就是脏。根据转指式指小顺向重叠的特点,人们有可能在"脏"的基础上通过重叠为其命名,于是便有这一双音形式的产生,所以"蟑螂"有可能就是"脏螂"。当然,就普通话而言,脏、蟑(章)声母有别,但是,在许多南方方言中是同音的,比如,武汉、成都、扬州二字皆为 tsaŋ,长沙皆为 tsan,南昌、梅县皆为 tsɔŋ,苏州蟑(章)的白读与脏的读音皆为tsaŋ。①虽然我们暂时还不清楚"蟑螂"一词最初产生于何处,但脏、蟑(章)同音的方言如此众多,产生于其中某一方言是非常有可能的。

无论着眼于形式还是意义,现代方言中的这些实例都与古汉语中的蜉蝣、罣罳、葫芦平行,这为我们在古汉语中所发现的指小顺向重叠提供了有力的旁证。

3.3 摹态顺向重叠

我们在上面的讨论中建立起顺向重叠这种模式,其间用来进行论证的实例皆为名词。从意义上看,这些双音节名词全部用以指小。名词之外,我们发现这种重叠模式还可用来指向其他意义类别,请看下面的例子。

(9) 顺向重叠例

a. 望洋(wàngyáng)*màŋs làŋ>EMC muaŋ jɨaŋ 远望的样子(庄子)(李*mjaŋh rjaŋ)

b. 强梁(qiángliáng)*gàŋ ràŋ>EMC giaŋ jɨaŋ 强壮的样子(老子)(李*gjaŋ ljaŋ)

c. 强阳(qiángyáng)*gàŋ làŋ>EMC giaŋ jɨaŋ 健动之貌(庄子)(李*gjaŋ rjaŋ)

d. 沧浪(cānglàng)*tsʰáŋ ráŋ>EMC tsʰaŋ laŋ 青苍,形容水的颜色(孟子)(李*tsʰaŋ laŋ)

---

① 读音据北京大学中文系(2003)。该书未收脏、蟑二字,此处读音分别依据赃、章的读音。

e. 相羊（xiāngyáng）*sàŋ làŋ＞EMC siaŋ jɨaŋ 随意游逛的样子（离
骚）（李*sjaŋ rjaŋ）

f. 雍容（yōngróng）*ʔàŋ⁴ làŋ⁴＞EMC ʔuawŋ juawŋ 仪态温文大方
（汉书）（李*ʔjuŋ rjuŋ）

g. 孟浪（mènglàng）*mráŋs ráŋs＞EMC məɨjŋʰ laŋʰ 疏阔不精要
（庄子）（李*mraŋh laŋh）

h. 从容（cóngróng）*tsʰàŋ⁴ làŋ⁴＞EMC tsʰuawŋ juawŋ 不慌不忙
（诗经）（李*tsʰjuŋ rjuŋ）

i. 委蛇（wēiyí）*ʔwàl làl＞EMC ʔwiḁ jiḁ从容自得（诗经）（李
*ʔʷjar rjar）

j. 逍遥（xiāoyáo）*sàw làw＞EMC siaw jiaw 自由自在（庄子）
（李*sjagʷ rjagʷ）

k. 优游（yōuyóu）*ʔə̀w lə̀w＞EMC ʔuw juw 从容自得（诗经）
（李*ʔjəgʷ rjəgʷ）

l. 圹埌（kuànglàng）*kʰwáŋs ráŋs＞EMC kʰwaŋʰ laŋʰ 开阔（庄子）
（李*kʰwaŋh laŋh）

m. 丰融（fēngróng）*pʰə̀ŋʷ lə̀ŋʷ＞EMC pʰuwŋ juwŋ 盛美貌（扬
雄：甘泉赋）（李*pʰəŋʷ rəŋʷ）

n. 卓荦（zhuóluò）*tráːkʷ ráːkʷ＞EMC traɨwk laɨwk 超绝出众
（班固：典引）（李*trakʷ lakʷ）

o. 摄叶（shèyè）*ɬàp làp＞EMC ɕiap jiap 不舒展的样子（严忌：哀
时命）（李*hnjap rap）

p. 姁媮（xūyú）*xàw làw＞EMC xuḁ juḁ姿态美（傅毅：舞赋）（李*
hjaw rjaw）

q. 滴沥（dīlì）*djákʲ rjákʲ＞EMC dɛjk lɛjk 水滴落（杜笃：首阳山
赋）（李*dik lik）

r. 髻鬗（zhènlìn）*tə̀ŋʲs①rə̀ŋʲs＞EMC tɕinʰ linʰ 头发少貌（说文）
（李*tinh linh）

s. 顑颔（kǎnlǎn）*kʰə́mʔ rə́mʔ＞EMC kʰəmˀ ləmˀ脸黄丑貌（说文）

---

① 蒲立本和李方桂对脂部的构拟有后鼻音韵尾和前鼻音韵尾的分别。但无论依从哪
一种构拟，髻、鬗都是叠韵字，并不影响这里的结论。

(李 *kʰəmx ləmx)

t. 斒斓(bānlán)*prján rján＞EMC pəin ləin 色不纯貌(通俗文)

(李 *prian lian)

u. 懆恅(cǎolǎo)*tsʰə́w? rə́w?＞EMC tsʰaw' law'寂静(王褒:洞箫赋)(李 *tsʰəgʷx ləgʷx)

v. 崴蕾(wěilěi)*ʔwə́l? rwə́l?＞EMC ʔwəj' lwəj'山高貌(论衡)

(李 *ʔʷədx lʷədx)

w. 巧老(qiǎolǎo)*kʰrə́w? rə́w?＞EMC kʰaɨw' law'深空之貌(马融:长笛赋)(李 *kʰrəgʷx ləgʷx)

x. 廓落(kuòluò)*kʰwák rák＞EMC kʰwak lak 空寂貌(宋玉:九辩)(李 *kʷʰak glak①)

从语音形式上看,这些例子与前面(1)、(6)诸例完全相同——两个音节韵母相同,第二个音节以流音为声母。不过表示的意义不是指小,而是摹景状物,工具书上大都用"……的样子"("……貌")加以解释。如此看来,这些实例有可能代表另外一种类型的顺向重叠。

我们知道,顺向重叠意味着基式在前、重叠部分在后。如果认为(9)中诸例是顺向重叠的产物,那么必须面对的一个问题就是要对其基式、重叠部分做出合理的分析解释。现在就来探讨这一问题。

"望洋"(9a)亦作望羊、望佯、望阳。古文献中多有用例,如,《庄子·秋水》:"河伯始旋其面目,望洋向若而叹。"《晏子春秋·谏上六》:"杜扃望羊待于朝。"古代注疏家多以"仰视貌"或"远视也"加以解释。这是正确的。但是"望洋"为什么能够表示这样的意思呢?"望"是远望的意思,这没有问题,有问题的是第二个字。清代学者郭庆藩(1894)说:"羊、洋皆假借字,其正字当作'阳'。《论衡·骨相篇》:'武王望阳。'言望视太阳也。太阳在天,宜仰而观,故训为'仰视。'"郭氏望文生义,解释太过牵强。仍以《秋水》中的话为例。其中的"向若"是说河伯面对着海神"若"——既然面对着若,又怎能同时望着太阳呢?再就《论衡》中的例子来说,王充列举十二位圣人身体上的奇特之处,比如黄帝龙颜,帝喾骈齿,舜目重瞳,汤臂再肘,文王四乳,皋陶马口,

---

① 李方桂(1971)根据谐声为"落"字拟出复辅音声母 *gl-,这是谐声时代的情况。在"廓落"一词出现的汉代,这个复辅音 *gl-可能已经变成了单辅音 *l-。

这些都是生理上的状态,独独武王却是一种关联现实的具体动作。这从表达上来说是很不平行的。当然,我们也可以说此处是指武王有一种仰视的习惯,或目光茫然的特点,而这种意思最初是从远望太阳的意思发展而来的。这样解释也很牵强。举凡组词表义都有一定理由可说,我们可以说远望蓝天、白云、月亮("望(望)"字为证)、高山(杜甫有《望岳》诗),太阳光芒强烈,一般人怎能轻易去"望"呢?可见郭氏的解释于理不通。事实上,"望洋(羊/佯/阳)"是在"望"字的基础上产生出来的顺向重叠词,这样说从语音形式上看没有问题,从意义上看也很合理,"望"是朝远处看,重叠词则表示进行"望"这种动作时的情景状态,或者人的眼光表情,即古代注疏家所说的"仰视貌"。

基式义与整体义的这种相互关联亦见于(9)中其他例子。比如强梁、强阳(9b, c),分别表示"强壮的样子"和"健动之貌",皆与"强"字有关。至于后字"梁""阳",则是顺向重叠中的衍生形式。我们的这一看法与有的学者的看法是不同的。《老子·四十二》:"强梁者不得其死。"其中"强梁"是勇武的意思。明代学者焦竑解释说:"木绝水曰梁,负栋曰梁,皆取其力之强。"(见魏源《老子本义》)按照焦竑的看法,"强梁"表示勇武是因为这个词本指强有力的桥梁、栋梁。这种望文生义的解释恐不可取。首先,按照焦竑的解释,"强梁"应该理解为偏正式体词性成分,而无论是古汉语还是现代汉语,双音节体词性成分是不大容易发展出绘景状物的谓词性意义来的("勇武"是谓词性意义)。此外,程湘清(2003)对《论衡》517个偏正式复音词作了全面的研究,发现偏正式复音词的词性基本上是由充当正语素(指中心语语素)单音词的词性所决定的。准此,既然"强梁"的中心语是名词,那么整个双音形式就应该是名词,在此基础上发展出勇武之类的形容词性的意义是不大可能的。第三,"强梁"与"强阳"同源。如果将"梁"解释为桥梁,那么"阳"字又该作何解呢?这一情况不支持焦竑的解释。

再看相羊(9e)。"相"是看的意思,"相羊"则表示"随意游逛的样子",重复"相"字以表示这样一种状态是非常可能的。这里有一个旁证。在苏州话中,"相"是看、端详的意思,苏州弹词《晴雯》第三回:"王夫人看她进来,从头相到脚。"(见《汉语方言大词典》3826 页)加上一个音节变成"字相"[bɤʔ² siaŋ⁴⁴],表示"玩儿",意思近似随意游逛。这与"相羊"表示"随意游逛的样子"有异曲同工之妙。

"雍容"(9f)也是一个值得讨论的例子。"雍"的意思是平和、和谐,如,《尚书·尧典》:"百姓昭明,协和万邦,黎民于变时雍。""雍容"(9f)则多用来形容人的仪态温文大方,如,《汉书·薛宣传》:"宣为人好威仪,进止雍容,甚可观也。""雍"和"雍容"很明显是有意义联系的。从"雍容"的句法特点和语义特点来看,它应该是一个状态词性的成分,而状态词的一个重要来源就是重叠形式。再联系语音形式方面的特点,可知假定"雍容"为顺向重叠形式是可以成立的。有人也许会将其中的"容"字理解为仪容义。这样理解意味着"雍容"是一个体词性的成分,但是,解作体词性成分在实际用例中是讲不通的。仍以《薛宣传》中的例子为证。"进止雍容"是说言行举止温文儒雅,这并非判断句,"雍容"不可能是一个体词性的成分。

纵观(9)中诸例,可以看到它们在形式和意义上互为表里,颇为一致。在语音形式上,这些双音形式与指小顺向重叠完全相同。在意义上,全部表示情景状态,①而且这个摹景状物的意义与第一字的意义密切相关。由此可见,这些例子实际上代表了顺向重叠的一个新的类型,考虑到特有的表义功能,可称作摹态顺向重叠。

至此,我们在指小顺向重叠之外又建立起一个新的类型。我们的具体做法是广泛调查语料,通过分析实例以探索贯穿其中的音义共性,最后使规则浮出水面。从这里看到,这一研究过程的重点在于事实的发现,目标是对发现的事实做出合理的分析描写。这种基础性的工作无疑是非常重要的。但是,如果从生成(generation)的角度出发,将摹态顺向重叠放到整个重叠系统中加以考察,就会发现仍有许多其他方面的问题需要探讨。比如,在前面第二章讨论逆向重叠时,我们发现其基式多是动词,而摹态顺向重叠也有不少基式由动词充任。为什么同是动词,有时要逆向改变韵母(逆向重叠),有时又要顺向改变

---

① 重复动词、形容词以表示相应的状态是相当常见的,形容词自不待言,动词也有一些类似的用例,比如普通话中始于动词的 AABB 重叠式就是这样,推推搡搡、哭哭啼啼、摇摇晃晃、走走停停,所表示的可以是一种状态,不一定是与现实关联的事件。

声母(摹态顺向重叠)呢？还有,在下面第五章我们将会看到,有些动词在重叠过程中只是自身的复制,音节本身并无语音上的改变。事实上,动词的这些不同音变都是由不同的语义动因造成的,普遍性的语法规则与特定语言中的规则联手制约着不同的音义互动,结果是不同重叠类型的出现。详情请看下面第六章。

3.4 以 *r-(＞EMC l-)或 *l-(＞EMC j-,d-) 起首的基式及其对重叠音变的影响

在前面讨论的顺向重叠实例当中,基式声母可以是阻塞音、鼻音、滑音,但是没有流音 *l-或者 *r-。现在我们设想一下,如果基式有一个流音声母,那么顺向重叠中的语音变化将会如何呢？根据顺向重叠的一般性规则,我们有可能看到下面这样的重叠形式：

(10) 假定基式有流音声母 *r-或者 *l-的顺向重叠(σ 代表音节;l代表声母;F 代表韵母;下标字母表示音段的异同;箭头左右分属假定的基式与顺向重叠式)：

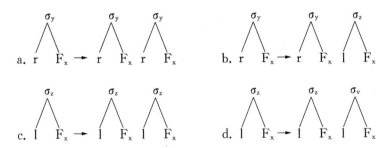

这一示意图说明,基式有流音声母 *r-或者 *l-的顺向重叠有两种可能。一种可能是 b 与 d,顺向重叠的结果是重叠部分(第二个音节)的声母发生 r-与 l-的互换——如果基式是 r-,那么这里就是 l-,如果基式是 l-,那么这里就是 r-。这种情况是否属实一时还难以决断,因为所见实例不多。下面有专门的讨论。

另一种可能是 a 与 c,两个音节完全相同。请看下面的例子。

(11) a. 烈烈(lièliè) *ràt ràt＞EMC liat liat(诗经)(李 *ljat ljat)

　　b. 粼粼(línlín) *rəŋ rəŋ＞EMC lin lin(诗经)(李 *ljin ljin)

c. 洋洋（yángyáng）*làŋ làŋ＞EMC jiaŋ jiaŋ（诗经）（李 *raŋ raŋ）

d. 融融（róngróng）*làŋʷ làŋʷ＞EMC juwŋ juwŋ（左传）（李 *rəŋʷ rəŋʷ）

看到这些例子,我们也许会以为这是由流音充任基式声母的顺向重叠。但这样说为时尚早。古汉语中另有完全重叠,与这些例子在形式上完全相同。那么如何进行区分呢?答案在于意义上的考量。如下面第五章将要指出的那样,完全重叠并不表示可以严格界定的意义,而是表示一种寄生性的生动印象。与此相对,顺向重叠可以表示指小,涉及的是名词;还可以表示状态,表示较为固定的摹景状物的意义。意义表达上的这种分别可以帮助我们在完全重叠和顺向重叠之间做出判断。就(11)中的例子来说,它们在表达功能上的特点与完全重叠是一样的。比如"烈烈"(11a)在《诗经》中可以表示火猛的样子、威武的样子、忧愁的样子、高峻险阻的样子、寒冷的样子(参看向熹1986)。一个双音形式多至五种意义,且互不相干,这是很令人怀疑的。实际上它所表示的只是生动印象,并非实在的意义,因此才可以随文释义。再看"粼粼"(11b)。《诗经·扬之水》:"扬之水,白石粼粼。"《毛传》:"粼粼,清澈也。"《广韵》:"粼,水在石间。亦作磷。"后来又有学者认为与鱼鳞有关(粼、鳞同音),因为水面的小波浪犹如鱼鳞。尽管解释不同,但都能说得通。表示生动印象才会有这样的任意性。这是完全重叠的特点。顺向重叠与此不同。指小顺向重叠涉及实体,与完全重叠的区别一目了然。摹态顺向重叠也与完全重叠有别,主要表现在前者的意义可以界定,使用场合比较一贯。例如,"雍容"源自摹态顺向重叠,《汉语大词典》的解释是:1)形容仪态温文大方;2)舒缓,从容不迫;3)形容华贵,有威仪。虽然分了三个义项,但是意思一以贯之,那就是仪态从容,举止大方。

通过比较,可知(11)中的例子源自完全重叠,并非顺向重叠。既然如此,那么又回到了本节开头的问题:如果基式有一个流音声母,在顺向重叠的过程中会有什么样的语音变化呢?下面我们将会看到,如果基式有一个流音声母,其形式变化与一般的顺向重叠不同,简言之,不是声母而是韵母发生变化。让我们从具体的例子入手。

(12) 基式音节以流音为声母的顺向重叠

a. 琳琅（línláng）*rəm ráŋ＞EMC lim laŋ 美玉（张衡：南都赋）
   （李*ljəm laŋ）

b. 流离（líulí）*rəw ràl＞EMC luw li̯a 黄鹂、黄莺（诗经）（李
   *ljəgʷ ljar）

c. 藜芦（lílú）*rəj ráɣ＞EMC li lɔ 一种草（广雅）（李*ljid lag）

d. 萹芦（lòulú）*ráɥs ráɣ＞EMC ləwʰ lɔ 一种草（广雅）（李*lugh
   lag）

e. 鈝鑪（láolú）*rəw ráɣ＞EMC law lɔ 一种箭（广雅）（李*ləgʷ
   lag）

f. 熠燿（yìyào）*làp làws＞EMC jip jiawʰ 燐火，鬼火（诗经）（李
   *rjəp rjagʷh）

g. 鵱鷜（lùlóu）*rə̀kʷ ráɥ＞EMC luwk ləw 野鹅（尔雅）（李
   *ljəkʷ ljug）

h. 铫芅（yáoyì）*làw lə̀k＞EMC jiaw jik 一种树（尔雅）（李
   *rjagʷ rjək）

i. 栗烈（lìliè）*rjə̀t rjàt＞EMC lit liat 严寒的样子（诗经）（李
   *ljət ljat）

j. 陆离（lùlí）*rə̀kʷ ràl＞EMC luwk li̯a 参差错综貌（屈原：离骚）
   （李*ljəkʷ ljar）

k. 轠轳（léilú）*rwə́l ráɣ＞EMC lwəj lɔ 连续不断貌（扬雄：羽猎
   赋）（李*ləd lag）

l. 溶滴（róngyì）*làŋᵘ ljàts＞EMC juawŋ jiajʰ 水动荡貌（宋玉：高
   唐赋）（李*rjuŋ rjadh）

m. 容与（róngyú）*làŋᵘ làɣ＞EMC juawŋ ji̯a 安逸自得貌（屈原：湘
   夫人）（李*rjuŋ rjag）

n. 褴褛（lánlǚ）*rám ràɥʔ＞EMC lam lua̯' 形容衣服破烂（方言）
   （李*lam ljugx）

o. 姚娆（yáoyuè）*làw lwàt＞EMC jiaw jwiat 妖娆（方言）（李
   *rjagʷ rjuat）

p. 覼缕（luólǚ）*rwál ràɥʔ＞EMC lwa lua̯' 弯弯曲曲（王延寿：王孙

· 86 ·

赋)(李 *luar ljugx)

q. 憭慄(liáolì) *rjáw rjàt＞EMC lɛw lit 凄凉貌(宋玉:九辩)(李 *
liagʷ ljət)

以上共举出十七个例子。就表示的意思而言,可分成两类,前八个(a-h)是第一类,表示较小事物;后九个(i-q)是第二类,表示状态。两类都是顺向重叠表示的意思。从形式上看,第二个音节皆为流音声母,这也符合顺向重叠的要求。不合要求的是韵母,韵母应该相同但实际上却是相异。不过,这种相异有可能是特殊情况下发生进一步语音修饰的结果。我们知道,由于基式恰巧也是流音,如果发生顺向重叠,就会与必须是流音的第二音节的声母完全相同。在同性相斥作用之下,重叠部分有可能通过韵母的改变以与整个基式相互区别。从另一个角度来看,如果两个韵母按照顺向重叠的要求保持相同,那么整个重叠式就将与完全重叠没有任何分别。在重叠系统的压力之下,①第二音节的韵母又发生了进一步的变化。我们的这一假设有多方面的证据。

第一,前面曾经有过讨论,两个音节全同且声母皆为流音的双音形式属于完全重叠,不属于顺向重叠。但是,l-和 r-都是古汉语中常见的声母,顺向重叠应该有一些源自这两个流音声母的实例。照常规找不到实例的情况为我们预留了进行这种假设的空间。

第二,比较而言,完全重叠在重叠系统中是最为基本的,在表达上也很特别,如有其他重叠类型与之发生冲突,如出现(10c, d)所假设的那种状况,可以想见,形式上力求回避的一方应该是其他重叠类型,不会是完全重叠。所以,(12)中的例子很可能是为了避免出现(11c, d)而发生进一步音变的结果。这一点下面第五章还有集中讨论。

第三,两个韵母彼此相差很远,但是大体上仍有规律可循,可见其间存在着某种变化类型,尽管细节有待进一步挖掘。请看(12)诸例各自两个音节所属的韵部。其中半数以上前面音节属于脂、幽、质、缉、侵、职,后面音节属鱼、歌、宵、阳、月、元、谈,两类韵部呈弇(敛)/侈对立。②这种对立的意义通过拟音可以看得更加清楚。请看两个音节的

---

① 古汉语有一个相互制约的重叠系统。第六章将会深入探讨这方面的问题。

② 关于上古韵部的弇(敛)/侈对立,请参看江永(1771)、王力(1981)。

主元音,按照蒲立本的拟音,有九个(a, b, c, e, f, g, i, j, k)呈现[－低]/[＋低]的对立。如果按照李方桂的拟音,其中有十一个(a-f, i-m)呈现[－低]/[＋低]的对立。由于非低元音的响度低于低元音,所以这似乎暗示其间发生音变的目标就是要实现前暗后亮的音步模式。另外,如果两个音节有阴声韵(包括入声韵,下同)与阳声韵的对立,那么其模式总是前一个音节是阳声韵,后一个音节是阴声韵,如(12l-n)。不可能反过来。两相比较,阴声韵比阳声韵要简单些。[①]阳声韵在前、阴声韵在后可理解为由复杂到简单,这体现了顺向重叠的特点。

第四,据邓玉荣(1995),广西藤县话有一种表示"……的样子/形状"的顺向重叠,与古汉语顺向重叠颇为相似。形式上也很一致,不过,第二音节的固定声母是 h-,不是 l-。例如,傻 ʃo^{21} 顺向重叠为 ʃo^{21} ho^{21} tʃɐŋ^{231} (tʃɐŋ 是一个固定音节),歪 mai^{44} 顺向重叠为 mai^{44} hai^{44} tʃɐŋ^{231},瘪 niɐp^{33} 顺向重叠为 niɐp^{33} hiɐp^{33} tʃɐŋ^{231},翘 k^{h}iau^{53} 顺向重叠为 k^{h}iau^{53} hiau^{53} tʃɐŋ^{231}。但是,如果基式音节本身已经有一个 h-声母,那么受此影响,就不再有这种类型的顺向重叠。[②]比如,浓 huŋ^{231}、轻 hɐŋ^{53}、黑 hɐk^5 可以有其他类型的重叠,但是唯独没有相应的顺向重叠形式 #huŋ^{231} huŋ^{231} tʃɐŋ^{231}、#hɐŋ^{53} hɐŋ^{53} tʃɐŋ^{231}、#hɐk^5 hɐk^5 tʃɐŋ^{231}。事实非常清楚,由于基式声母与顺向重叠中的固定声母同是 h-,因而才使得顺向重叠无法正常运作。这一事实有助于认清古汉语顺向重叠。在古汉语中,由于基式声母与第二音节的声母同为流音,所以重叠部分就无法依照常轨发生语音变化,这与藤县话 h-声母遏制常规音变的制约条件具有相同的性质。

以上我们从意义和形式入手,通过与现代方言对比,说明顺向重叠在基式已经是流音的情况下有可能发生不同一般的语音变化。在(12)诸例中,其音变模式不同于一般的顺向重叠,这种偏移常轨很可能是由声母相同而引发进一步语音修饰的结果。

---

① 下一章讨论裂变重叠,从中我们将会看到,第一音节照例应该是简单的音节而不该是复杂的音节,而阳声韵恰恰不能出现在第一音节,这说明阳声韵比较复杂。

② 邓玉荣的原话是:"声母为[h]的单音节形容词,不构成 AXE 式。"(36 页)"AXE 式"即该方言中的单音形容词顺向重叠。

3.5 流音声母 *r-(＞EMC l-) 与 *l-(＞EMC j-，d-) 的交替

上古汉语有两个流音声母，即 *r-(＞EMC l-) 和 *l-(＞EMC j-，d-)。这是两个不同的音位，很多最小对立形式因此而别，比如"旅" *ràʏʔ(李 *ljagx) 和"与" *làʏʔ(*李 rjagx)，"良" *ràŋ(李 *ljaŋ) 和"阳" *làŋ (李 *rjaŋ)。但是，在顺向重叠第二音节声母的位置上，*r-和*l-不时交替出现，似乎带有任意性，看不出有什么意义上的增减。例如：

(13) *r-和*l-的交替出现

a. 螳蜋(tángláng) *dáŋ ráŋ＞EMC daŋ laŋ 一种前腿呈镰刀状的昆虫(李 *daŋ laŋ)(庄子)

b. 蜉蝣(fúyóu) *bəw ləw＞EMC buw juw 一种成群飞舞的昆虫(诗经)(李 *bjəgʷ rjəgʷ)

c. 圹埌(kuànglàng) *kʰwáŋs ráŋs＞EMC kʰwaŋʰ laŋʰ 开阔(庄子)(李 *kʰʷaŋh raŋh)

d. 逍遥(xiāoyáo) *sàw làw＞EMC siaw jiaw 自由自在(庄子)(李 *sjagʷ rjagʷ)

对比 a 和 b，可以看到重叠词第二音节一为 *r-，一为 *l-，但是在意义的表达上并无区别，全都表示指小。再来对比 c 和 d，这两个重叠词的第二音节也是一为 *r-，一为 *l-，在意义的表达上没有区别，全都表示摹景状物。由这两对典型用例可以看出，在顺向重叠特定的位置上，原本对立的两个流音声母变成了不必区分的语音成分。

*r-与*l-在特定位置上变成自由变体的论断是可以成立的。不过自由变体往往取决于不同的语音条件，母语者会在不自觉的状态下做出选择，尽管这种选择不一定是强制性的。

现在探讨自由变体的条件问题。这一探讨对于我们所发现的重叠类型可起到旁证的作用(证实或证伪)。

让我们从日语中的相关现象谈起。现代日语共有五个以流音起首的音节，即らりるれろ，其发音分别标作 ra、ri、rɯ、re、ro。根据学

者们的研究,这五个音节的声母并不总是 r-,实际上有时是 l-。具体条件如下:在-a、-e、-o 的前面是 l-;在-i 和-ɯ 的前面则是 r-。①我们知道,-i 和-ɯ 对区别特征[高]表现为正值,-a、-e、-o 则表现为负值。据此,这种由语音条件所决定的自由变体可以作如下图示:

(14) 日语 r 变 l-的条件

r→l-／____[-高]

辅音音变以元音高低为条件是很常见的,日语又提供了新的实例,而且还恰好涉及我们所关注的在两个流音之间的选择。由此受到启发,我们会自然联想到:顺向重叠第二音节在 *r 和 *l-的取舍上会不会也是以此为条件呢? 回答这个问题有赖于对语音细节的深入了解。而就目前的古音研究状况而言,很多与此密切相关的细节还很有争议,比如介音问题,*r 和 *l-的指派问题,②都仍在探讨之中。这无疑会加大困难。不过,如果从大处着眼,仍能看出大致的规律。

为便于讨论,我们先来关注古汉语音节类型的问题。在中古音系中,三等韵与一、二、四等韵表现出类型上的分别。比如,从与韵母的搭配关系看,有十四个声母,包括非、敷、奉、微、邪、章、昌、船、书、禅、日、群、云、以,只见于三等韵。③参照现代汉语声韵搭配规则,比如 ts-tsʰ-s-tʂ-tʂʰ-ʂ-r-k-kʰ-x-只拼开口与合口,tɕ-tɕʰ-ɕ-只拼齐齿与撮口,可知中古的这种声韵搭配必定反映了三等韵与一、二、四等韵的某种普遍性的对立。准此,汉语音节就自然地分成两种类型,属于一、二、四等韵的音节可称之为 A 型音节,属于三等韵的可称之为 B 型音节。④从数量上看,A、B 两类音节基本持平。罗杰瑞(Norman 1994)在李荣(1957)的基础上进行统计,发现《切韵》3 633 个音节中的 52% 属于三等韵,即 B 型音节。中古音节的这种类型分别不会是无源之水、无本之木,它承接上古汉语而来。笔者调查了董同龢《上古音韵表稿》所收

① 参看川上榛(1977:51-52)。

② 简单说来,中古来母上古是 *l 还是 *r,中古喻四上古是 *r 还是 *l,学界仍有不同看法。而且,即便认定中古来母最初是 *r-,也有一个何时由 *r-转变成 l-的问题。

③ 参看丁声树、李荣(1984)。

④ 参看蒲立本(Pulleyblank 1994)。

11 932 字(包括重出),结果发现 5 666 字属于 A 型音节,6 266 字属于 B 型音节,基本上各占一半。[①]

　　A 型音节与 B 型音节的分别是客观存在,但是,这两类音节究竟以什么样的语音形式相互对立呢?这涉及古音构拟问题,尤其是三等韵的古音构拟问题。高本汉是第一位系统地对中古音和上古音提出构拟的学者。在他的系统中,三等韵(B 型音节)有-j-介音,非三等(A 型音节)则无。由于这一构拟成功地区分了 A、B 两种不同类型的音节,在说明汉语音韵系统的发展上有其便利之处,所以遵从者甚多。不过我们也应看到,过去几十年的不少研究已经证明高本汉的这一构拟并不一定可取。基于借词中用三等字对译的外语词往往没有-j-介音,蒲立本(Pulleyblank 1962)很早就开始对高本汉的这一构拟产生怀疑,他先是以元音的长(B 型音节)短(A 型音节)来取代-j-介音的有无,后来(1977-1978, 1994)又以上升的尖锐调(acute accent)以及下降的钝调(grave accent)这类韵律特征来区分 A 型音节和 B 型音节。受到蒲立本研究的启发,郑张尚芳(1987, 2003)更从汉语内部发掘出的证据出发以否定高本汉的-j-介音,提出 A 型音节有长元音、B 型音节有短元音的看法。俄国学者斯塔罗斯金(2010[1989])也以长短元音的对立区分 A 型音节(长)和 B 型音节(短),其证据主要来自与亲属语言的比较。罗杰瑞(Norman 1994)对这一问题的研究相当深入,通过运用有标记/无标记的分析方法,罗杰瑞提出上古音中的 A 型音节有一个咽音化或者卷舌化的特征,B 型音节则无。笔者(孙景涛2005c)的解决方案是 B 型音节有一个紧(tense)元音,A 型音节有一个松(lax)元音,证据来自古今汉语以及亲属语言中的形态构词现象。

　　以上举出的五种构拟互不相同,但无论哪种构拟,区分两种音节类型的方式都体现在韵母上面。所以,A、B 两种音节类型的分别可以理解为两种韵母条件的分别。了解到这一点对于弄清 *r-/*l- 的交替十分重要,因为 *r- 与 *l- 的实现正是以此作为条件的。我们调查了上面(1)、(6)、(9)中 43 个顺向重叠的实例,发现 A、B 两种音节类型和声母 *r- 与 *l- 呈现出下面这样的对应关系:

[①]　参看孙景涛(2007a)。

(15) 顺向重叠第二音节所属音节类型与*r-、l-声母的对应

a. A 型音节：声母为*r-(李*l-；中古来母)

螳螂*dáŋ ráŋ(李*daŋ laŋ)

螟蛉*máŋʲ ráŋʲ(李*miŋ liŋ)

蒲卢*báɤ ráɤ(李*dag lag)

蜾蠃*kwálʔ rwálʔ (李*kʷarx gʷlarx)

罜麗*dákᶣ rákᶣ(李*duk luk)

果蠃*kwálʔ rwálʔ(李*kʷarx gʷlarx)

鳭鷯*tjáw rjáw(李*diagʷ liagʷ)

薜荔*bájs rájs(李*bigh ligh)

瓠瓤*káɥ ráɥ(李*kug lug)

袨衦*kjáwʔ rjáwʔ(李*kiagʷx liagʷx)

蜻蛉*tsʰáŋʲ ráŋʲ(李*tsʰiŋ liŋ)

惸恅*tsʰə́wʔ rə́wʔ(李*tsʰəgʷx ləgʷx)

孟浪*mráŋs ráŋs(李*mraŋh laŋh)

圹埌*kʰwáŋs ráŋs(李*kʰʷaŋh laŋh)

卓荦*trá:kʷ rá:kʷ(李*trakʷ lakʷ)

巧老*kʰrə́wʔ rə́wʔ(李*kʰrəgʷx ləgʷx)

媥孄*prján rján(李*prian lian)

顑頷*kʰə́mʔ rə́mʔ(李*kʰəmx ləmx)

沧浪*tsʰáŋ ráŋ(李*tsʰaŋ laŋ)

嵔藟*ʔwə́lʔ rwə́lʔ(李*ʔʷədx lʷədx)

滴沥*djákʲ rjákʲ(李*dik lik)

廓落*kʰwák rák(李*kʷʰak glak)

(共 22 例)

b. A 型音节：声母为*r-(李*l-；中古喻四、部分邪母、部分定母)

鼱鼩*kwáŋʲ ràŋʲ(李*kʷiŋ ljiŋ)

(共 1 例)

c. B 型音节：声母为*r-(李*l-；中古来母)

强梁*gàŋ ràŋ(李*gjaŋ ljaŋ)

蛧蜽*màŋʔ ràŋʔ(李*mjax ljax)

茹藘 *nàɤ ràɤ(李 *njag ljag)

䅦䅏 *tə̀ŋˢ rə̀ŋˢ(李 *tinh linh)

(共 4 例)

d. B 型音节：声母为 *l-(李 *r-；中古喻四、部分邪母、部分定母)

蜉蝣 *bə̀w lə̀w(李 *bjəgʷ rjəgʷ)

复育 *bə̀kʷ lə̀kʷ(李 *bjəkʷ rjəgʷ)

蜥易 *sákʲ làkʲ(李 *sik rjik)

袒褕 *dàɤ làɤ(李 *djag rjag)

茱萸 *dàɥ làɥ(李 *djug rjug)

望洋 *màŋs làŋ(李 *mjaŋh rjaŋ)

强阳 *gàŋ làŋ(李 *gjaŋ rjaŋ)

相羊 *sàŋ làŋ(李 *sjaŋ rjaŋ)

雍容 *ʔàŋɥ làŋɥ(李 *ʔjuŋ rjuŋ)

从容 *tsʰàŋɥ làŋɥ(李 *tsʰjuŋ rjuŋ)

委蛇 *ʔwàl làl(李 *ʔʷjar rjar)

逍遥 *sàw làw(李 *sjagʷ rjagʷ)

优游 *ʔə̀w lə̀w(李 *ʔjəgʷ rjəgʷ)

丰融 *pʰə̀ŋʷ lə̀ŋʷ(李 *pʰjəŋʷ rjəŋʷ)

摄叶 *ɬàp làp(李 *hnjap rap)

姁嬻 *xàw làw(李 *hjaw rjaw)

(共 16 例)

从上表可以看到，在顺向重叠第二音节属于 A 型音节的情况下，总共 23 个例子中有 22 个是 *r-声母(李 *l-)，1 个是 *l-声母(李 *r-)。在顺向重叠第二音节属于 B 型音节的情况下，总共 20 个例子中有 16 个是 *l-声母(李 *r-)，4 个是 *r-声母(李 *l-)。尽管有一些违拗，但大体上说还是有对应规律的，那就是，A 型音节与 *r-(李 *l-)对应，B 型音节与 *l-(李 *r-)对应。据此，我们可以说顺向重叠第二音节在流音声母的选择上是以音节类型(实即韵母类型)为条件的，在 A 型音节的条件下实现为 *r-(李 *l-)，在 B 型音节的条件下则实现为 *l-(李 *r-)。这一发现使我们认识到，流音声母在顺向重叠第二音节的实现并非任意，而是依语音条件而定。我们知道，形态构词过程中常会出现有条件的语音变体,比如在顺平(高于铺)方言中,"儿"后缀会依照韵尾条件而变成-ᴸ 或 ŋəᴸ 两种不同的语音形式。[①]我们在顺向重叠中同样发现了有条件的语音变体,因此,我们可以说这为顺向重叠的建立提供了很好的旁证。

现在具体讨论这种音变的语音条件。前面曾经提到,A、B 两种类型的音节究竟以何而别迄无定论,此外,流音声母 *r-和 *l-的具体指派也存在两种截然相反的意见。不同的构拟方案直接影响音变条件的分析。请看下面的对比。

(16) *r-抑或 *l-的韵母条件(假定 *r-为底式)

    a. 依李方桂拟音　　*r-(>中古喻$_四$)→*l-(>中古来母)／____[-高]$_{介音}$(B 型音节)

    b. 依蒲立本拟音　　*r-(>中古来母)→*l-(>中古喻$_四$)／____钝调元音(B 型音节)

    c. 依郑张尚芳拟音　*r-(>中古来母)→*l-(>中古喻$_四$)／____短元音(B 型音节)

在李方桂的古音系统中,中古喻$_四$源自 *r-,中古来母源自 *l-。另外,沿用高本汉的做法,李方桂用以确定 B 型音节的办法是构拟介音-j-,这是一个具有区别特征[＋高]的滑音(半元音)。基于 *l-和 *r-与音节类型的对应关系(见上面(15)),于是便有(16a)所表述的规律。这一规律的要害是 *r-在区别特征[＋高]$_{介音}$ 的条件下保持不变,在[－高]$_{介音}$ 的条件下则变为 *l-。这里我们使用了"介音"这一额外的限定条件,因为不如此便不能有效地排除主元音是 *-i-或 *-u-的 A 型音节。这一额外的限定条件有硬性规定的意味,但是考虑到它所代表的 A 型音节与 B 型音节的区别是一种事实,所以深入的研究即使可以改变对细节的一些看法,音节类别的区分大体上说是不会受到影响的。对比日语 r-变 l-的条件(参看上面的(14)),可以看到古汉语中的情况与此完全一致。我们将古音构拟的成果运用于文献材料的考察,从中发现的规律得到了来自现代活语言的支持。

如果利用蒲立本和郑张尚芳的构拟进行考察,具体语音条件就

---

① 参看孙景涛(2007b)。

会有很大的变化。如(16b, c)所示,按照蒲立本的系统,*r-变*l-的条件是后随钝调元音。按照郑张尚芳的系统,*r-变*l-的条件是后随短元音。这两种语音对立的形式能否成为*r-变*l-的条件有待进一步调查。

3.6 非流音声母充任第二音节声母的顺向重叠

在上面所讨论的顺向重叠实例中,第二音节的声母总是实现为流音*r-或*l-。这种一以贯之的固定音段是由普遍的语言规则与特定的语言规则所决定的,体现了重叠作为形态构词手段所固有的内在规律(详细讨论见下面第六章)。不过,调查中也发现了一些非流音辅音充任第二音节声母的实例。下面对此进行探讨。我们将会看到,这些实例同样应视为顺向重叠的产物。

3.6.1 前鼻音充任第二音节的声母
充任第二音节声母的鼻音主要是前鼻音,请看实例。

(17) 前鼻音充任第二音节的声母例

a. 蚙蠰(dāngnáng)*táŋ náŋ＞EMC taŋ naŋ 螳螂(尔雅)(李*taŋ naŋ)

b. 朱儒(zhūrú)*tàɥ nàɥ＞EMC tɕua ɲua 侏儒(左传)①(李*tjug njug)

c. 蔴苨(dǐnǐ)*tə́j? nə́j?＞EMC tɕɛj' nɛj' 一种草(尔雅)(李*tidx nidx)

d. 葶苈(dǐngníng)*táŋ? náŋ?＞EMC tɕɛjŋ' nɛjŋ' 一种毒草(山海经)(李*tiŋx niŋx)

e. 葽绕(yǎorǎo)*ʔjàw njàw?＞EMC jiaw' ɲiaw' 远志_{草药}(尔雅)(李*ʔjagʷ njagʷx)

f. 粔籹(jùnǚ)*gàɣ? nràɣ?＞EMC gia nria 用蜜和米面煎熬而成的食物(楚辞·招魂)(李*gjagx nrjagx)

---

① 《左传·襄公四年》:"臧纥救鄫侵邾,败于狐骀,……国人诵之曰:……我君小子,朱儒是使,朱儒朱儒,使我败于邾。"杜预注:"臧纥短小,故曰朱儒。"

g. 蒙茸(méngróng) *máŋ^{ч} nàŋ^{ч}>EMC məwŋ ɲuawŋ 蓬松的样子(诗经)(李 *muŋ njuŋ)

h. 蓬茸(péngróng) *báŋ^{ч} làŋ^{ч}>EMC bəwŋ ɲuawŋ 草木茂盛的样子(张衡:西京赋)(李 *buŋ njuŋ)

i. 猗儺(yǐnuó) *ʔàlʔ nálʔ>EMC ʔia̯' na'柔顺的样子(诗经)(李 *ʔjarx narx)

j. 裒裹(ěnuǒ) *ʔálʔ nálʔ>EMC ʔa' na'衣服好看的样子(韩诗外传)①(李 *ʔarx narx)

k. 沮洳(jùrù) *tsàɤs nàɤs>EMC tsɨa̯^{h} ɲɨa̯^{h} 水边低湿之处(诗经)(李 *tsjagh njagh)

l. 錤銋(chěnrěn) *tr^{h}əmʔ nəmʔ>EMC tr^{h}im' ɲim'舒缓貌(王褒:洞箫赋)(李 *tr^{h}jəmx njəmx)

m. 譇拏(zhānά)tràɤ nràɤ>tria̯ nria̯言词混乱的样子(说文)(李 *trjag nrjag)

n. 躨跜(kuíní) *gwəj nrəj>EMC gwi nri 虬龙动貌(王延寿:鲁灵光殿赋)(李 *g^{w}jid nrjid)

上面一共列举了十四个双音形式。这些形式或指向较小的事物(17a-f),或摹景状物(17g-n),体现了顺向重叠的表义特点。从形式上看,它们皆为叠韵,符合顺向重叠的要求,不同之处在于第二音节的声母是 *n-,不是流音声母 *l-或 *r-。我们知道,*l-、*r-、*n-是三个不同的辅音音位,其间界限不能忽略。但是,正如我们在前面所揭示的那样,原先划然而别的 *l-和 *r-在顺向重叠第二音节声母的位置上变成了不复对立的自由变体,具体哪一个可以实现则取决于不同的语音条件。由此受到启发,我们联想到 n-与 l-的区别特征非常相近,在现代方言中又常常相混,所以 *n-有可能与 *l-一样,也是一个用来填充第二音节声母位置的辅音。事实支持这一假设。

首先,在现代方言中,n-和 l-在双音形式第二音节声母的位置上存在变成自由变体的倾向。比如,l-和 n-在顺平(高于铺)方言中是两个对立的音位,南 nan^{22}、篮 lan^{22}不同,腻 ni^{51}、立 li^{51}有别。但是在某些双

---

① 曹植《洛神赋》中有"婀娜"一词,释为"美貌",与"裒裹"有共同的来源。

音形式第二个音节位置上不再对立,成了自由变体。例如,"糊弄"有 xu³³ nuŋ° 和 xu³³ luŋ° 两种读音,意思无别。"脊梁"既可读成 tɕi⁵⁴ ① njaŋ°,又可读成 tɕi⁵⁴ ljaŋ°。由此观之,尽管 *n- 与流音声母 *l-、*r- 在古音系统中是不同的音位,但在双音形式第二音节声母位置上是有可能成为自由变体的。具体说到(17)中的例子,尽管其第二音节皆为前鼻音声母 *n-,但是考虑到顺平(高于铺)方言中的情形,我们可以想象其中至少有一部分很可能是与流音声母发生混淆的结果。

其次,除了活语言的这种启示之外,我们还有古文献的证据。请看(17a)。"蟷蠰"与"螳螂"所指相同,前者很可能是后者的变体。从语音形式上看,蟷、螳基本相同,相异之处仅在于声母清浊的对立。就其第二音节而言,相异之处恰好表现为 *n- 和 *l- 的不同,其中"蠰"的 *n- 声母有可能是在这一位置上不再与流音声母对立的结果,也有可能是记录者操 n-、l- 不分的方言所致。再来看一个与此相类的例子。

(18) a. 丰融(fēngróng) *pʰ ə̀ŋʷ lə̀ŋʷ > EMC pʰuwŋ juwŋ 盛美貌
　　　　(扬雄:甘泉赋)(李 *pʰjəŋʷ rjəŋʷ)

b. 丰茸(fēngróng) *pʰ ànʳ nànʳ > EMC pʰuawŋ ȵuawŋ 盛美貌(司马相如:长门赋)(李 *pʰjuŋ njuŋ)

"丰融"二字属于冬部(*-əŋʷ/李 *-əŋ),"丰茸"二字属于东部(*-ànʳ/李 *-uŋ)。冬、东二部在先秦时代是分立的,但是到了汉代,连同蜀方言在内的许多南方方言已经不再区分这两个韵部。②"丰融"和"丰茸"首见于扬雄和司马相如的作品,两位作者皆为蜀地成都人,所以这两个形式在他们口中应该说并无韵母差别。差别在于第二音节的声母,"融"是 *l-,"茸"是 *n-。不过这种差别并不具有音位意义。何以见得?首先,"丰融"和"丰茸"意思完全相同。其次,与现代相同,当时的成都话可能已经是 n-、l- 不分;或者,尽管 n-、l- 仍然是两个独立的音位,但是在这一特定双音形式第二个音节声母的位置上发生混淆,一如现代顺平(高于铺)方言中的"脊梁"。这又是一个 n-/l- 相混的实例。

---

① 清上字"脊"在顺平(高于铺)话中读213,但在后随轻声的两字组中读高降调。见孙景涛(2005b)。

② 参看罗常培、周祖谟(1958)。

以上实例表明,顺向重叠第二音节的声母的确有可能发生 n-/l-相混。如此看来,(17)中的这些例子即便不是全部,一定也会有相当一部分实为 n-/l-相混的结果,我们仍然可以将它们归入第二音节为流音声母的顺向重叠。

3.6.2 双唇鼻音和后鼻音充任第二音节的声母

除了前鼻音,其他鼻音也可以充任第二音节声母,请看下面的例子。

(19) 双唇鼻音和后鼻音充任第二音节的声母例

a. 蟙螺(zhímò) *tàk màk＞EMC tɕik mək 蝙蝠(方言)(李 *tjək mək)

b. 恂愁(kòumào) *kʰáʉs máʉs＞EMC kʰəwʰ məwʰ 愚昧(楚辞:九辩)(李 *kʰugh mugh)

c. 霍靡(suǐmǐ) *swàlʔ màlʔ＞EMC swiaʾ miaʾ 风吹草貌(刘安:招隐士)(李 *sjuarx mjarx)

d. 崛岉(juéwù) *gwàt màt＞EMC gut mut 高耸貌(王延寿:鲁灵光殿赋)(李 *gʷjət mjət)

e. 鸿濛(hóngméng) *gáŋ máŋ＞EMC ɣəwŋ məwŋ 弥漫广大貌(汉书)(李 *gaŋ maŋ)

f. 僬侥(jiāoyáo) *tsàw ŋjáw＞EMC tsiaw ŋew 小矮人(国语)(李 *tsjagʷ ŋiagʷ)

g. 鸀鳿(zhúyù) *tàkʮ ŋàkʮ＞EMC tɕuawk ŋuawk 一种水鸟(诗经)(李 *tjuk ŋjuk)

h. 駊騀(pǒwǒ) *pʰálʔ ŋálʔ＞EMC pʰaʾ ŋaʾ 马起伏奔腾貌(王逸注《楚辞》)(李 *pʰarx ŋarx)

以上八例的第二音节不是前鼻音声母,而是双唇鼻音或后鼻音声母。由于语言中很难找到 l-与 m-/ŋ-相混的实例,所以能否归入顺向重叠从语音形式上看一时还难以决定。但是,两个音节均呈叠韵关系,表达的意思亦不外"小"与"……貌",与顺向重叠的音义特点基本相符,因此暂且将这些例子附缀于此。

3.6.3 喉擦音充任第二音节的声母

鼻音之外,喉擦音亦可出现在第二音节声母的位置上。

(20) 喉擦音充任第二音节声母例

a. 仓兄(chuànghuàng)①*tsʰàŋs xwàŋs＞EMC tʂʰɨaŋʰ xuaŋʰ 悲伤失意(诗经)(李*tsʰàŋh xʷàŋh)

b. 伴奂(pànhuàn)*pʰáns xwáns＞EMC pʰan' xwanʰ 悠闲自得(诗经)(李*pʰanh hʷanh)

c. 赑屃(bìxì)*bàts xàts＞EMC biʰ xiʰ 巨大的样子(张衡:西京赋)(李*badh hadh)

d. 丁螘(dīngxīng)*trᵃ́ŋʲ xrᵃ́ŋ＞EMC tɛjŋ xɛjŋ 蜻蜓(说文)(李*triŋ hriŋ)

e. 樨榽(xīxī)*ɣráj xráj＞EMC ɣɛj xɛj 一种类似檀的树②(尔雅)(李*grig hrig)

f. 炰烋(páoxiáo)*brə́w xrə́w＞EMC baáw xaáw 盛气凌人的样子(诗经)(李*brəgʷ hrəgʷ)

g. 彭亨(pénghēng)*brᵃ́ŋ xrᵃ́ŋ＞EMC baijŋ xaɨjŋ 盛气凌人的样子(毛传)(李*braŋ hraŋ)

h. 瀎泧(mièhuó)*mát xᵖát＞EMC mat xwat 模糊貌(说文)(李*mat hʷat)

从表达的意思看,上面八例要么摹态,要么指小,符合顺向重叠的要求。从语音形式看,前后两个音节叠韵,同样符合顺向重叠的要求。不合之处在于第二音节的声母不是流音*r-/l-,而是喉擦音*h-。③不过,这一违拗可能是后来音变的结果,就是说,最初是流音,后来变成了喉擦音。下面讨论如此推断的理由。

大量语料表明,辅音演化中常有变 h-(或 x-)的现象。例如,据曾

---

① 《经典释文》:"仓,初亮反。丧也。注同。兄,音况。注同。滋也。本亦作况。"二字皆为去声。

② "樨榽"虽是乔木,但是叶子很小(郭璞注:大木细叶似檀),人们有可能是看重这一特点进而以重叠方式为之命名的。所以这里仍然可以说是指小。

③ 蒲立本和李方桂在晓母的古音来源上有不同的构拟,分别是*x-和*h-。x-、h-皆为擦音,发音部位亦非常接近。在所有的古音构拟系统中,x-、h-从不对立,现代方言也是如此(参看北京大学中文系(2003))。我们在讨论中以喉擦音为代表。

晓渝(2002)，水语原来的 s-后来变成 h-。在藏语安多方言中，原来的前置辅音 d、r、l、s 变成 h 。[1]在西班牙语中，原来的 ʒ(字母作 j)多变成 h，如 jamás(从不)、dejar(离开)、San Jose(圣荷塞)中的 j 发 h 音。[2]在台山淡村话中，舌齿音多有读作 h-的实例。如，馄饨 vun²² hun³⁵、拣吃(喜病)kan⁵⁵ hiɛk³⁵、芋头 vu²¹ hau³⁵。[3]在粤语中，一些原先读 kʰ-(溪母)的字现在读 h-；在双峰话中，一些原先读 p-(帮母)的字现在读 x-。[4]从这些例子中可以看到，变 h-的辅音相当庞杂，就发音方法而言，清、浊、鼻、响等各类辅音无所不包，就发音部位而言，唇、舌齿、舌根皆有，这与一般的条件音变，如浊辅音变成相应的清辅音，k- kʰ- x-变成 tɕ-tɕʰ- ɕ-，是很不相同的。这种殊途同归的音变是由 h 的特点造成的。我们知道，发辅音时口腔要形成阻塞，气流冲破阻塞才可出声。如果消除口腔中的阻塞，就有可能在最后的发音部位形成阻塞，这便是咽喉音 h-或者 ʔ-；如果该语(方)言没有咽喉音，则是发音部位接近的舌根擦音 x-。这种音变现象被称为"除去口腔阻塞化"(debucalization)。从发音学的角度来看，h-/x-应该是最省力的辅音，证据之一是人们在感到劳累、无奈、叹惋时所发音节的声母就是它(字作"咳")。另外，笔者(孙景涛 2010)对 kʰa、sa、ha 进行语音试验，发现 h-的气噪音最弱，说明 h-的发音最为省力。由此可见，"除去口腔阻塞化"的一个动因应该是追求发音省便。不过，追求省便具有普遍性，这种音变究竟发生在哪个音上面一定另有条件。从目前掌握的情况看，意义虚泛往往可以成为动因。请看下面的实例。

(21)"除去口腔阻塞化"举例

a. n->x-"那"在顺平(高于铺)话中读 x-(孙景涛 2007a)

b. tʂ->x-"这"在河北新河话中读 x-(《汉语方言大词典》引 1930 年《新河县志》)

c. ʂ->x-汶上方言：考上 kʰɔ³⁵ xɑŋ° (宋恩泉 2005)

d. ʂ->x-北京话："煞上"说成"萨杭(x-)"(《儿女英雄传》第十四回)

---

① 参看江荻(2002)。

② 参看 Wikipedia(维基)百科全书。网址：http://en.wikipedia.org/wiki/J。

③ 参看余霭芹(Yue-Hashimoto 2005)。

④ 参看袁家骅等(1983)。

e. ṣ->x-你在我行口强(你在我面前嘴硬)。(西厢记,一本二折 [朝天子])"行"源自"上"(见江蓝生 1998)

f. ṣ->x-东北话把"干啥"说成"干哈"(江蓝生 1998)

g. s>h-嘉兴话"啥人"sɑ³³ n̠in⁵¹又说成 hɑ³³ n̠in⁵¹(潘悟云 2005)

h. *sr-/ṣ->*h-《史记·孝武本纪》:"不知其何所(*sr-/ṣ-)人。"《论衡·道虚》转述为"不知其何许(h-)人"。

值得注意的是,以上"除去口腔阻塞化"仅仅涉及个别的字,并不表示成系统的条件音变。比如(21a),这并不是说顺平(高于铺)话中 n-变 x-,而只是说"那"这个字的声母发生了这种音变。随后五例(21b-g)与此相同。这些单字发生特殊音变的原因在于意义虚泛。(21h)中的"所"意义似乎比较实在,但是,"何许(所)人"常常不是问籍贯而是问"(他是)怎样一个人",可见"所"的意思是比较虚的,从而引发声母由 *sr-/ṣ-变 *h-的有标记转为无标记的音变。

我们在调查中还发现,意义虚泛触发变 h-/x-常见于两字组的后一音节。例如,在顺平(高于铺)话中,"卧、哭"的声母分别是 w-和 kʰ-,如:卧下 wo²¹ ɕjɛ°、哭咧 kʰu⁵⁵ ljɛ°,声母与普通话相同。但是在两字组后一音节位置上,如,被卧、啼哭,读音分别是 pej²¹ xwo°、tʰi²² xu°,声母变成了 x-。再比如"虮蜉"读作 pje²² xu°,也是在两字组后一音节的位置上变成 x-的。① "所"字声母在吴语中是 s-(苏州 səu²⁴;温州 so³¹),但在"场所"这一形式的后一音节位置上读 h——李宝嘉的《官场现形记》写作"场化(h-)",章炳麟《新方言》写作"场许(h-)",韩邦庆《海上花列传》写作"场花(h-)"。以上这些实例表明,声母变 h-/x-容易实现在两字组后一音节位置上。

综合在现代语言中的这些发现,我们可以对变 h-/x-有如下认识:第一,出现"除去口腔阻塞化"的一个原因是省力原则的驱动,这种音变与一般的条件音变不同,其来源可以说是五花八门,多种多样。第二,意义虚泛的音节比较容易出现变 h-/x-的现象。第三,两字组第二音节的声母容易出现这种音变。

对变 h-/x-现象的这些认识有助于探讨(20)中的双音形式。如前

---

① 参看孙景涛(2013)。

所说,这些双音形式表达的意思与顺向重叠无异,差别表现在语音上,即,第二音节的声母是 h-而不是流音 r-或 l-。不过,这些 h-的本源有可能是流音,前面胪列的事实支持这一假设。(20)中双音形式各自两个音节的意思都很虚,甚至可以说无义,加上变 h-/x-并非以类相从,并不计较原来是什么辅音,在第二音节声母位置上发生这种"除去口腔阻塞化"也就极有可能了。(20)中双音形式仍然可以视为顺向重叠。

以上我们用变 h-/x-实例以说明第二音节以 h-为声母的顺向重叠,现在援引现代方言的同类现象以为旁证。

(22) 藤县方言(粤语)以 h-为声母的顺向重叠(邓玉荣 1995)

a. 驼(tuó)to^{231}→to^{231} ho^{53} tʃɛŋ^{231} ①

b. 愕(è)ŋɔk^{11}→ŋɔk^{11} hɔk^{3} tʃɛŋ^{231}

c. 翘(qiào)kʻiau^{53}→kʻiau^{53} hiau^{53} tʃɛŋ^{231}

d. 皱(zhòu)ȵɐu^{423}→ȵɐu^{423} hɐu^{423} tʃɛŋ^{231}

e. 缩(suō)ʃuk^{5}→ʃuk^{5} huk^{5} tʃɛŋ^{231}

f. 麻(má)麻木 ma^{231}→ma^{231} ha^{231} tʃɛŋ^{231}

g. 肾(shèn)怯懦 ʃɐn^{35}→ʃɐn^{35} hɐn^{35} tʃɛŋ^{231}

以上七个重叠形式皆为叠韵,第二个音节皆为 h-声母,与前面(20)中的例子完全相同,这对我们古汉语存在以 h- 为声母顺向重叠的论断是一个有力的支持。与古汉语不同的是,藤县方言似乎并不存在第二音节为流音声母的形容词顺向重叠,(22)中的 h-全部由早期流音声母变来,抑或本来如此,有待深入研究。

3.7 余　　论

本章在归纳具体材料的基础上,从语音变化与表义动因互为表里的角度探寻规律,发现了在重复音节过程中置换流音声母以指小摹态的顺向重叠。这一重叠类型得到了现代方言的印证,而且其生成过程还可以从理论上加以解释(下面第六章将有集中的讨论),因此可以说证据相当充分。不过,由于历史语言研究难免受到材料缺失的限制,

---

① tʃɛŋ^{231}是重叠中附在后面的一个固定音节,邓玉荣说表示的意思是"……的样子"。

传世文献又不免存在某种程度的讹误失真,所以有些问题仍然悬而未决,需要进一步探讨。

首先是非流音声母的问题。如(5)所示,对于顺向重叠来说,如果基式没有流音声母 *r- 或者 *l-,那么,顺向重叠第二音节的声母就会置换为流音 *r- 或者 *l-,二者择一取决于韵母条件。我们同时发现 *n- 或 *h- 亦有可能出现在第二音节声母的位置上,如前所述,这主要是由方言的 *n-、*l- 不分以及后来的"除去口腔阻塞化"所造成的,可视为有条件的例外。不过,另有一些违拗实例难以给出满意的解释。前面曾提及 *m-、*ŋ- 声母的问题(见(19)),再请看下面的例子。

(23) 喉塞音充任第二音节声母例

  a. 仢约(bóyuē) *brákʷ ʔàkʷ > EMC baɨwk ʔɨak 流星(尔雅)(李 *brakʷ ʔjakʷ)

  b. 尺蠖(chǐhuò) *tʰàk ʔwák > EMC tɕʰiajk ʔwak 又称造桥虫(易经)(李 *tʰjak ʔʷak)

  c. 蚨蛜(fūyú) *bàɤ ʔàɤ > EMC buɑ ʔuɑ̯ 蚰蜒(方言)(李 *bjag ʔʷjag)

  d. 绰约(chuòyuē) *tʰàkʷ ʔjàkʷ > EMC tɕʰiajk ʔɨak 女子仪态优美(司马相如:上林赋)(李 *tʰjakʷ ʔjakʷ)

  e. 煦妪(xǔyǔ) *xàʔ ʔàʔ > EMC xuɑ̯ʼ ʔuɑ̯ʼ 温暖的样子(礼记)(李 *xjugx ʔjugx)

  f. 蟠蜿(pánwán) *bán ʔwán > EMC ban ʔwan 龙飞舞的样子(张衡:东京赋)(李 *pan ʔʷan)

这里一共列举了六个例子。前三例表示小事物,后三例摹景状物,与顺向重叠的表意功能完全一致。从语音形式上看,前后两个音节叠韵,同样符合顺向重叠的要求。差别在于第二音节,顺向重叠要求流音,或者,如上所论,也有可能是一个喉擦音,然而这里却是喉塞音 ʔ-。根据其他学者的调查,重叠过程中的确可以增生喉塞音 ʔ-。比如,在美国加州南部印第安人的 Tübatulabal 语中,逆向重叠可以产生一个固定的 ʔ-。① 但是就古汉语顺向重叠而言,本该由流音占据的位置为何是喉塞音仍然是个谜。材料显示这可能代表了一个次类,但由于

------

① 参看 Alderete 等(1997)。

理论的缺席,这个次类何以产生仍然不得而知。下面这组例子中的第二音节涉及复辅音。

(24) 带流音的复辅音声母充任第二音节声母例

a. 蘧蔬(qúshū)*gàɣ sràɣ＞EMC gɨa̯ ʂɨa̯ 一种蘑菇(尔雅)(李 *gjag srjag)

b. 瓶甀(xìngshěng)*gráŋʔ sràŋʔ＞EMC ɣəɨjŋˊ ʂiajŋˊ 一种有耳的瓶(广雅)(李 *grjiŋx srjiŋx)

c. 蟅蜙(qiúsōu)*gə̀w srə̀w＞EMC guw ʂuw 一种小虫(广雅)(李 *gjəgʷ srjəgʷ)

d. 蜿蝝(yuānzhuān)*ʔwàn tsrwàn＞EMC ʔuan tʂwian 一种蛇(王逸:九思)(李 *ʔʷjan tsran)

e. 扶疏(fúshū)*bàɣ s(ŋ)ràɣ＞EMC bua̯ ʂɨa̯ 枝叶繁茂的样子(韩非子)(李 *bjag srjag)

f. 龌龊(wòchuò)*ʔrákᵘ tsʰrákᵘ＞EMCʔaɨwk tʂaɨwk 气量局狭貌(张衡:西京赋)(李 *ʔruk tsruk)

以上六例全部指小或摹态,加之两个音节有叠韵关系,很容易让人想到顺向重叠。不合之处在于第二字的声母。其中蔬、甀、蜙、疏四字属于中古山母,蝝、龊属于中古庄母,皆所谓照二组字。照二组字在中古音韵系统中有卷舌成分,雅洪托夫、蒲立本、李方桂、郑张尚芳、白一平等学者认为这是由上古汉语带流音声母的复辅音造成的。从谐声、汉藏比较的角度来看,这一主张是很有道理的。就这六个实例而言,我们发现第二字的声母是*sr-或者*tsr-。其中的*-r确实符合顺向重叠的要求,但是前面为什么还有一个阻塞音呢?目前还找不到理想的解释。

第二个问题是确认基式的问题。上面的分析告诉我们,顺向重叠的基式存在于第一个音节,但具体是哪一个词,多数情况下却不得而知。造成这种状况的原因在于基式与重叠式意义联系的特殊性,如我们已经看到的那样,这种意义联系形形色色,非常松散,简直就是沾边儿就行,甚至让人觉得有些随心所欲。在这种情况下,后人根据重叠式这一端的意义是很难反推基式那一端的意义的。随着古音、古义研究的深入,基式与重叠式意义关联的渐趋明晰,可以期待会有更多的基式得到确认。

第四章 裂 变 重 叠

4.1 引 言

前面两章集中讨论了逆向重叠与顺向重叠。着眼于重叠的方向，即基式与重叠部分的位置关系，可以说这两种重叠都是单向的：逆向重叠左向，顺向重叠右向。单向重叠之外还有双向重叠。双向重叠的特点是基式分别见于重叠式的两个音节——基式的声母保存在第一个音节，韵母保存在第二个音节。由于重叠中基式音节是朝着两个方向完成自身扩展的，并且从结果看是一个音节分裂为两个音节，因此可称之为裂变重叠。裂变重叠是本章的主要讨论内容。

与其他重叠相比，裂变重叠无论是从表达的意义上看还是从音变模式上看都是最为复杂的。为了使探索有一个坚实的立足点，为了尽量避免因为一空依傍而带来的不确定性，我们首先探讨现代方言中的裂变重叠，辨认形式，概括意义，以期从活语言中获取有关裂变重叠的一般性知识。有了这样的认识基础，再来研究古汉语中的相应现象，就会因为有所借鉴而减少盲目性，增强科学性。

4.2 裂变重叠的确立——据现代方言立论

现代方言中有一个相当普遍的现象，即一个单音节词在语音和语法两个方面跟另一个双音节形式相对应。下面的例子见于河北顺平（高于铺）话。

(1) 单音节与双音节相对

单音节形式 　　　　　　　双音节形式

a. tɕiŋ⁵⁵ 惊　　　　　　　tɕi⁵⁵ liŋ° 激灵　受惊吓猛然抖动

b. tɕiŋ⁵⁵ 精（精明）　　　tɕi⁵⁵ liŋ° 形容动作敏捷、反应快

c. t^hwo^{55} 脱　　　　　　　　　　　tu^{55} lwo^o（衣袖或裤腿儿）下垂而盖住手或者脚

d. t^hwo^{55} 拖（晚期中古音：t^ha）　t^ha^{55} la^o 把后鞋帮踩在脚后跟下

e. ts^ha^{55} 擦　　　　　　　　　　$ts^h\textsubscript{ʅ}^{55}$ la^o 蹭

f. $tɕ^hɥɛn^{55}$ 圈　　　　　　　　　$tɕ^hy^{55}$ $ljɛn^o$（头发）卷曲

g. po^{55} 拨（晚期中古音 pua）　　pu^{55} la^o 反复拨动（横向）

h. pa^{55} 扒　　　　　　　　　　　pa^{55} la^o 反复扒动（由外/上及内/下）

i. pa^{55} 疤　　　　　　　　　　　pa^{55} la^o 疤瘌

j. $tʂa^{55}$ 渣　　　　　　　　　　　$tʂ\textsubscript{ʅ}^{55}$ $la^o/la^{\textrm{$\cdot$}o}$ 油渣

k. $xwan^{11}$ 环　　　　　　　　　　xu^{11} lan^o 指以说话人为中心的一片区域

l. xwo^{11} 和（～泥、～面）　　　　xu^{11} lwo^o 把碎屑搓拢在一起；轻揉（受伤部位）

m. t^hwan^{11} 团　　　　　　　　　t^hu^{11} $lwan^o$ 指乱作一团的麻线等

n. xwa^{11} 划　　　　　　　　　　　xwa^{11} la^o 不经意地写画擦抹

在上面举出的十四组例子当中，单双音节以一种规则的方式相互对应：单音节的声母与双音形式第一音节的声母相同，单音节的韵母与双音节形式第二音节的韵母相同。请看（1a），单音形式的声母与双音形式第一音节的声母都是 $tɕ$-，单音形式的韵母与双音形式第二音节的韵母都是-iŋ。这些例子中还有一个恒常不变的形式，即双音形式第二音节的声母总是流音 l-。单双音节的这种整齐对应非同寻常，颇为引人注意，所以在以往的论著中常能看到专为这类双音形式的命名，如，切脚词、嵌 l 词、分音词。这些术语的创制表明学者们对这一现象已经有所认识，但是何以会有这种单双音节的对应？这种双音形式的产生有何动因？在这一对应现象背后起决定作用的因素是什么？仍有待于进一步研究。

要理解这种单双音节对应的现象，有几种相关的理论假设值得认真考虑。

第一，我们首先可能会想到是古代复辅音造成了这种双音形式。就是说，单音形式当初拥有 *pl-、*tl-、*kl-、*pr-、*tr-、*kr-之类的复辅音，后来因为音韵模式的转型，复辅音不再为当时的音韵系统所容，于是通过插入常用元音以使原来的两个辅音得以保留,而这样的结果是双音形式的产生。具体来说,假定上古音韵系统中有一种*CCVC音节,那么这种变化就可表示为*CCVC(单音节)＞CVCVC(双音节)。Boodberg(1937)将这种历史音韵现象概括为"分为两半"(dimidiation)的理论,为不少学人所信从(比如 Boltz(1974)),并且常常用作古有复辅音的证据。

不可否认,某些双音形式的确有可能是复辅音分为两半的结果,"笔"之为"不律"就是一个有名的例子。①"笔"上古属于物部,中古属于质韵。从历时音韵的角度来看,物部唇音声母字多变入中古物韵。"笔"是古音物部字,且以唇辅音为其声母,按理说归入中古物韵才比较合理,但实际上却归入中古质韵——而中古质韵字多来自上古质部。"笔"字逸出常轨说明其语音条件特殊,联系谐声、对音、属于重纽三等这些证据,可知其特殊之处就在于有一个复辅音声母。"笔"的上古音形式蒲立本拟作*prət,李方桂拟作*pljiət。按照"分为两半"这种双音节化的假设,在复辅音声母*pl 或*pr 当中加上韵母*-əɣ*/-əg/②,便可以得到*pə ɣ rwət(早期中古音 puw lwit)或者*pjəg bljət 这样的双音形式,用汉字记录下来刚好是"不律"。单音节语素变成了双音节语素。

应该说,"不律"的产生源于复辅音是一个可信的假设,"分为两半"的理论是站得住脚的。但是,这一理论的适用范围是有限的,前面举出的单双音节相对例并非"分为两半"的结果,它们不是上古复辅音在现代方言中的反映形式。如此断言的证据是单音节原本并不一定具有复辅音。比如上面举的"拖、和"(1d, 1),其古音形式分别是*lwát、*gwál(李方桂:*rwat、*gwar;郑张尚芳:*l'ood、*gool),并无

---

① 《尔雅·释器》:不律谓之笔。

② *-əɣ/*-əg 分别是蒲立本和李方桂对之部的构拟。此处填充韵母选用之部并非偶然,原因在于之部是古音 ə 系列韵部中的默认形式(default)。这样说的一个证据是上古汉语常见虚词多是之部字,比如:之、矣、以、哉、乃、已、己、其、而、耳、不、否、台(yí)、殆。李方桂(1971/1980:18)指出,虚词的演变多有例外的情形。这说明虚词为求其发音自然和谐,可以在一定程度上罔顾一般的语音规则;然而这么多的虚词最终选取之部为其韵母,可见之部是默认形式,相对而言是一个无标记(unmarked)的形式。因某种原因需要在复辅音之间加入一个韵母时选用之部韵母因而就是可以理解的了。

复辅音声母，现代双音形式 $t^ha^{55}la^o$ 与 $xu^{11}lwo^o$ 中的 l-声母自然也就不能说是古代辅音的现代表现形式了。再比如，(1f)的"圈"字从谐声看从不与流音声母发生联系，其本身也与流音声母没有什么瓜葛，它不可能具有带-l-辅音的复辅音声母，双音形式 $t\varphi^hy^{55}lj\varepsilon n^o$ 中的 l-声母自然也就不能说是上古辅音声母的残留了。此外，复辅音来源说仅仅据语音立论，完全不能解释单、双音节之间在语义上既相互联系又相互区别的事实，这是以该理论解释这些单双音节相对立的另一严重的问题。

第二，同样是着眼于历时，另有一种观点认为这些双音形式乃是原始形式，古已有之。比如，沙加尔（Sagart 1999）根据 Douglas(1899)和侯精一(1989)的材料，注意到厦门话的 [ka-lauʔ] 与山西平遥话的 [kʌʔ-lʌʔ] 在语音形式上平行，在表达意义上一致（皆表落下义），进而认定它们都是古代抑扬形式（iambic form）*ᴀkə-lak（落）在现代方言中的遗存。我们知道，方言间的联系可谓千丝万缕，将平遥话与厦门话的这两个形式加以对比是没有问题的；共时反映历时，将这两个现代形式上溯至古代汉语也不是没有可能，但是古代同样也有双音形式何以产生的问题。从福州话来看，[ko³¹ louʔ⁵⁵]（"滑落"）与 [kouʔ⁵⁵]（滑）在语音和意义上对应得非常整齐，梁玉璋(1982)认为前者源自后者。沙加尔所引厦门话的 [ka-lauʔ] 恰与福州话 [ko³¹ louʔ⁵⁵] 音义相关，而且与"滑"字也有音义对应关系（在厦门话中，"滑"的文读是 huat⁵，白读是 kut⁵），因此，基于梁玉璋的看法，厦门话的 [ka-lauʔ] 也应该是由"滑"字变来的。由此可见，[ka-lauʔ] 并非原始形式，径自归结于古代的抑扬形式并不能从根本上解决问题。

第三，我们可能还会想到这些双音形式是套用反切规则的结果。我们知道，反切语是一种人为的语言游戏。赵元任(1931)深入研究了八种反切语，其中北平的 ai-ka 式反切语有这样的例子：妈 maː 买卺 mai kɑ、他 tʰɑː □卺 tʰai kɑ、想 ɕiaŋː 斜讲 ɕie tɕiaŋ。很显然，这是一种游戏方式，并非一般语言交际中的现象。这与我们举出的双音形式完全不是一回事，后者常用于日常口语，表示不同的意义，是自然语言现象，不能将二者混为一谈。

第四，宋人洪迈在《容斋随笔》中说："世人语音有以切脚而称者，如以蓬为勃笼……"按照这一理解,似乎这类双音节形式的产生只是给单音节词换一种说法而已。(参看下面4.2)这种理解忽略了现象背后的表达动因,是无法抓住问题的实质的。

与以上诸说相比,王洪君(1994)和邢向东(2002)的解释最接近实情。借助非线性音系学的叠音加有定词框架的模式,王洪君认为嵌l词是由重叠基式音节的韵母并且向一个具有前暗后亮、前弱后强、音谷跌宕很小的两音节音步投射而成的。此说紧扣形式化标准,极具启发性。不过,重叠中的意义有何特点以及意义与语音形式如何相互作用进而形成这一类型仍有待深入探讨。我们知道,重叠这一形态构词手段的基本运作方式是重复一个形式以表示一个新的意义。例如,在陕西礼泉话中,重复名词可表示"小"义:碗碗指小碗,路路指小路,草草指小草棍儿,房房指小棚子。这一实例告诉我们,确定某一现象是否重叠一定要有来自语音形式和语法意义两个方面的证据——既要确立有规律的音变模式,又要找出语义表达上的动因。认定(1)中诸例源于重叠就是要在这样两个方面得到支持。

以(1c)中的[tʰwo⁵⁵](脱)和[tu⁵⁵lwoº]为例。通过比较可以发现,单音节[tʰwo⁵⁵](脱)的所有音段(包括超音段的声调)全都可以在双音节形式中找到:[tʰ-]和[-wo]分别见于双音节形式的第一个声母与第二个韵母。很明显,这是在经历了特定的音变过程之后对原有特征的保留。假定这一过程是重叠最为合理,因为重叠就是通过重复以便在某种程度上保留原有的音段。当然,双音节形式中也有不见于单音节形式的音段,不过这并不妨碍重叠的假设。首先,这些不见于单音节的音段并非杂乱无章,它们有极强的内在一致性:第一韵母趋于简单,第二声母皆为流音。意义各不相同的双音形式共享相同的语音特点以及有规律可循的音段,这表明它们不大可能是原生的,很可能是重叠过程中有规律的产物。其次,通过调查多种活语言,我们发现重叠过程中的确可以产生固定的或曰有一定规则的音段。例如,在广西藤县话中,形容词重叠时可以有一个固定形式[-ɐŋ]的产生。如[ʃo²¹](傻)重叠为[ʃɐŋ²⁴ʃo²¹],[bɛn⁴⁴](扁)重叠为[bɐŋ⁴²³bɛn⁴⁴],[ʃoi⁵³](衰)重叠为[ʃɐŋ²⁴ʃoi⁵³]。固定韵母[-ɐŋ]出现在所有这三个例子相同的位置上。(邓玉荣1995)在非洲尼日利亚的约鲁巴语(Yoruba)中,表示正在进行的重叠会有固定元音 í 的产生,比如:gbé 拿 → gbí-gbé 正在拿;mu 喝 → mí-mu 正在喝。(D.Pulleyblank 1988)如此看来,尽管某些音段不见于基式,但是只要这些音段是有规律可循的,那么,它们存在的本身就不会妨碍我们将其视为重叠。同理,尽管(1)中诸例有一些特殊的音段,但因为有规律,所以仍可视为重叠。

总之,最接近实情的假设应该是重叠。语音和语法两个方面的证据支持这一假设。

首先从语音上论证。仍以 tɕiŋ⁵⁵(惊)和 tɕi⁵⁵ liŋ⁰(激灵)为例。通过比较可以看到,单音节 tɕiŋ⁵⁵(惊)的所有音段全都可以在双音节形式 tɕi⁵⁵ liŋ⁰ 中找到,双音节形式中不见于单音节的音段也并非杂乱无章,而是固定的或者说有理据可依的音段,有极强的内在一致性。如此看来,假设这组例子涉及重叠这一形态构词过程是非常有道理的。此外,由于这些例子从平面描写的角度来看是一个音节分裂为两个音节,原来音节(基式)的声母和韵母分别处在双音节重叠形式的两端,所以称之为裂变重叠最为恰当。现将这一重叠过程中的形式变化图示如下:

(2)裂变重叠(σ:音节;I:声母;R:韵;L:流音;下标字母用以表明音段的异同):

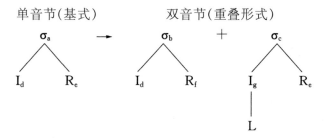

语义上的考察同样支持裂变重叠假设,因为在基式与重叠式之间存在统一的意义关联。先看(1a)。单音词 tɕiŋ⁵⁵(惊)表示"惊吓",惊吓是重要的心理活动,很容易在认知过程中受到关注,变成概念架构中的重要纽结,自然就成了词汇系统中的一个基本成员。[①]由此看来,

---

① 在《汉语大词典》中,"惊"字参与构成的词条多达四百五十。

"惊吓"可以说是基本义、典型义。再看相应的双音节形式"激灵"。这个词的意思与"惊"有关，但它并不表示典型的惊吓义，而是表示因突然蒙受惊吓或寒气而浑身抖动乃至毛发直竖起鸡皮疙瘩等。对比之下，可以看到"惊"是对惊吓心理状态的直接表达，而"激灵"则偏向于造成这种心理状态的原因以及生理反应，甚至浑身抖动起因于寒气袭来（与惊吓无关）也算数。从这个角度来看，"激灵"已在很大程度上偏离了基式，"惊"表示惊吓这样的典型义，"激灵"表示不那么典型的惊吓义，带有凸显特色情景状态的意味，这就是二者之间的意义对立。

存在于"惊"与"激灵"之间的这种典型与非典型的关系同样见于其他例子。比如，(1c)里的 t^hwo^{55}（脱）表示从身上去掉衣服鞋帽等，是一个典型的意义，而 t^hu^{55} lwo^0 则专指衣袖或者裤腿似脱非脱的那种状态，是一种不典型的"脱"。再比如 $t\textctc^h\textrevepsilon n^{55}$ 圈(1f)指圆圈，其内涵和外延皆可严格限定，表示的意思相当典型，而相对的双音形式 $t\textctc^hy^{55}$ $lj\textrevepsilon n^0$ 则适用于头发卷曲或细长物品弯曲的情景状态，不是典型的圆圈。还有(1e)，其单音形式 ts^ha^{55}（擦）是"用布或手巾等摩擦使干净"的意思。相应的双音形式 $ts^h\textbarl^{55}$ la^0 则是以一物在另一物上摩擦的意思，尤其适用于在门槛上将鞋上的泥巴等附着物蹭掉的情景。这里的动作勉强可以称为"擦"，但并不典型。

除了动词，这种单双音节对应的现象亦涉及名词。比如(1k)，"环"本指圆圈型的东西，xu^{22} lan^0 则指以说话人为中心的周围一片，比如高于铺人会说：俺们这一 xu^{22} lan^0（$ts\textbarl^0$）（这一带）不种稻子。频见于日常生活的"环"易于受到关注，所指对象明确，意思相当典型。与之相对，xu^{22} lan^0 形象生动，但所指范围仅仅是一个大概其，可算作不典型的"环"。再比如(1n)，作为基式，"划"表示用尖锐物把别的东西分开或在表面刻过去、擦过去，与之相对的裂变重叠形式 xwa^{11} la^0 则表示随意的写画擦抹。以"划"为标准，xwa^{11} la^0 适用于生动但不规范的场景，表示一种不够典型的"划"。

以上实例说明，基式与裂变重叠在意义上是典型与非典型的关系。现在探讨何以如此的根源，我们从语义演进词汇发展与认知语言学两个角度入手。

我们知道，语言只要使用就一定会变，尤其是词汇词义，最容易感知觉察,诸如自然社会的演进、新生事物的出现,以及人们认识的深化、词汇系统内部的调整,都会引起词汇词义的变化。这种变化大体可以分为两种类型。一种类型是词形不变,词义发生扩大(generalization)、缩小(specialization)、转移(transfer,如"脚"由小腿转指脚掌)、转类(shifting,如"掌"由名词义"巴掌"转而表示动词义"用巴掌打")。另一种类型涉及词形变化,使用的手段包括复合、附加(如添加后缀)、变音(如四声别义)、混合(如合音词)、缩减(如"初级中学"缩减为"初中")、借入外语词、词根创新(root creation,比如近年北京话里表示应答的单纯词 twaj⁵¹ ①)。两种类型涵盖的因应方式很难施用于这里遇到的典型义与非典义;基于典型义,语言社团无法通过上述手段以完成非典义的表达。何以如此? 现在考察细节。我们来做一个设想,基于认识的深化与表达的需要,人们需要为"浑身激灵""衣袖裤腿似脱非脱""腿脚移动以蹭掉鞋上脏东西"以及"自我周边的大致区域"这样四个概念寻找适当的载体。这些非典义形象具体,带有凸显特色情景状态的意味,找寻载体颇受限制。由于语言经济原则,人们可能首先尝试词义引申,在词形不变的情况下直接由"惊""脱""擦""环"作为四个概念的载体。这一方法乍看简便易行,实际上是行不通的。首先,这里的意义关系不是个别到一般,所以无法实施词义扩大,也不是一般到个别,所以词义缩小也不行。其次,这里的两个意义互相勾连甚至叠合,谈不上词义转移。至于说转类,在这四组例子中,各自的典型义与非典义之间并不存在词性改变,②所以这种引申方式同样也派不上用场。

词义引申之外的词形变化(上面举出的"复合"等七种方式)是否可行? 先从最后一个说起。汉语词根(单纯词)到了汉代已经创造完

---

① 见李小凡、项梦冰(2009:4)。

② 裂变重叠也可以涉及词性改变,但与一般的转类并不相同。在现代汉语中,"圈"表示圆圈,是个名词,引申为"围"("把这块地圈起来"),变成了动词。这是典型的转类,因为通过语义特征分析,比如加上"[+使成]"等,可以在"圈"的名动二义之间建立明确的逻辑联系。"圈"与裂变重叠形式 tɕʰy⁵⁵ ljɛn⁰ 存在名形容词的分别(看上面的讨论),但后者是偏离了基式典型义的非典义,由于其凸显具体情景的特点(并非语义特征的增减)而造成了词性的改变。这与一般的转类是不同的。再如下将要讨论的福州话中的裂变重叠,其中"拂"是动词,表示拂拭,相应的裂变重叠是名词,表示"啜泣声",两个意义联系曲折,跟一般转类词的意义关系并不平行,没有多少可比性。

毕，其后所谓词根大都另有所本。①仅此一条，即可否定创造词根以为载体的可能性。接下来，借词与这里的关切毫不相干。缩减和混合都是既有形式的省略，这里尚无载体，没有如此操作的基础。变音存在可能，但是，联系四声别义以及变韵等多改变句法性质的事实，可知用于凸显特色情景的非典义是不大合适的。复合与附加是最为能产的构词方式，理论上说可以借以实现那样四个意义的表达，实际上难以实现。复合构词包括陈述、支配、修饰、补充、并列，重在两个义位有规则地关联，拿来表达凸显特色情景的非典义是不合适的，比如，若用复合方式为"衣袖裤腿似脱非脱"创制载体，大概只能是"衣袖裤腿松散地垂下"（陈述）与"（衣袖裤腿）似脱非脱地垂下"（修饰）之类，而这样的"复合词"是无法接受的。汉语中的附加构词主要涉及添加后缀，调查后发现也是不合适的。我们看一些有代表性的后缀。"-子"具有统一的构成名词的功能，少数包含不尊重或贬义，"-儿"表示小称，加"-头"的词大都呈现顶端或末梢之类的意思。这些后缀已有固定的语义指向，很难跟形形色色的连带特色情景意味的非典义相互匹配。后缀"-然"表示"……的样子"，似与那样的四个意义吻合。其实不然。"猛然、欣然、全然、忽然"仍然分别是"猛、欣、全、忽"的意思，仍然是典型义，不是非典义，所以"-然"无法成为载体。用作后缀的还可以是重叠式，比如，-乎乎、-溜溜、-滋滋、-茸茸，这与我们在下面的理论假设相关，这里暂且不表。

以上讨论说明，无论是不变形的手段还是变形的手段，全都很难负载那样四个意义，很难成为凸显特色情景的非典义的载体。那么表达又如何完成呢？语言社团最终选择了重叠。这样讲似乎隐含着别无选择的无奈，实际上有其深刻的根源，现在就来讨论这个问题。

作为普遍使用的构词机制，重叠表义称得上复杂多样。这种情况是可以解释的。按照张敏（1999，2001）基于类型学和认知语言学的

---

① 汉语词根（单纯词）创制完毕的标志是《说文解字》，以后的单纯词都是可疑的。比如，词根"娘"（"少女之称"）首见于中古，而它的来源是"女儿"合音。（见孙景涛 2016）各种语言创造词根的进程似乎全都结束得很早。比如有学者对 1941—1991 五十年间产生的英语新词进行了统计，源自词根创新的仅占 0.5%，而举出的例子多是 kodak（柯达相机）、nylon（尼龙）这些语文性不强的个例。（参看 Algeo 2010:224）

高层像似分析模式,语言形式的复现(重叠)与认知域内类同物的复现是同构的,由于对类同物可以有类同的性状、叠加的意象、序列的意象等不同的感知结果,相应激活了不同的判断处理,最终使得重叠可以表达有迹可循的多种不同乃至相反的语法意义。这一分析模式对于认识重叠可以表达非典义很有帮助。仍以前面的例子为例。假如看到某人正在移动腿脚以便在门框上蹭掉鞋底儿上的泥巴,那么应该怎样进行表达呢?作为心智领域的一个过程,首先是认知这一行为动作,期待发现可以类比的事物进而找到合适的词。此时闪入脑海的很可能是"擦"(用布、手巾等摩擦使干净),但对比两种行为动作,无论是涉及的工具,还是主动角色被动角色,都可以看出绝不相同,因此直接用"擦"表示是不可行的(参考前面的讨论)。然而,二者目的相同(除去脏东西),皆有移动的特点,所以,在认知域内,"擦"所涵盖的动作与蹭掉鞋上脏东西的动作就成了类同物。如前所说,认知域内的类同物复现与语言形式复现同构,那么,以心智活动的所获所得为基础,语言中创造重叠(语言形式复现)以为"新义"载体也就顺理成章了。①

在以上讨论中,一方面,我们从形式入手,发现这类重叠在语音形式的修饰变化上是有规律的,可以概括为一个类型。另一方面,我们从意义入手,对比单音节基式与双音节重叠式,发现二者在意义上既有联系又有差异,并且一以贯之,全都可以概括为从一般的典型义到连带特色情景意味的非典义;此外,重叠形式表示非典义还得到了构词规则以及认知语言学的支持。至此,我们看到了这样的情况:伴随着一个音节变为两个音节,一个新的非典义随之产生。从功能的角度来看,一生二这一音变方式的根本动因就是该方言有表达非典义的需要;操这种方言的人是为了表达非典义才启用一个音节变为两个音节这一手段的。一定的音变与一定的意义互为表里——这是形态构词机制中常见的情形。由此可见关于裂变重叠的假设是站得住脚的。

需要指出的是,上面的讨论重在材料的分析归纳,虽然也有一些理论考量,仍有很多理论问题未能深入探讨。比如,重叠过程中为什

---

① 由于另外规则的作用,所以这里实际呈现为发生形式变化的裂变重叠而不是完全重叠。相关讨论看下面第6.4小节。

么会有流音 l- 的产生？双音形式第一个音节的韵母是由什么因素决定的？还有,造成裂变重叠、逆向重叠、顺向重叠这种类型之别的根本原因到底是什么？这些问题有些在第一章已经有所涉及,有些将放在本章后半部分处理,更多的理论问题将在第六章集中讨论。

上面为了说明裂变重叠的客观存在,我们举出存在于河北顺平(高于铺)话中的实例。不过我们不能误以为裂变重叠只是个别方言中的现象。实际上,由于裂变重叠是一种颇具能产性的形态构词机制,所以它在方言中相当普遍。下面是例子。

(3) 伊盟方言的裂变重叠词(据栗治国 1991[①])

基式	裂变重叠词	重叠词表示的意思
a. pən^{23} 奔	pəʔ^{21} lən^{23} 不愣	❶狂跳;❷指人的活动能量大
b. tɕiau^{323} 搅	kəʔ^{21} lau^{213} 圪老	搅动,搅拌
c. pʰau^{44} 刨	pʰəʔ^{21} lau^{44} 扑捞	乱刨
d. tiəu^{53} 丢	tiɛʔ^{21} liəu^{23} 滴溜	❶滚动;❷滑动
e. tɕin^{23} 精	tɕiɛʔ^{21} tɕin^{23} 急灵	❶反应灵活;❷泛指生物精神
f. paŋ^{53} 棒	pəʔ^{21} laŋ^{53} 不浪	❶棍棒;❷特指人头型扁长
g. xu^{44} 壶	xuəʔ^{21} lu^{44} 葫芦	❶独头蒜;❷南瓜冬瓜的总称;❸干燥后可做瓢或壶的植物
h. kən^{44} 埂	kəʔ^{21} lən^{44} 圪愣	❶地埂;❷狭长的硬土带;❸半坡上的小村落
i. tʰuŋ^{44} 臀	tʰuəʔ^{21} luŋ^{44} 独隆	臀部
j. tʰuan^{44} 团	tʰuəʔ^{21} luan^{44} 托圞	❶团片状;❷聚作一团
k. tɕɥɛ^{53} 圈	kʰuəʔ^{21} lɥɛ^{53} 窟连	❶围建的牲畜棚圈;❷村落名,反映了古代村落圆环状的特征
l. pʰan^{44} 盘	pʰəʔ^{21} lan^{44} 扑篮	用柳条编制的盛放东西的器具,其形如盘

对比以上单、双音节两个形式,可见其对应关系一如"惊——激灵"等见于顺平(高于铺)话中的例子,全都是单音形式的声母和韵母分别出现于双音形式的左右两端。此外,双音形式的第二个音节也全

---

① 　为节省篇幅,笔者在这里对某些释义作了一些以精简为目的的更动。

都以流音 l- 为其声母。至于语义上的差异，栗治国指出单双音节往往不同。例如，pən²³（奔）是奔跑的意思，与之对应的"pəʔ²¹ lən²³（不愣）"（3a）则表示"狂跳"，可以说是一种不大典型的奔跑。与 pʰan⁴⁴（盘）对应的 pəʔ²¹ lan⁴⁴（扑篮）(3l)指"用柳条编制的盛放东西的器具，其形如盘"。"扑篮"像"盘"，但不是典型的"盘"，表示的是非典义。再看（3k）。"圈"表示圆圈，与之相对的 kʰuəʔ²¹ lyɛ⁵³（窟连）与此差别很大，主要有两个用法，一是"围建的牲畜棚圈"，二是"村落名，反映了古代村落圆环状的特征"。无论是哪个用法，都有"圈"的影子，但重心已经转向带有圆形特点的特殊建筑，对比两个意义，可以看出典型义与非典义的对立。如此看来，伊盟方言的这些实例与顺平（高于铺）话的实例无论从语音形式上看还是从语义特点上看都极其一致，因此同样应该归入裂变重叠。

梁玉璋(1982)共收福州话中二百一十四个双音节"切脚词"。这些"切脚词"都有一个单音节基式，并且基式的声韵母同样分别出现在双音形式的两端，第二音节的声母也总是流音 l-——这与顺平（高于铺）话和伊盟方言中的情形完全相同，应该也属于裂变重叠。请看实例。

（4）福州话裂变重叠词(据梁玉璋 1982)

基式	裂变重叠词	重叠词表示的意思
a. kouʔ⁵⁵ 滑	ko³¹ louʔ⁵⁵	滑落
b. tɛu³¹ 抖	te³¹ lɛu³¹	耷拉下来
c. piɛu²¹³ □	pie¹¹ liɛu²¹³	冒出
d. hiaŋ²¹³ □	hia¹¹ liaŋ²¹³	欲倾倒
e. tsʰuoʔ⁵⁵ □	tsʰuo³¹ luoʔ⁵⁵	吓一跳
f. pieu⁵⁵ 猋	pie³¹ lieu⁵⁵	喷射出
g. kʰuaŋ⁵³ □	kʰua³¹ luaŋ⁵³	绕圈
h. løyŋ⁵⁵ 窿	lø³¹ løyŋ⁵⁵	空虚而通风
i. høyʔ¹³ 拂	hy¹¹（hø¹¹）løyʔ¹³	啜泣声
j. kɛi²¹³ □	ki¹¹ lɛi²¹³	婴儿哭声
k. kʰuŋ³¹ □	kʰu³¹ luŋ⁵³	整捆(用作量词)

着眼于单双音节的语音形式，不难看出其对立是非常有规则的，

并且这种规则与在顺平(高于铺)话和伊盟方言中所看到的完全吻合,全都可以纳入(2)所图示的语音变化模式。就语义而言,可以说这些双音形式的普遍性特点是表示的意义相当具体,这从梁玉璋所给出的实例中看得很清楚——这些实例所涉及的几乎全都是日常生活以及与人体或者各种生物、事物有关的动作、行为、状态等。再请看下面的例子。

(5) 福州话裂变重叠词的实际用例(据梁玉璋 1982)

a. mɛu³¹ lɛʔ⁵⁵ 瘪下去:枕头困 mɛu³¹ lɛʔ⁵⁵ 去了。

b. tsie¹¹ lieŋ²¹³ 颤动:伊野急,头发尾都会 tsie¹¹ lieŋ²¹³。

c. kie³¹ lieu⁵⁵ 蜷缩:虫蜀碰就 kie³¹ lieu⁵⁵ 蜀丸去。

d. a³¹ lau⁵⁵ 凹进去:下颏 a³¹ lau⁵⁵ 里去。

上面四个双音节形式分别表示将枕头枕出一个坑来、头发梢颤动、小虫缩作一团、下巴凹陷,全都涉及日常生活中的特色情景,很难想象可以用一般的单词表示。梁玉璋(个人书信①)指出这些双音节切脚词的共同特点是表达生动。这一概括与裂变重叠的语义特点是一致的。裂变重叠产生的动因是要充分表达一般单词难以负载的意义,这些意义全都涉及日常生活中不分巨细的场景状态事物,表义生动是非常自然的。

再来看几个例子。动词 kʰieu²¹³(翘)表示一头向上仰起,适应面较为宽泛,相应的双音形式 kʰie⁵⁵ lieu²¹³ 则限于"仰置",比如椅子倒着放的那种情形。如果说"翘"的意思比较典型的话,那么据以产生的 kʰie⁵⁵ lieu²¹³ 从意义上看就不那么典型了,它是一种具有特色情景的"翘"。再如 tɑu²¹³(罩)是遮盖、扣住的意思,相应的双音形式 ta¹¹ lɑu²¹³ 指眼皮耷拉遮盖住眼珠。"罩"是二价动词,ta¹¹ lɑu²¹³ 则变成了一价动词,偏离了单音节基式的典型意义。

总之,无论从形式上看还是从意义上看,福州话切脚词与顺平(高于铺)方言、伊盟方言中的实例都具有相同的性质,它们都是单音节按照相同的规则"裂变"为双音节形式的,目的是为了表达一个带有特色情景意味的非典义。

---

① 梁玉璋教授给笔者的信写于 1998 年 11 月。谨此致谢。

4.3 中古汉语的裂变重叠

现代方言之外,中古汉语和上古汉语中也存在裂变重叠。现在先讨论中古汉语中的一些例子,希望这样做既有助于进一步确认裂变重叠这一形态构词模式,又有助于认清裂变重叠由古及今的发展脉络。

南宋学者洪迈(1123—1202)在《容斋随笔》中有这样的话:"世人语音有以切脚而称者,亦间见于书史中。"他所谈的就是后来学者如梁玉璋(1982)所说的切脚词,亦即一个单音形式与一个双音形式对应的现象。下面援引若干洪迈举出的切脚词之例。

(6) 中古汉语切脚词(LMC 指蒲立本的晚期中古音)

单音节形式	双音节形式
a. 锢(gù)LMC kuaˋ	骨露(gǔlù)LMC kut luaˋ
b. 圈(quān)LMC kʰyan	屈挛(qūluán)LMC kʰyt lyan
c. 团(tuán)LMC tɦuan	突栾(tūluán)LMC tɦut lwan
d. 精(jīng)LMC tsiajŋ	即零(jílíng)LMC tsiak liajŋ
e. 铎(duó)LMC tɦak	突落(tūluò)LMC tɦut lak
f. 蒲(pú)LMC pɦuaˌ	勃卢(bólú)LMC pɦut luak
g. 盘(pán)LMC pɦuan	勃阑(bólán)LMC pɦut lan
h. 角(jiǎo)LMC kja:wk	矻落(kūluò)LMC kʰut lak
i. 旁(páng)LMC pɦaŋ	步廊(bùláng)LMC pɦuaˋ laŋ
j. 蓬(péng)LMC pɦəwŋ	勃笼(bólóng)LMC pɦut ləwŋ
k. 顶(dǐng)LMC tɛjŋˊ	滴宁(dīníng)LMC tɛjk nɛjŋˊ

比较左右相对的单双音节形式,我们首先会注意到二者在语音异同上的一致性:单音节声母与双音节的第一个声母相同,单音节韵母与双音节形式的第二个韵母相同,另外,双音节的第二个声母一律是流音 l-。[①]这与现代方言裂变重叠完全一致。除此之外,洪迈给出的这些形式还有一个重要细节与现代方言尤其是伊盟方言相同,现在就来

---

① 在(6k)中,双音形式第二音节(宁 LMC nɛjŋˊ)的声母是 n-不是 l-。不过,考虑到现代汉语多有 n-/l-相混的方言,此处以"宁"字作为第二音节的代表字或许说明当时也有这种相混。参看上面第三章 3.6.1 一节。

讨论这个问题。

前面我们在伊盟方言中看到，裂变重叠的第一个音节无一例外地全部是入声字，例如：pəʔ²¹ lən²³ 不愣（←pən²³ 奔）、kəʔ²¹ lau²¹³ 圪老（←tɕiau³²³ 搅）、tiɛʔ²¹ liəu²³ 滴溜（←tiəu⁵³ 丢）。现在将视线转移到（6）中相应的音节，我们发现这些字同样也都是入声字，例如：骨 LMC kut（6a）、屈 LMC kʰyt（6b）、即 LMC tsiɐk（6d）。不过，由于这里给出的拟音（蒲立本的晚期中古音 LMC）是基于《韵镜》的唐末长安音，[①]与宋时这些双音形式的读音已有时空上的差异，所以有必要先就断代问题作些探讨。

首先应该指出的是，（6）中的这些形式应该主要流行于宋代中原地区，其音读应该以中原汴洛地区的语音为准。如此断言主要基于这样两个方面的证据：第一，史书载洪迈一生精研宋代历史文化以及典章制度，加上他本人活动的杭州地区在很大程度上保留了北宋标准音即汴洛音，[②]其父洪皓又曾长期居留北方，所以尽管洪迈是江西鄱阳人，长期生活在杭州及南方各地，他仍可以通晓或者收集到汴洛地区的口语词语。第二，洪迈所引述的这些切脚语多保留在今天的中原地区。比如（6a-d）四个词今天就仍然保存在洛阳、新安等地的方言中。[③]有鉴于此，我们应该以宋时的汴洛音来看待这些词。根据周祖谟（1943），北宋邵雍的《皇极经世声音唱和图》反映了北宋标准音，所以就以此为据进行讨论。在早期的韵图比如《韵镜》中，阳声韵与入声韵同在一图。这不难理解，因为阳声韵韵尾-m、-n、-ŋ 与入声韵尾-p、-t、-k 是相互搭配的。但是，在《唱和图》里，原来的-p 与-m 仍同处一图，原来收-t 尾和-k 尾的入声字却被排列到阴声韵中去了。根据这种特殊的排列，周祖谟认为-t 尾和-k 尾已在汴洛方言中消失。不过，由于 p-尾仍有可能以某种形式保留，因此，从系统性的角度来看，-t 尾和-k 尾不大可能消失得一干二净。另外，既然入声独立而又与阴声同

---

① 《韵镜》反映唐末长安音的观点请看蒲立本（Pulleyblank 1984）、郑张尚芳（2003）。

② 时至今日，杭州话与周边方言的差异仍然很大，是一种"半官话方言岛"。这说明北宋王室及官员百姓确实将北方话带到了这一地区。参看游汝杰（2000:58—74）。

③ 笔者于 2004 年 7 月赴两地调查，发音合作人是洛阳郊区工农乡和新安县磁涧镇的两位李先生。

列,那么入声与阴声就应该是基本相同而小有差别。依照这样的逻辑思路,雅洪托夫(1980[1986])通过实例加以论证:taw 与 tawk 的差别太大,将入声构拟成-k 尾是无法接受的,如果是 taw 与 taw? 的差别,入声与阴声排列在一起就很容易理解了。根据这些证据和论证,可知北宋汴洛音里的入声存在喉塞尾,再联系元音的一些变化,于是(6)中双音形式的第一个音节就可以有如下构拟:

(7) 洪迈切脚语的第一个音节

例子序号	第一个音节	LMC(晚期中古音)	北宋准共同语
a.	gǔ 骨	kut	ku?
b.	qū 屈	kʰyt	kʰy?
c, e	tū 突	tɕʰiut	tɕʰiu?
d.	jí 即	tsiak̠	tsi?
f, g, j	bó 勃	pɦut	pɦɔ?
h.	kū 硿	kʰut	kʰu?
i.	bù 步	pɦuaˋ	pɦuˋ
k.	dī 滴	tɛjk	ti?

从以上对北宋标准语的构拟中可以看到,洪迈切脚语的第一个音节全部以喉塞音-? 收尾。①对比伊盟方言的裂变重叠词,我们发现二者是一致的。也就是说,从语音形式上看,洪迈的切脚语不仅从总体上看与(2)中所演示的音变模式相合,而且在另外一个语音细节上(双音形式的第一个韵母)也与伊盟裂变重叠相合,这说明它们也有可能源自裂变重叠。

现在考察单、双音节之间的语义联系。洪迈在《容斋随笔》中没有指明单、双音节各自表示的意思,这给我们的探讨带来了困难。所幸这些形式大都用于当今口语,凭今知古,我们仍然能够大致判明它们的语义联系。先看第一个例子(6a)。按照《说文》,"锢"表示熔化金属

① "步"(6i/7i)不是入声字,不在此列。在前面的讨论中我们看到,伊盟方言双音形式的第一个音节皆为入声字,福州方言皆为非入声字。伊盟方言和福州方言都有入声,然而在同一个位置上却有这样的不同。我们在下面将会看到,洪迈举出的这些双音形式实际上皆为裂变重叠词。那么(6i/7i)的非入声或可归因于中古时代的方言差异,就是说,"步廊"有可能来自当时不同的方言。

以填塞缝隙。《汉书·贾山传》:"合采金石,冶铜锢其内。"在技术门类甚少的古代,"锢"是相当突出的,其所表示的可以说是一般的典型义。后来出现的"骨露"(或写作"锢漏")大都与"锅"连在一起使用,(例子请看林语堂 1933)可见意思比较特别,相对于"锢"显得不那么典型。再如"精"是聪明的意思,主要是就心智方面说的。与之相应的"即零"(今多写作"机灵")也有聪明的意思,但侧重点是反应敏捷,重在肢体,意思比较特别,偏离了"精"(聪明)的典型义。这种典型与非典型的意义联系符合裂变重叠在意义上的要求。

至此,形式和意义两个方面的证据表明,洪迈举出的切脚语与现代方言中那些双音形式完全一致,应该同是裂变重叠这一形态构词过程的产物。

以上讨论说明裂变重叠普遍存在于现代方言以及中古汉语。这一发现对于探索古汉语裂变重叠大有助益,因为有了可以依凭的种种语音语义规则,就能减少探讨古汉语同类现象时的盲目性,增加确定性和客观性。不过,由于古代汉语距今久远,很多语音已经发生了很大变化,很多语义用今人的眼光殊难理解,因此在探讨古汉语裂变重叠时难免会有许多语音语义方面的困难,我们在处理这些具体的例子时需要进行多方面的探讨。

4.4　上古汉语裂变重叠例释

上古汉语与现代方言以及中古汉语中的裂变重叠基本上是一致的。这种一致同时体现在语义语音两个方面。从语义方面来看,古汉语中的裂变重叠也是由表达有别于基式的非典义所引发的。从语音方面来看,裂变过程中的各种音变也与(2)中所图示的基本相同——不过细节上有一些特异之处。现在先就语音上的一些问题作一些说明。

第一,上古汉语中的流音声母与后世不完全相同。在中古汉语及现代方言中,流音声母一般来说只有一个,即边音 l-;裂变重叠第二音节的声母总是由这个流音充任。上古汉语与此不同。我们在第一章已经看到,上古音系中至少有两个流音声母:*l-和*r-。l-和 r-除了发音部位相同之外,其他语音特征也大都相同,比如,它们都是响音(sonarant),并且响度相同。这些一致性使得这两个声母在听觉上十分相似,因而皆可作为裂变重叠词的必要条件出现在第二个音节上面。①

第二,在上面(2)中所图示的音变模式中,我们看到重叠式第一个声母(I_d)以及第二个韵母(R_e)均来自基式音节,它们都是原有的,只是在新的重叠词中被打散而分处两端罢了。第二音节的声母(I_g)不见于基式,但它总是实现为流音,显然是裂变重叠中一种有规律的语音行为,是完全可以得到解释的(详细的讨论见第六章)。与这三个成分不同,第一音节的韵母(即隶属于 σ_b 的 R_f)似乎成了无源之水,因为该音段完全不见于单音节基式。事实上这只是表面现象。通过分析归纳,是可以看到其中一些规律的。比如,在根据洪迈的切脚语以及栗治国的"分音词"所确定的裂变重叠词中,第一个音节基本上是入声字,在顺平(高于铺)话和福州话中,这个音节则多为没有韵尾的轻音节。②具体到古汉语中的裂变重叠,如我们在下面将要看到的那样,第一个音节皆为重音节,包括入声音节以及以中古眼光来看的阴声韵音节。这种情况与现代及中古的情况是很不一样的,但是透过这种有差异的表象,我们仍然可以看到普遍存在于现代、中古、上古裂变重叠中一以贯之的规则,那就是这个韵母总是趋于简单化、格式化、固定化。下面我们将专设一节(4.5)对此进行讨论,此处为了避免枝蔓暂时搁置不提。

现在讨论古汉语中的裂变重叠实例。每个例子都将从语音形式和语义功能两个方面进行检测验证。

例一,头(tóu) *dáɥ＞EMC dəw(礼记)→dúlóu 髑髅 *dák^ɥ ráɥ＞EMC dəwk ləw(庄子)(李 *dug→*duk lug)

对比单音节 *dáɥ(头)和双音形式 *dák^ɥ ráɥ(髑髅),可以看到二者在语音形式上的对应关系。如果将"髑"的声母 *d-和"髅"的韵母 *-áɥ

---

① 这个问题在上面第三章 3.5 一节有所讨论,可参看。

② 音节重量可以多种方式衡量,最直接的方式是看韵母音段的多寡。一般而言,若韵母是单元音,就是轻音节;若韵母是两个元音,或是一个长元音,或是短元音外加韵尾,就是重音节。用韵律音系学的术语表述,包含一个音拍(mora)的是轻音节,包含两个音拍的是重音节。参看孙景涛(2007b)。

（李*-ug）拼合在一起，那么所得到的刚好就是单音节形式*dáʴ（李*dug）（头）。①此外，双音形式后字的声母恰好是流音*r-（李*l-）。这些语音特点与(2)所表述的音变模式毫厘不爽，因此有理由假设其中有裂变重叠的发生，就是说，双音形式"髑髅"是在单音形式"头"的基础上通过裂变重叠而产生的。意义上的考量同样支持这一看法。"头"表示人体部分，是一个基本词，与之相对的"髑髅"则表示头骨。头骨也可以算作一种"头"，但是不够典型。着眼于此，"头"变"髑髅"恰好是由典型义转变为非典型义的过程，这与裂变重叠的表义特点是吻合的。

例二，挟（xié）*gjáp＞EMC ɣɛp（仪礼、孟子）→húdié 胡蝶*gáʴljáp＞EMC ɣɔ dɛp（庄子）（李*giap→*gag diap；郑张*geeb→*gaal lheeb）

挟、胡的上古声母是*g-，蝶的上古声母是*l-。对照这三个字的现代读音（挟 ɕ-、胡 x-、蝶 t-），可知它们的上古声母是比较特别的，有必要进行一些讨论。

由于有韵书、韵图以及现代方言的证据，因此可以将"挟、胡"所属的中古匣母拟为舌根浊擦音 ɣ-。它们的上古来源是否也是浊擦音 ɣ-呢？答案是否定的，它们的上古来源实际上应该是*g-。下面是证据。

首先，中古群母 g-与匣母 ɣ-在开口的条件下呈互补分布（看李方桂 1980:18），又皆为舌根音，因此有可能同出一源。此外，g-比 ɣ-更常见，所以共同来源的最佳选择应该是*g-。仅从这一点来看，"挟、胡"的上古声母音应该是*g-。不过，呈互补分布的不一定全都同出一源。如何处置，颇费踌躇。幸好形态学可以提供证据。高本汉（1954）注意到，不少有意义联系的一对词是以声母清浊而形成对立的，比如：

清声母	浊声母
分（*p-）分开	份（*b-）部分（将物体分开可以形成几个部分）
增（*ts-）增加	层（*dz-）层次（增加高度的结果是出现新的层次）
长（*tr-）长大/高	长（*dr-）（长度）长（长大的结果是物体变长了）

---

① 清代学者朱骏声已经看到了这一点，他在《说文通训定声》中指出："髑髅之合音为头字。"

根据这些例子,可知清变浊的确是一种形态构词手段。"见"(jiàn)与"见"(xiàn;后来写作"现")与此同类。从语义上看,见(jiàn)的意思是看见,见/现(xiàn)的意思是显示。从语音上看,前一个意义中古是 k-(见母),后一个意义中古是 ɣ-(匣母)。毫无疑问,此中一定发生了以清变浊为载体的形态变化。不过,清变浊究竟发生在哪两个舌根音之间仍然是个未知数。从道理上说,*k-变*ɣ-或者*k-变*g-都是可行的。但后者显然比前者要好一些,因为*k-变成*g-只是单纯的清变浊,其他方面不变(如皆为塞音),这与分(*p-)与份(*b-)等完全相同。*k-变*ɣ-当然也是清变浊,但同时还有发音方法的改变(*k-为塞音,*ɣ-为擦音),得不到很好的解释。所以将"见/现"(xiàn)的上古声母拟为*g-更好一点。"挟、胡"与"见/现"声母相同(皆为中古匣母开口),其上古音声母也应该是*g-。这一构拟既符合语音变化的一般性规则,又与形态构词上的音变类型相平行,所以相当可靠。

现在讨论"蝶"字的声母。"蝶"属于定母,从谐声看,与喻四关系密切,比如与"蝶"字相谐的"枽、葉、鍱"就都属于喻四。[①]为了在拟音中适当反映这种谐声关系,高本汉(1940,1954,1957)以送气与否的方式来区分这两个既有联系又有区别的声母,即,喻四是*d-,定母是*dʰ-。如此构拟的困难是浊塞音一般没有送气与否的分别。解决喻四与定母关系的决定性的一步是蒲立本(1962:115)迈出的。蒲立本发现谐声中有两个系列,用他后来的话说,有"t-"和"l-"两个类型,"t-"和"l-"是就上古音音值而言的,各自统领的声母则是中古拟音(蒲立本的早期中古音(EMC)):

"t-"类	"l-"类
t-端,tɕ-章	d-定,j-喻四
tʰ-透,tɕʰ-昌	tʰ-透,ɕ-书
d-定,dʐ-禅	

① 定母与喻四的这种密切关系为学人关注由来久矣。高本汉(Karlgren 1923)最先注意到这一点,后来曾运乾(1927)又明确提出"喻四归定"的主张。"喻四归定"的说法是不准确的,实际情况是与喻四谐声的定母字与喻四古音同属一类。说见下。

这个表格勾画出谐声系列中的大致分野,即同一谐声系列的字或者兼跨"端、透、定、章、昌、禅"诸声母,或者兼跨"定、喻四、透、书"诸声母,但是两个组别之间基本上泾渭分明,互不相涉。此中有一个现象尤其值得关注,那就是 t-和 tʰ-在谐声系列中的分别。如图所示,t-和 tʰ-可以出现在同一谐声系列当中,但是,一旦在某一谐声系列中出现了 tʰ-和 j-,那么就基本上找不到 t-的踪迹。这一分别极富启发性。如果像高本汉那样将喻四的古音拟为 *d-,那么,我们就必得承认送气的 *tʰ-比不送气的 *t 更加接近不送气的浊塞音 *d-——然而这是没有任何道理的。也许有人会用颠倒 *dʰ-、*d-指派的办法(喻四是 *dʰ-,定母是 *d-)来帮助高本汉免除这一批评——这样做同样于事无补,因为 t-、tʰ-、d-/dʰ-互谐很正常,这从上表"t-"类谐声栏中看得很清楚;李方桂(1971/1980)在总结谐声原则时也提到发音部位相同的塞音可以互谐,送气与否的差别并不影响谐声中的互用。也就是说,t-、tʰ-、d-、dʰ-四个声母可以互谐。根据这些事实,蒲立本指出喻四一定不是舌尖浊塞音 *d-,喻四声母以及与之谐声的定 d-、透 tʰ-、书 ɕ-诸声母必定与通常的舌尖塞音 t-、tʰ-、d-有十分显著的分别。解决这一问题的关键是找出喻四的声母。蒲立本发现,喻四字经常用来转写古代其他语言中的 l;与喻四谐声的透母字(如"脱")与藏语、泰语中的清边音 lh 有同源关系。有鉴于此,蒲立本将喻四的上古音拟为 *δ-(= [ð],与边音相近),后来又经众多学者不断努力,如今一般都同意喻四应该是 *l-或 *r-一类的音。[①]有了关于喻四声母的详赡知识,与之谐声的定母就容易解决了。就"蝶"字而言,它与喻四谐声,可知它们同出一源,都是边流音,后来"蝶"字变成定母 d-。这是认定"蝶"字声母为 *l-的一个重要理由。此外还有来自方言和同族语的证据,比如蝴蝶在藏语中是 phye-ma-leb,在福州话中是 xu⁵²/⁴⁴lie²⁴(北京大学中文系 1995),相对于"蝶"字声母的都是 l-。

以上讨论说明我们采纳的构拟是有根据的。现在讨论为什么说"胡蝶"是一个裂变重叠词。半个世纪以前,金守拙写过一篇幽默且富

---

① 李方桂(1971/1980)拟为 *r-。蒲立本(Pulleyblank 1973)、雅洪托夫(Y 1986)、郑张尚芳(1984, 2003)、白一平(Baxter 1992)、沙加尔(Sagart 1999)、龚煌城(2000)拟为 *l-。王力(1985)拟为 *ʎ-,王先生说这是一个与 r 很近的音。(见李方桂等 1984)

有深意的文章(Kennedy 1955),其中提到"蝴蝶"若只有一只翅膀是飞不起来的,意思是说"蝴""蝶"不可单用,合在一起才行。这个判断是正确的。"胡蝶"首见于《庄子》,此后一直出入成双,晚至南北朝时代才有"蝶"字单用的实例,这显然是减缩的结果。由此可见,"胡蝶"最初并非两个语素的简单相加,此外,第二字"蝶"的声母是流音。这些事实令人疑心它的来源应该是裂变重叠。对基式的进一步的探求支持这一想法。如前所述,裂变重叠的特点是基式音节的声母和韵母分别处在双音节重叠式的左右两端。根据这一特点,设若一个双音形式是裂变重叠词,那么只要将其左右两端的声、韵母合在一起,便可得出基式。现在依照此法操作,我们可以得出这样的结果:*g(áɤ)+*(l)jáp=*gjáp。通过反向推求所得出的音节*gjáp存在于古汉语。查检董同龢的《上古音韵表稿》(235 页),在相当于*gjáp音节的位置上可以看到七个字:荔、恊、勰、协、侠、挟、絤。其中以义为"夹持,夹并"的"挟"字最为合用。我们知道,蝴蝶停留时它的翅膀总是夹并在一起的,这一突出的特点因此就成了为之命名时的出发点,人们于是就以重叠"挟"字的方式来表示具有"夹并"这一典型行为的昆虫。这种抓住事物某一特点进而通过重叠来命名的做法相当常见。比如在伊盟方言中(栗治国 1991),石磙子因为有滚动的特点,因此当地人就以动词kuəŋ^{213}(滚)为基式,通过裂变重叠而为该事物命名,称作 kuəʔ^{21}luŋ^{213}(骨拢)。再比如,炸过油的肥膘的特点是焦(tɕjaw^{13}),河南新安人于是以"焦(tɕjaw^{13})"为基式,通过裂变重叠而形成 tɕi^{13} ljaw^{o},作为这种东西的名称。此外,"夹并"是一种较为宽泛的意义,与之相对的"胡蝶"则指具有这一行为的具体事物,两者有联系,但相去甚远,其间的意义变化恰与裂变重叠相合。由此可见,"胡蝶"应该是"挟"字裂变重叠的结果。[①]

例三,区(ōu)*ʔáɥ>EMC ʔəw(左传)→wūlòu 屋漏*ʔák^ɥ ráɥs>EMC ʔəwk ləw^h(诗经)(李*ʔug→*ʔuk lugh)

---

① "夹*krjap"也有可能是"胡蝶"的基式。"夹"有名动两种用法,但是无论在哪种意义上,其与"胡蝶"的联系都可以是裂变重叠所具有的那种典型到非典型的联系。不过,按照裂变重叠在语音上的规则,认为"夹"是"胡蝶"的基式有不合之处。但是,"夹"与"挟"显然是同源词,无论哪一个是基式,另一个形式都会是旁证而不会是反证。

《诗》云:"相在尔室,尚不愧于屋漏。"(《大雅·抑》)其中"屋漏"《尔雅》《毛传》《郑笺》《诗集传》均释为室内之西北角。学界对此没有异议。然而对于"屋漏"一词的得名之由却久无定论。郑玄说:"屋,小帐也。漏,隐也。"孔颖达同意郑玄的解释,他进一步疏解道:"屋漏者,室内处所之名,可以施小帐而漏隐之处,正谓西北隅也。"与郑玄同属汉代的另一学者孙炎持不同意见,他说:"屋漏者,当室之白日光所漏入。"(见孔颖达《毛诗正义》及邢昺《尔雅注疏》)两种说法均有一定道理,但"皆无所据"(邢昺语),所以晋代郭璞明知已有孙、郑二说在先但是仍然坚持说"其义未详。"

郭璞、邢昺不肯接受孙炎、郑玄的解释是有道理的,因为无论是套用孙炎的解释还是郑玄的解释,"屋漏"的构词方式都殊不可解。先看郑玄的解释。郑玄将"屋""漏"二字分别解释为"小帐"和"隐"。按照孔颖达的说解,室内之西北角是设置小帐的地方,因此用表示小帐的"屋"字表示室内之西北角从情理上看是有一定道理的。然而这样一来"漏"字的作用就无法理解了。"漏"字郑玄、孔颖达认为有隐蔽义。如果真的如此,它与"屋"字合在一起的字面意思就应该是"(设置)小帐(的地方,它)很隐蔽"。很显然,这不是一个合成词所应有的语义结构。据此可反过来推定郑玄对"屋漏"的解释可能有误。再看孙炎的解释。孙炎认为"屋漏"的意思是日光从屋顶上漏入室内西北角。准此,"屋漏"就是"屋顶漏下"的意思,一个表述式的合成词。"屋顶漏下"的语义结构可以表示"室内西北角"的意思吗?从语义上看很难说通,语法上也有很多缺失的环节。据程湘清(2003:86),表述式合成词在先秦古汉语中极其少见,且当时为数不多的表述式合成词多是动词而非名词。这一事实不大支持"屋漏"是表述式名词的看法。退一步说,即便当时表述式名词并不罕见,也不能证明孙炎的解释,因为那样的语义结构与"室内西北角"之义的联系实在太过牵强。

总起来看,将"屋漏"视为合成词,孙炎、郑玄、孔颖达等人的解释应该是最能曲尽其意的了。然而,前面的简析说明这些解释实际上是不能成立的。"屋漏"的得名之由即语源仍是一个谜。

根据《尔雅·释宫》,可知室内四个房角各有其名:"西南隅谓之奥,西北隅谓之屋漏,东北隅谓之宧,东南隅谓之窔。"可图示如下。

(8) 室内四房角俯视示意图(上古拟音分别据蒲立本和李方桂)

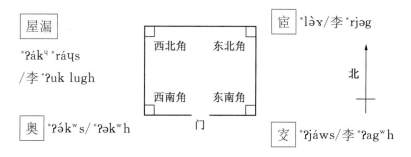

屋漏

*ʔákʷ *ráɥs
/李 *ʔuk lugh

奥 *ʔə́kʷs/*ʔə́kʷh

西北角		东北角
西南角		东南角

门

宦 *lə̀ɣ/李 *rjəg

北

交 *ʔjáws/李 *ʔagʷh

考察四个房角的名称,一个突出的失衡之处在于单双音节的不一:宦、奥、交皆为单音节,唯独西北角"屋漏"是双音节。事物以双音节为名在语言中并不罕见,但问题是在多方素求得名之由却不得其解的情况下,单双音节的不一致可以启发我们换一个角度来考察问题——既然另外三名皆为单音节,那么这个照常规难以索解的"屋漏"或许跟单音节形式有某种特定的联系。也就是说,"屋漏"的得名之由或许跟两个字各自的意思没有关系,这两个字不过是两个音节的代表,我们不应该拘执于"屋漏"的形体,而应该在其语音形式是否反映了某种语言机制上多做探索。

至此,我们联想到裂变重叠。"屋漏"是否源自裂变重叠呢?来自语音、语义、字形等多方面的证据表明这是非常可能的。先从语音形式入手。从前面的讨论中已经看到,裂变重叠是单音节裂变为双音节的过程:其基式音节的声母和韵母分别保存在双音节裂变重叠式的两端。准此,既然已经假定"屋漏"是裂变重叠式,那么就可以反向推定其单音节基式了。这样就有:*ráɥs←*ʔákʷ(屋)＋*ráɥs(漏)(李 *ʔugh←*ʔuk(屋)＋*lugh(漏))。我们知道裂变重叠有三种语音形式上的变化规则:单音节的声母和韵母分别保留在双音节形式的两端;双音节形式第二个音节的声母是流音;双音节形式第一个音节的韵母是一个与基式有关联的、简单的形式。[①]对比假设的单音节基式与"屋漏"两个音节,可以看到规则与实情若合符节。不过,这只是语音上的一个可能

[①] 这些条件不仅是客观归纳的结果,更有理据可依。详细讨论见下面 4.5 一节以及第六章。

形式,是否代表一个真实的存在尚需进一步讨论。让我们先来分析一下这一推导式的音韵地位。*ʔáus 这个音节应该属于上古侯部;从中古音韵的角度来看,它是影母字、一等字、去声字。综合这些音韵信息,检视董同龢的《上古音韵表稿》,可知古汉语中有这样一些相关的字。

(9) 古音影母侯部一等字(据董同龢《上古音韵表稿》149 页;后附蒲、李拟音)

平声	上声	去声
区₂ 蓝₁ 讴驱褔₁ 欧泲₁ 瓯醲煪 *ʔáu/*ʔug	殴枢₂① 欧₂ *ʔáuʔ/*ʔugx	褔₃ 泲₂ *ʔáus/*ʔugh

严格说来,与 *ʔáus(李 *ʔugh)相合的是去声栏中的"褔、泲"二字。"褔"指小孩儿或少数民族的蒙头巾或者小孩用的围涎,"泲"是"浸、泡"的意思,很难说跟"屋漏"有什么意义联系,所以这两个字不大可能是这一裂变重叠式的基式。不过,根据段玉裁(1815[1981])、王力(1982)、何九盈(1989)的研究,去声是后起的;蒲立本、梅祖麟、龚煌城等人更把去声的来源归结于在非去声基础上附加一个后缀。由此看来,去声与相对的非去声是密切相关的,因此,探讨与去声字 *ʔáus(李 *ʔugh)相对的非去声字对于了解"屋漏"的基式肯定大有帮助。检视董同龢表中的平声字(*ʔáu/李 *ʔug),共得十字,其中第一个字"区"的意义与我们讨论的问题最为相关,现据《汉语大字典》将其部分音义罗列如下:

(10)"区"字的部分音义(据《汉语大字典》;后面的书名是出处)

(一) qū《广韵》岂俱切,平虞溪。侯部。(*kʰáu/李 *kʻug)

1. [踦区]隐藏。《说文》

2. 地区;一定的地域范围。(《书经》《史记》)

3. 居处。(《汉书》)

4. 小屋。(《汉书》)

5. 玉的计数单位。十件为"区"。(《尔雅》)

(二) ōu《广韵》乌侯切,平虞影。侯部。(*ʔáu/李 *ʔug)

1. 古代容器;又用为容量单位。(《左传》)

---

① 日本学者庆谷寿信在《董同龢〈上古音韵表稿〉索引》一书中认为这是一个错字,正确的字形应是"摳"。

2. 藏匿。(《左传》)

(三) gōu《集韵》居侯切，平虞见。侯部。(*káų/李 *kug)

通"句(勾)"。弯曲。(《管子》《史记》)

从语音上看，现代汉语读 ōu、《广韵》读乌侯切的这个音节("区")与假设中"屋漏"的基式最为接近，区别仅在于"区"不是去声而是平声，二者应该在词源上有些联系。"区"(ōu)在《左传》中指一种容器；亦有"藏匿"的用法。容器是用来储藏、藏匿物品的，所以这两个意思之间应该有一种引申关系。①除了 ōu 这个读音之外，"区"还有 qū、gōu 两个读音。这三个读音在韵母和声调上完全相同，区别在于声母，分别是 *kʰ-、*ʔ-、*k-。不过，这三个声母皆为清辅音、塞音、喉牙音，差别有限，从词源上看也应该是有联系的。准此，在讨论"区"(ōu)的意思时将读作 qū、gōu 的"区"的用法牵涉进来是可以接受的。从(10)所罗列的义项中看到，读 qū 的"区"也有与读 ōu 时相近的意思，如"隐藏"。"区"还表示"玉的计数单位"，这说明"区"最先很可能指放置玉的器皿②。综合起来看，我们可以说"区"有储藏物品的器皿、地方、区域这一类的意思。这样的推论除了上面列举的旁证之外，还有实际语言、经师注释、文字形体等方面的证据。

《荀子·大略》："言之信者在乎区盖之间。"杨倞注："区，藏物处。""区"字这一形体也很能说明问题。请看：

(11) "区"字的古文字形体

🔲(殷墟文字甲编五八四)🔲(殷墟文字乙编六四零四)🔲(战后京津新获甲骨集四三四八)🔲(子禾子釜)🔲(侯马盟书)🔲(说文解字)

审视后三种写法，可以看到它们的一致性极强。许慎解释说："……从品在匸中。品，众也。"许慎的解释是正确的。我们看到，"匾(区)"字"随体诘诎"，所描绘的正像器皿盛满物品之形。不过，这只是晚近古文字的情况，在早期甲骨文中，那个包容物品的外形并不是"匸"(fāng)而是"∟"。也许有学者会觉得这种差别无非是一种字

---

① 再举个平行的例子。"藏"在先秦古汉语中既表示收藏、储藏，又表示贮藏财物的仓库(参《王力古汉语字典》1114—1115 页)。

② 豆、釜、钟都可以用为容量单位，但最初都是盛物的器具。同理，既然"区"可以用为容量单位，那么最初它有可能指一种盛物的器具。

形上的变体而已,无甚深意。但是,请注意下面两个事实:1)甲骨文中有"匸"字,作⊐(殷契遗珠六二八)、匚(甲骨续存二、五五)、匚(邺中片羽一四零、二)、凵(殷契萃编一二零),皆像器皿、容器的形状。2)"区"字在甲骨文中从凵不从匚,似乎像墙根角落的样子。如此整齐划一的分别说明字形的发展过程很可能反映了客观的变化:最初将物品堆积在墙角处,反映这一事物的词用文字写下来就是𦥑。后来也许在那里垒起置放物品的台子、小型建筑(《汉书》中"区"有小屋义①),进而在那儿置放盛物之器皿,文字改为𠥧。

以上我们从语音关系、实际用例、文字形体几个方面说明"区"字有储藏物品的器皿、地方、区域这一类的意思。再从语音上看,如前所述,这个词的发音与假设中"屋漏"的基式仅是非去声和去声的差别,二者应该有词源上的一致性。因此,给"屋漏"所假设的这一基式也有类似的意思应该距实情不远。了解了这个基式的音义,其间发生裂变重叠的过程就可以看得更加清楚了。

(12)"屋漏"裂变重叠的过程

a. 形式:*ʔáɥs(与"区"字相对的去声字)→ *ʔákᵘ ráɥs 屋漏(蒲立本拟音)

*ʔugh(与"区"字相对的去声字)→ *ʔuk lugh 屋漏(李方桂拟音)

b. 意义:储藏物品的器皿、地方(典型)→室内西北角(非典型)

这一重叠过程与我们在上古汉语、中古汉语、现代方言所看到的裂变重叠完全一致。从语音上看,基式音节按照裂变重叠的规则变成两个音节:基式音节的声母 *ʔ-保存在"屋漏"的第一个音节,基式音节的韵母 *-áɥs/李 *-ugh 保存在"屋漏"的第二个音节;并且,新的双音节形式的第一个韵母照例与基式韵母密切相关,第二个声母照例是边音。从意义上看,基式 *-áɥs 表示藏物之所。藏物之所在日常生活中非常常见,所以这个意义相当典型。与此相对的"屋漏"表示室内常常用以储物的西北角,这个意义相对于基式而言不够典型。由典型变为非典型,体现了裂变重叠特有的表达功能。总之,语音和语义两个方

---

① 《汉书·胡建传》:"时监军御史为奸,穿北军垒垣以为贾区。"颜师古注:"区者,小室之名,若今小庵屋之类耳。"

面的考量全都支持"屋漏"源自裂变重叠的假设。

例四，猋(biāo) *pjàw＞EMC pjiaw（尔雅、孙膑兵法、史记）→fúyáo 扶摇 *bàɣ làw＞EMC puạ jiaw（庄子）（李 *pjiagʷ→ *bjag rjagʷ）

《尔雅·释天》：扶摇谓之猋。不过就"扶摇"与"猋"的实际用例而言，它们并不全同。《庄子·逍遥游》："抟扶摇而上者九万里。"其中的"扶摇"指旋风。但是"猋"的所指并不局限于此，凡是强风狂风皆可称之为"猋"。比如，《礼记·月令》："猋风暴雨总至。"司马相如《子虚赋》："雷动猋至。"颜师古注："猋，疾风也。"疾风就是大风，这是就其风力而言的。"扶摇"表示旋风，旋风是螺旋状运动的风，这是就其形状而言的。旋风与大风不同，硬要归类，勉强可以说旋风是一种不够典型的大风。所以，两个形式的意义关系跟已经证实的基式与裂变重叠的意义关系是平行的，据此可以假设"扶摇"是在"猋"的基础上通过裂变重叠产生的。

语音形式上的考量同样支持这一假设。首先需要指出的是，"扶"的声母 *b-与"猋"的声母 *p-并不全同，但是二者仅仅是清浊的不同，差别不大。从另一个角度来看，"扶"可以是浊声母，也可以是清声母。[1]"扶摇"的第一个音节是清声母还是浊声母仍然是一个问题。另外，由于古人偏好俗词源（folk etymology）解释，比如唐代成玄英在给《庄子》作注时就说"风气相扶摇动"，写作"扶"也许反映了古人这种主观意愿，就是说，原本应该读作"夫"（清声母），俗词源的理解使得他们转而起用"扶"字。总之，"扶摇"第一音节的声母有可能与"猋"同是 *p-。声母之外，其余音段完全符合裂变重叠的标准。"夫摇"第二音节的韵母与基式音节"猋"的韵母完全相同，第一音节的主元音与基式音节"猋"的主元音相同。此外，第二音节的声母是流音。这些语音形式上的特点皆见于裂变重叠，可见"夫摇"应该是在"猋"的基础上通过裂变重叠而产生的。

现代方言中的实例支持这一假设。"飙/猋"见于多种方言，有迅疾、突进、喷出之类的意思。比如"飙车"是看谁的车抢在前头。苏州话：自来水从水枪里飙（piæ⁵³）出来。意思是喷出。[2]这些用法跟古汉

---

① 《玉篇·手部》：扶，房无切。扶持也。又府俞切。"房无切"是浊声母，"府俞切"是清声母。

② 参看许宝华、宫田一郎主编《汉语方言大词典》7218 页。

语"飙"的疾风义是有关系的。福州话"飙"的读音是 pieu⁴⁴，相应的双音形式是 pie⁴⁴ lieu⁴⁴，例如"药水由针管呲焱溜(pie⁴⁴ lieu⁴⁴)出来"，[1]其中的 pie⁴⁴ lieu⁴⁴ 显然是"焱"字裂变重叠的结果。今人用它表示液体喷射而出，古人用它表示旋风拔地而起，意思是相通的。

例五，镬(huò) *wák＞EMC ɣwak→húluò 瓠落 *gwáɣ rák＞EMC ɣɔlak(庄子)(李 *gʷak→*gʷag lak)

《庄子·逍遥游》："魏王贻我大瓠之种。我树之成而实五石。以盛水浆，其坚不能自举也。剖之以为瓢，则瓠落无所容。"其中"瓠落"的意思颇有争议。按照上下文，解作"空旷、空廓"最为合理。从语义结构看，这个词难以拆开，语音特点又与上面的髑髅、屋漏等相仿，所以很可能也是裂变重叠的结果。

现在讨论基式问题。根据裂变重叠的音变规则，由"瓠落"(*gwáɣ rák)可以反推出单音节 *wák。查检董同龢(1944)，在这一音韵地位上发现了"穫濩擭镬"四字，其中"镬"与"瓠落"相关。"镬"是名词，表示大锅，这是一个可以从内涵外延两个方面严格界定的意义。在此基础上产生"瓠落"，这是个形容词，"空旷、空廓"的意思。前后对比，"瓠落"义的产生可理解为摈弃限定义素、整合非限定义素(如大锅给人的印象)，其过程可以概括为取其一点不及其余，正是裂变重叠表示非典义的特点。

例六，挶(jū) *kàkꟲ＞EMC kuawk→jūlù 輂录 *kàɥ rákꟲ＞EMC kuạ luawk(荀子)(李 *kjuk→*kjug ljuk)[2]

《荀子·荣辱》："孝弟原悫，輂录疾力，以敦比其事业。"其中的"輂录"卢文弨解释为"劳身苦体"(见王先谦《荀子集解》)。从意思上看，"輂录"无法拆开；从形式上看，二字所从的侯部和屋部属于同类韵部，第二音节是流音声母，因此很可能是裂变重叠的产物。我们将"輂"的声母 *k 和"录"的韵母 àkꟲ 组合在一起，恰好可以得到"挶"字(*kàkꟲ)。《说文》："挶，戟持也。"段玉裁注："'戟持'者，手如戟而持之也。《左

① 见郑懿德(1983)。梁玉璋(1982)也引了这个例子，记作 pie³¹ lieu⁵⁵。
② 藤堂明保(1987)认为与"痀偻"(*káɥ ráɥ＞EMC kəw)有关，进而将"輂录"解释为半蹲曲背之状。

传》：'褚师出,公戟其手。'……按,古者戟之制,其锋谓之援。援体斜横出,故人下其肘、翘其掔與手似之,亦谓之戟。《鸱鸮》传曰：'拮据,捂戟也。'"根据许慎和段玉裁的解释,可知"捂"的意思是弯曲臂肘(以执持物体)的意思。在这个意思的基础上,通过裂变重叠以表示曲臂弯腰辛勤劳作之类的意思是非常可能的。

例七,茨(cí) *dzəj＞EMC dzi→jílí 蒺藜 *dzək^j rəj＞EMC dzit li (易经、尔雅)(李 *dzjəd→ *kjit ljəd)

"蒺藜"是"茨"字裂变重叠的结果。这首先从形式上看得很清楚。若将"蒺"的声母和"藜"的韵母组合在一起,正好可以得到"茨"字。此外,"藜"有流音声母。语音上的这些特点完全符合裂变重叠的形式要求。从意思上来看,《尔雅》《毛传》《郑笺》皆以"蒺藜"解释"茨"字,二者所指密切相关是没有疑义的。

例八,捀(féng) *bàŋ^u＞EMC buawŋ→fúróng 芙蓉 *bàɤ làɤ^u＞EMC buạ juawŋ(屈原：离骚)(李 *bjuŋ→ *bjag rjuŋ)

"捀"字与奉、捧同源,《说文》释为"奉也","两手托物"的意思(见《汉语大字典》)。莲花花瓣儿艳丽肥美,状如两手捧托。在隐喻的作用之下,由单音节"捀"字出发通过裂变重叠以表示莲花是非常可能的。从语音上看,"捀"是符容切,声母与"芙"字相同,韵母与"蓉"字相同,与见于裂变重叠的那种对应关系毫厘不爽。"芙蓉"是"捀"字裂变重叠的产物。

例九,忧(yōu) *ʔwəw＞EMC ʔuw→yùyáo 郁陶 *ʔwət ləw＞EMC ʔuw jiaw(孟子)(李 *ʔjəg^w→ *ʔwət rjəg^w)

"忧"的意思是忧愁、忧伤,"郁陶"用来形容忧愁,[①]是忧愁的一种有特色的状态,这与"惊"与"激灵"在语义上的对立是平行的,符合裂变重叠的要求。此外,"忧"与"郁"声母相同,与"陶"韵母相同,第二音节"陶"的声母属于流音,全都符合裂变重叠在语音形式上的要求。

例十,歇(xiē) *xàt＞EMC xɨat→xīyì 戏泄 *xàl làts＞EMC xiạ^h jiaj^h(方言)(李 *hjat→ *hjar rjath)

---

① 《孟子·万章上》："郁陶思君尔。"《楚辞·九辩》："岂不郁陶而思君兮?"

从语音形式上看，"歇"与"戏泄"基本上符合裂变重叠所应有的对应关系。①"歇"在古汉语中表示停止，②"戏泄"表示停息、休息，而且用于方言，表示的意思更加富有特色，跟"歇"字相比表现出了意义上的偏离，符合裂变重叠的要求。

例十一，悦（yuè）＊lwàt＞EMC jwiat→yáoyuè 摇悦＊làw lwàt＞EMC jiaw jwiat（宋玉：九辩）（李＊rjuat→＊rjagʷ rjuat）

我们知道，裂变重叠词是在单音节基础上产生的，它的两个组成成分各自无义，自然不会与整体义有任何联系。准此，认为"摇悦"是裂变重叠形式似乎是困难的，因为"摇悦"的意思与"悦"的意思密切相关，而且假定的基式也是"悦"字，让人觉得"摇悦"很可能是一个复合词，与裂变重叠无关。这是一种误解。按照裂变重叠的形式变化规则，第二字必须是流音声母。由于基式"悦"字已有流音声母，加上基式与第二音节韵母相同，这样一来，"摇悦"的第二字等同基式"悦"字也就不足为奇了。从意义上来看，"悦"表示喜悦，这是上古汉语表示此义最具代表性的一个词（另一个是"喜"）。"摇悦"按照王逸的说法是"意中私喜"，跟"悦"相比，在典型的基本义上展示了特色情景，体现了裂变重叠的意义特点。

例十二，瞀（mào）＊máɥs＞EMC məwʰ→mǔlóu 瞴娄＊màɣ ráɥ＞EMC muw ləw（说文）（李＊mugh→＊mjag lug）

《庄子·徐无鬼》："予适有瞀病，有长者教予曰。""瞀"指眼睛昏花。"瞴娄"《说文》解释为"微视也"，应该是眯着眼睛看人，这是因为要克服眼睛昏花而做出的动作，是一种颇具特色的情景，符合裂变重叠的特点。语音形式上也基本相符，不合之处在于基式的＊-s（去声）不见于"娄"。

以上讨论了十二个实例。在这些实例中，既有单音节基式，又有双音节重叠形式，单双对应，因此可以认定由单变双的"裂变"过程。除了这些实例之外，我们在调查中还发现了一些双音形式，这些形式

① 不合之处在于"泄"的-s/李＊-h（去声）。基式"歇"字（＊xàt）并没有这个成分。我们知道，去声是后起的，其中一些细节有待深入探讨。

② "歇"字后来引申出歇息的意思。据《辞源》，此义最早见于白居易的《卖炭翁》："市南门外泥中歇。""戏泄"首见于《方言》："戏泄，歇也；楚谓之戏泄，奄息也。"

无论从语音上看还是从意义上看都很像裂变重叠,但一时找不到相应的单音形式。请看下面的例子。

(13) 尚未找到基式的裂变重叠例

a. 脊令(jílìng)*tsàkʲ ràŋʲs＞EMC tsiajk liajŋʰ 一种嘴尖体小的长尾鸟(诗经)(李*tsik liŋʰ)

b. 薏苡(yìyǐ)*ʔə̀k lə̀ɣʔ＞EMC ʔik jiˀ药玉米(论衡)(李*ʔjək rjəgx)

c. 鸲鹆(qúyù)*gàʮ làkᵘ＞EMC guạ juawk 家八哥(春秋)(李*gjug rjuk)

d. 蛷蟧(qúlüè)*gàɣ ràk＞EMC gɨạ lɨak 蜉蝣类昆虫(说文)(李*gjag ljak)

e. 婴盈(guīyíng)*gwàj làŋʲ＞EMC gjwi jiajŋ 发怒,呵斥(方言)(李*gʷig rjiŋ)

f. 鸀鷜(wūzé)*ʔáɣ lrák＞EMC ʔɔ draɨjk 鸬鹚(尔雅)(李*ʔag drak;郑张*qʷaa rlaag)

g. 蕛芺(tídié)*lə́j lə́kʲ＞EMC dɛj dɛt 一种草(尔雅、说文)①(李*rid rit)

h. 蝮蜪(fùtáo)*pʰə̀kʷ lə́w/là̀w＞EMC pʰuwk daw 蝗的未生翅的幼虫(尔雅)(李*pʰjəkʷ djəw;郑张*phug lhuu)

i. 瑚琏(húliǎn)*gáɣ rànʔ＞EMC ɣɔ lianˀ一种用于祭祀的器皿(论语)(李*gag ljanx)

j. 狐剌(húlà)*gwáɣ rát＞EMC ɣɔ lat 形容歪斜不正(盐铁论)(李*gʷag lat)

k. 华离(huálí)*wráɣ ràl＞EMC ɣwai lɨạ地形不齐貌(左传)(李*gʷrag ljar)

l. 喊陕(wēiyí)*ʔwə̀l lə̀j＞EMC ʔuj ji 险阻(广雅)(李*ʔʷjəd rjid)

m. 凯弟(kǎidì)*kʰə́l lə́j＞EMC kʰəj dɛjʰ 和谐快乐(诗经)(李*kʰəd did)

n. 郁攸(yùyōu)*ʔwə̀t là̀w＞EMC ʔut juw 热风(左传)(李*ʔʷjət rjəgʷ)

---

① 郭璞认为"蕛芺"是两个同义词,但是许慎和段玉裁认为是双音形式。

o. 伯劳(bóláo)*prák ráw＞EMC paɨjk law 伯劳鸟(诗经)(李
*prak lagʷ)

上面这些形式无论从意义上看还是从形式上看都很像裂变重
叠。从意义上看,多表示富有特色情景意味的相对于基式来说不够
典型的意义,而且无法拆开。从语音形式看,第二个音节皆有流音
声母。这些全都与裂变重叠的要求相符。另外,两个音节韵母之间
存在着某种对应关系,即它们的主元音大都相同,音节类型也大体
一致(A 型音节或 B 型音节)。这种对应关系同样支持裂变重叠的
假设。形式和意义上这种一致不能归于巧合,我们相信这些形式同
样也是裂变重叠的产物,尽管一时还无法为它们找到相应的单音节
基式。

4.5　第一音节的韵母

从上面(2)中可以看到,相对于单音节基式,裂变重叠式中有两个
部分是新产生的,一是第一音节的韵母,二是第二音节的声母。关于
第二音节的声母,如前所见,它总是流音,或者是*l-,或者是*r-,没有例
外。这个流音的出现不是偶然的,它是在普遍语法及汉语特殊规则的
双重作用之下产生的,下面第六章将有集中讨论。现在讨论第一韵母
与基式韵母的关系问题。相信对这一问题的回答将有助于进一步证
明裂变重叠假设的合理性。

我们已经看到,裂变重叠是一个相当复杂的过程,这样的过程不
可能一蹴而就,应该有中间阶段。从另一个角度来看,既然是重叠,那
么至少从理论上说首先应该是单音节的自我复制,就是说,在其初始
阶段,两个音节是完全相同的,[1]接着是进一步的语音修饰调整,最后
才有事实上的第一韵母的形成。因此,要说明第一韵母的产生过程,
就要与基式韵母进行比较;另外,由于第二音节与基式音节总是韵母
相同,所以与第二音节韵母进行的比较实际上就等于与基式韵母的比
较。下面为了便于讨论,我们有时会将第二个韵母视为第一个韵母产

---

[1]　参看 Steriade(1988)。

生的起点，有时会说第一个韵母是由第二个韵母变来的。下面将前述十二个例子重新排列以便于参照。

（14）十二个裂变重叠例

			蒲立本上古音	李方桂上古音
1	基式	头	*dáɥ	*dug
	裂变重叠式	髑髅	*dákᵞ ráɥ	*duk lug
2	基式	挟	*gjáp	*giap（郑张 *geeb）
	裂变重叠式	胡蝶	*gáɤ ljáp	*gag diap（郑张 *gaal lheeb）
3	基式	区	*ʔáɥ	*ʔug
	裂变重叠式	屋漏	*ʔákᵞ ráɥs	*ʔuk lugh
4	基式	猋	*pjàw	*pjiagʷ
	裂变重叠式	扶摇	*bàɤ làw	*bjag rjagʷ
5	基式	镬	*wák	*gʷak
	裂变重叠式	瓠落	*gwáɤ rák	*gʷag lak
6	基式	挶	*kàkᵞ	*kjuk
	裂变重叠式	軥录	*kàɥ ràkᵞ	*kjug ljuk
7	基式	茨	*dzə̀j	*dzjəd
	裂变重叠式	蒺藜	*dzə̀kʲ rə̀j	*kjit ljəd
8	基式	捀	*bàŋᵞ	*bjuŋ
	裂变重叠式	芙蓉	*bàɤ làŋᵞ	*bjag rjuŋ
9	基式	忧	*ʔwə̀w	*ʔjəgʷ
	裂变重叠式	郁陶	*ʔwə̀t lə̀w	*ʔwət rjəgʷ
10	基式	歇	*xàt	*hja
	裂变重叠式	戏泄	*xàl làts	*hjar rjath
11	基式	悦	*lwàt	*rjuat
	裂变重叠式	摇悦	*làw lwàt	*rjagʷ rjuat
12	基式	瞀	*máɥs	*mugh
	裂变重叠式	瞴娄	*màɤ ráɥ	*mjag lug

· 138 ·

以上十二个裂变重叠式各有单音节基式与之相对。如果在第一个韵母与基式韵母（＝第二个韵母）之间作一对比，便会发现两个韵母至少有两个共同点：第一，除了最后一例，所有成对的韵母都在音节类型上保持一致：要么皆为 A 型音节（中古非三等音节；比如 1、2、3），要么皆为 B 型音节（中古三等音节；比如 4、6、7）。第二，两个韵母总是主元音相同。① 这种一致性表明基式韵母的特点仍在一定程度上保留在第一韵母当中。

这一发现对于认清裂变重叠很有帮助。首先，基式韵母与第一韵母存在着对应关系，这表明后者的确有可能是在前者的基础上产生来的，这是裂变重叠可以成立的又一个证据。其次，两个韵母既相同又相异，这表明发生在二者之间的音变既有势在必行的一面——不如此便不能同顺向重叠区别开来，② 又有"一定限度的语音修饰"的制约——即音变幅度要尽量小一些，这样在基式与重叠部分之间才能体现出一定的语音联系，而这种联系是在重叠过程中自然而然地实现的。

现在讨论"一定限度的语音修饰"的问题，以便了解基式韵母变为第一韵母的具体过程。让我们先来考察中古汉语和现代方言中的情况。如前所述，晋语裂变重叠的第一个韵母全部是入声韵，比如在伊盟方言中皆为-ʔ²¹。中古汉语与晋语相同，从洪迈举出的例子来看，第一韵母也是以喉塞音收尾的入声韵。福州话和顺平话是另外一种情形。在这两个方言中，如果基式主元音后面还有其他音段，那么在裂变重叠第一韵母中就会悉数删除，或者，如果基式韵母具有介音，那么这个介音在第一韵母中往往会变作相应的主元音，原来的主元音及韵尾则全部失落。比如，在福州话中，基式 kouʔ⁵⁵（滑）的裂变重叠式是ko³¹louʔ⁵⁵（滑落之义），原来的-uʔ在第一韵母中被全部删除（见上面的(4a)）。在顺平（高于铺）话中，基式 xwan¹¹（环）的裂变重叠式是xu¹¹lanº，原来的-an 被全部删除，原来的介音-w-转变为主元音-u(见

_____

① 这是就蒲立本的拟音来说的。若依照李方桂的拟音则有少数几个例子并非如此。比如例 8 是 a 与 u 的对立，主元音并不相同。但我们仍可从另外的角度进行解释。下面有讨论。

② 下面第六章有进一步讨论。

上面的(1k))。从这些例子中可以看到,第一韵母在中古汉语以及现代方言中的表现虽不尽相同,但共同点相当突出,那就是在韵律结构或具体音段上趋于简略——统一为入声韵是韵律上的趋于简略(入声韵发音短促),删除韵尾则是具体音段上的趋于简略。①

　　有中古汉语和现代方言以为参照,上古汉语的考察就有了依凭。通过对比,我们发现上古汉语裂变重叠同样具有趋简的特点,就是说,存在于基式韵母与第一韵母之间的"一定限度的语音修饰"是以简化作为目标的。不过,由于问题本身相当复杂,加之古音构拟尚不完善,所以这一特点并非一望而知,我们需要从多种角度分析对比,然后才有可能从各种表象中认清这一特点。

　　第一,从上面的实例中可以看到,裂变重叠第一韵母或者是阴声韵或者是入声韵,不会是阳声韵。这种情况同样见于中古汉语和现代方言。如前所述,在现代方言以及中古汉语中,裂变重叠第一韵母的趋简表现为两种情况:一种是固定为某种入声韵,一种是紧缩为没有韵尾的阴声韵。由于入声的特点是急促简短,而古今裂变重叠多以入声韵作为第一韵母,可见这是"趋简"的表现。再看阴声韵。在现代方言裂变重叠中,第一韵母若是阴声韵便没有韵尾(参看上面(1)、(4)中的例子),而通过与基式对比可以看到原先是有滑音、鼻音等韵尾的,可知删削韵尾是裂变重叠第一韵母的要求。删削意味着变短,删削韵尾显然是为了满足"趋简"的需要。在上古汉语裂变重叠中,第一韵母除入声外只有阴声韵,这也应该视为趋简的表现。我们知道,上古阴声韵有无韵尾颇多争议,有的学者认为有,有的学者认为无,我们不能简单地说第一韵母没有韵尾。但是,联系具有韵尾的阳声韵从不充当第一韵母的事实,可知阴声韵充任第一韵母应该是某种性质的变"短",变短正是趋简的表现。

　　第二,古汉语裂变重叠的第一韵母多是平声,很少上声或者去声。这一事实同样反映了趋简的特点。我们知道,上古汉语有无声调颇多争议。一种意见认为有声调,其性质属于音高变化,与中古及现代相同。另一种意见认为没有声调,中古的上声去声来自上古的辅音韵

　　① 趋于简略的目的是为了使裂变重叠的两个音节听起来像是一个音节。相关细节见下面第六章。

尾。两种意见很不一致,但无论遵从哪一种意见,都能证明第一韵母多为平声是一种趋简的表现。先假定上古有声调。大量事实说明,与升、降、曲折等调相比,平调应该是一种最为自然的默认调(default tone)。现在第一韵母多为平声,可见在其形成过程中有一种摈弃标记流于自然的倾向,这显然是一种趋简。如果认同上声去声源自辅音韵尾,问题就更加直接明了。比如上面(14)的例12,其中的基式"督"有*-s尾,在裂变重叠第一韵母的位置上变成了平声,这意味着删掉了*-s,显然是一种趋简的表现。

第三,从上面裂变重叠的实例中可以看到,基式韵母与第一韵母往往有阴阳入同组对应的关系。比如:头→髑髅,"头"属于侯部,"髑"属于与侯部对应的屋部;茨→蒺藜,"茨"属于脂部,"蒺"属于与脂部对应的质部;歇→戏泄,"歇"属于月部,"戏"属于与月部对应的歌部;X(其韵母与"令"相同)→脊令(13a),"X"属于耕部,"脊"属于与耕部对应的锡部。这种对应体现了前面所说的"一定限度的语音修饰",就是说,第一韵母既要与基式韵母有所差别,但又不能相差太大。此外,我们在调查中还发现了一些没有这种对应关系的实例。

(15)第一韵母与基式韵母不存在阴阳入同组对应关系例(斜线前后分别是蒲立本和李方桂的拟音。请参看前面(13)、(14)以及相关讨论)

裂变重叠词	第一韵母	第二韵母(=基式韵母)
a. 芙蓉	*-àɤ/*-jag(鱼部)	*-àŋ^ɥ/*-juŋ(东部)
b. 瑚琏	*-áɤ/*-ag(鱼部)	*-ànʔ/*-janx(元部)
c. 狐刺	*-áɤ/*-ag(鱼部)	*-át/*-at(月部)
d. 华离	*-áɤ/*-ag(鱼部)	*-àl/*-jar(歌部)
e. 瞜娄	*-àɤ/*-jag(鱼部)	*-áɥ/*-ug(侯部)
f. 扶摇	*-àɤ/*-jag(鱼部)	*-àw/*-jagʷ(宵部)
g. 胡蝶	*-áɤ/*-ag(鱼部)	*-áp/*-ap(叶部)

在这七个例子当中,第一韵母与基式韵母(=第二韵母)没有阴阳入同组对应的关系,实际情况是全部统一为鱼部。比如"芙蓉",由于基式韵母属于东部,照理说第一韵母应该是与东部有同组对应关系的

侯部或屋部,但我们实际看到的"芙"字却属于鱼部。我认为,统一为鱼部同样是第一韵母趋简的表现,而要证明这一论断,就要先从鱼部乃是自然的无标记的韵部谈起。

根据 Maddieson(1984)的调查,人类语言中最常见的元音共有 i、u、a 三个。①据此可知,在[-高]元音当中,a 是最为常见的。职是之故,以 a 为主元音的韵母(韵部)或音节从理论上说应该是非常常见的,有可能扮演无标记默认成分的角色。在上古韵部中,a 元音用于若干不同的韵部,但最为典型的是用于鱼部。为什么这样说呢? 首先,按照王力(1985)、郑张尚芳、白一平的构拟,这个问题非常明确,因为在所有上古韵部当中,以 a 单独作为韵母的只有一个鱼部。按照李方桂、蒲立本等人的构拟,问题较为复杂些,因为在他们的拟音系统中,鱼部 a 的后面还有韵尾。不过,通过比较仍然可以看出鱼部最为典型。现在依照李方桂的系统讨论这个问题。在李方桂的系统中,以 a 作为主元音的阴声韵部计有祭部(*-ad)、歌部(*-ar)、宵部(*-ag^w)、鱼部(*-ag)。比较 a 与韵尾的联系,其中以鱼部的组配最为自然紧密。首先,鱼部(*-ag)与宵部(*-ag^w)皆有 *-g 韵尾,但是宵部还要求[+圆唇](*-g^w),标记性更强,可见鱼部的组配比较自然。再来与祭部、歌部比较。鱼、祭、歌三个韵部的主元音 a 属于舌背音(dorsal),*-g(鱼部韵尾)也属于舌背音,二者一致,合在一起紧密自然。与鱼部不同,祭部的 *-d 尾和歌部的 *-r 尾均属于舌面前音(coronal),不属于舌背音,据此可知它们与 a 的组配不及鱼部紧密自然。总之,无论是采用王力(1985)、郑张尚芳、白一平的构拟,还是采用李方桂、蒲立本的构拟,就使用 a 作为主元音这一点而言,鱼部都是最典型的;联系 a 是[-高]元音中最常见的这一事实,可知鱼部有可能扮演无标记默认成分的角色。

除了上面这些证据,我们还可以从其他方面来论证鱼部的这一特点。比如,在所有阴声韵部当中,鱼部字最多。根据董同龢(1944),阴声韵部收字数量如右:之部 575 字,幽部 610 字,宵部 530 字,侯部 442

---

① Maddieson(1984)是在加州大学洛杉矶校区的音段语料库(UCLA Phonological Segment Inventory Database)的基础上进行统计的;他发现在 317 种语言中出现最多的三个元音依次是 i(290)、a(279)、u(266)。

字,鱼部863字,佳部447字,歌部483字,祭部308字,微部506字,脂部421字。[①]考虑到各韵部收字的数量相对来说比较均衡,鱼部高出他部百分之三十以上还是能够说明一些问题的。再比如,特别典型的口语词如父、母也都是鱼部字。[②]

综合上面这些证据,我们看到以 *-a- 为主元音的鱼部在古音中的地位的确很特殊,它是一个标记性不强的韵部,因此有可能扮演默认成分的角色。就上面(15)中的裂变重叠例来说,它们的基式韵母(＝第二韵母)并非与鱼部对应的铎部(*-ak)或阳部(*-aŋ),按照阴阳入同组对应的规则,裂变重叠第一韵母不该是鱼部字。而现在成批成组地换入可做默认成分的鱼部,可见并非偶然,这反映了第一韵母在形成过程中有意趋简的倾向。

以上我们从多种角度论证了裂变重叠第一韵母的形成。基于对比,我们看到第一韵母与基式韵母多有共同的语音特征,这说明第一韵母是通过对基式韵母进行"一定限度的语音修饰"而形成的。之后,在现代方言以及中古汉语同类现象的启发之下,我们发现这种修饰是以趋简为其目标的,而这种趋简有以下三种表现方式:第一,以相对较"短"的阴声韵或入声韵做第一韵母,不取阳声韵;第二,以平声充任第一韵母,不取上声、去声;第三,以标记性不强的鱼部字充任第一韵母。三种趋简方式令人觉得有些零乱,不过它们都有现代方言以及中古汉语的旁证,再考虑到古汉语材料同样有时代、地域的差异,这种多样化的趋简方式应该是可以理解的。

前面几节的讨论已经从形式和意义两个方面肯定了裂变重叠的存在,现在我们又对相比之下不甚重要的第一韵母进行了论证,发现了它在形成过程中的规律。这对裂变重叠类型的建立无疑是一个有力的支持。

---

① 另外有一个与叶部相对的阴声韵部,共收 6 字。此处没有列出。

② 我们知道,"母"本属之部,但其口语音在上古应是鱼部,主元音是 *-a,今"妈"字发音是其口语形式的保留。证据很多。《诗经·蟏蛸》:"朝隮于西,崇朝其雨。女子有行,远兄弟父母。"诗中雨、母押韵。"雨"是鱼部字,有学者因此认为这是鱼、之合韵。但之、鱼二部读音相差甚远,作为天籁的民歌怎么能允许这样的合韵? 朱熹认为这里"母"字"叶满补反",当属鱼部,可以说是猜对了。郑张尚芳(2003)认为"母"字分化出满补切,写作"姆",是个鱼部字。另外,汉藏同源词中读作 ma 的实例也很多。

第五章 完 全 重 叠

5.1 引   言

所谓完全重叠,指基式音节自我复制之外没有其他语音修饰的重叠,比如现代汉语中的红红、(绿)油油、天天、个个,古代汉语中的关关、明明(以上见于《诗经》)、世世(《吕氏春秋》)、(芳)菲菲(《楚辞》)。

由于完全重叠只是基式音节的机械重复,在形式辨认上不像逆向重叠、顺向重叠、裂变重叠那样复杂,所以表面看来比较简单,但实际情况并非如此。下面我们将会看到,有关完全重叠的相关讨论虽说起始甚早,辩议甚多,但许多问题并未解决,比如,完全重叠究竟有没有基式? 如果有基式,它与重叠式具有什么样的语义关系? 还有,完全重叠式表示什么性质的意义? 这种意义与一般语词的意义有何不同? 这些问题全都非常基本,然而迄无定谳。另外,前面三类重叠皆有语音修饰,然而完全重叠却仅仅是自我重复,是什么原因造成了这种形式上的分别呢? 回答这些问题有待于深入的调查研究。

本章拟全面探讨古汉语完全重叠。我们首先将完全重叠分成两类:第一类是递进式完全重叠;第二类是印象式完全重叠。相较而言,第二类重叠更为复杂,为了认清实质,我们将首先探讨现代粤语中的同类现象以为借鉴,接下来就构词中的语义问题进行理论探讨,然后探讨印象式完全重叠在语义构成上的特点以及不同来源,最后是完全重叠与顺向重叠的比较。至于完全重叠何以没有语音修饰的问题则留待第六章讨论。

5.2 递进式完全重叠

递进式完全重叠表示个体的累进,有"一个又一个"之类的意思,适用于名(量)词和数词。北京话"一量词＋一量词"作状语就可以表示这个意思,比如:"请你们一个一个地进来。""日子就这么一天一天地过去了。"古汉语中存在类似的情形,下面是例子。

(1) 古汉语递进式完全重叠例

a. 世世是若。(郑王糧鼎)

b. 世世乘车食肉。(吕氏春秋·安死)

c. 苟日新,日日新,又日新。(礼记·大学)

d. 旦旦而伐之,可以为美乎?(孟子·告子上)

e. 旦为朝云,暮为行雨,朝朝暮暮,阳台之下。(宋玉:高唐赋)

f. 匈奴使持单于一信,则国国传送食,不敢留苦。(史记·大宛传)

g. 带甲数十万,千千而出,千千而继①之……(银雀山汉墓竹简《孙膑兵法·客主之分》)

h. 天地安得万万千千手,并为物万万千千乎?(论衡·自然)

先看(1a, b)。其中的"世世"表示一代又一代。(1a)的意思是说世世代代顺从于此。(1b)的意思是一代又一代(的后世子孙)都能出门有车,吃饭有肉。再看接下来的例子。"日日"(1c)、"旦旦"(1d)是日复一日的意思,②"朝朝""暮暮"表示一个早上(晚上)接一个早上(晚上)。(1f)是说彼时匈奴在西域影响很大,其使者只要拿着单于的书信,便可享受传车迎送提供饮食之待遇,这是匈奴使者从一个国家到另一个国家所遇到的情况,所以这里的"国国"强调的是递进,一个又一个的国家的意思。(1g)讲的是用兵问题,大体意思是说,尽管将帅有装备精良的数十万军队,但如果一千一千地出击,一千一千地用作后续部队,那么也会令将帅感到兵员不足(不能集中优势兵力)。所以,"千千"应该理解为一千又一千。(1h)中的"万万千千"极言其多,分析起来也是一万又一万、一千又一千的意思。

需要指出的是,名词重叠表示递进是太田辰夫(1958)提出来的,不过太田认为这种情形最早见于早期白话。从我们举出的这些例子看,上古时代已经有这种重叠了,上面这些例子表示递进,不是简单的

---

① 张震泽(1984)注曰:"继字原简残存左边繼,也可能是断字,兹依影本释文。"

② 《诗经·氓》:"信誓旦旦,不思其反。"其中的"旦旦"与这里的"旦旦"基式相同,但是意思相差很大,分属不同的重叠类型。参看下面的讨论。

表示"每"义。像"世世乘车食肉"(1b)有世代延续的意味,"旦旦而伐之"(1d)有日复一日的意味。理解为"每"不能充分体现原意。

上古汉语存在表示"每"义的名词重叠。《谷梁传·成公元年》:"夫甲,非人人之所能为也。"《孟子·离娄上》:"人人亲其亲,长其长,而天下平。"《孟子·告子上》:"人人有贵于己者,弗思耳矣。"这三处的"人人"理解为每个人比较好。但这类例子很少,而且主要限于"人人",也许只是一种偶合,很难说当时有名词重叠表"每"的类型。

总起来看,与下面要讨论的印象式完全重叠相比,递进式完全重叠在古汉语中的实际用例不是很多,但它在古汉语中的存在是不容置疑的。不过有一点需要指出,古汉语中有一些似是而非的名词性完全重叠,不可不察。

第一,表领属关系的同音并列不是完全重叠。翻检商周时代的钟鼎铭文,我们常常在末尾祝颂语部分看到"子子孙孙"这样的说法,比如《康鼎》(周懿王时代)铭文的最后一句是:"子子孙孙其万年永宝用。"[1]"子子孙孙"似可理解为一个儿子又一个儿子、一个孙子又一个孙子。从上下文看,这样的理解是可以接受的,但是在中山三器铭文中,相关的短语却是"子之子,孙之孙"(参看于豪亮 1979)。由此看来,"子子""孙孙"各自应是领属关系,《康鼎》中的那句话应该理解为"希望儿子的儿子孙子的孙子(将这个鼎)当作宝物永永远远地使用下去"。总之,"子子孙孙"与重叠无涉。

第二,复说不是完全重叠。《诗经·燕燕》:"燕燕于飞,差池其羽。"毛亨、郭璞等人径释为"鳦也"。"燕"字可以单用,如《左传·襄公二十九年》:"夫子之在此也,犹燕之巢于幕上。"《诗经》中"燕"字重复,但是并不表示递进,也没有证据表明可以指小(名词重叠的常见功能),所以很难将其视为重叠。清代学者陈奂(1847)说:"《诗》重言燕燕者,此犹鸤枭鸤枭、黄鸟黄鸟,迭呼成义之例。"陈奂的说法很有道理,"黄鸟黄鸟"是反复呼叫:黄鸟啊黄鸟啊;"燕燕"也是如此,整句诗的意思是:燕儿啊燕儿啊在飞翔。这与诗歌反复吟咏的特点是吻合的。"燕燕"不是重叠。

---

① 参看郭沫若(1954:388)。

第三,古汉语中有一些没有相应单音形式的名词,如猩猩(《礼记》《吕氏春秋》《尔雅》《山海经》)、狒狒(《尔雅》)、鸓鸓(一种鸟;《方言》)、雚雚(神话中的一种鸟;《吕氏春秋》。《山海经》中写作灌灌)、罗罗(一种鸟;《山海经》)、蛮蛮(一种鸟;《山海经》)、鹣鹣(寓言中一种只长一个翅膀因此必须两只一齐飞的鸟;《尔雅》)。在这些例子当中,"猩猩、狒狒"非中国所产,"鸓鸓"来自方言,且在另一种《方言》版本中作"鶀鶀",并非完全重叠式。其他诸条则全都是神话中的飞鸟。由此看来,这些例子能否说明古汉语存在这种名词重叠是大可怀疑的。根据太田辰夫(1958)的研究,重叠式(完全重叠)充任普通名词到了中古以后才日渐增多。比如南唐冯延巳《舞春风》:燕燕巢时帘幕卷,莺莺啼处凤楼空。此外,小孩的名字有星星、甀甀等,太田辰夫推测当时幼儿语中就是这样称呼"星"和"甀"的,就是说,实际语言中星星、甀甀未必可以用作一般名词。时至今日,这类重叠仍然不很多见,普通话中常见的有娃娃、蛐蛐、蝈蝈。有的方言似乎多一些,如西南官话的豆豆、根根、瓶瓶、罐罐。但这种重叠类似于北京的儿尾,并非重叠式普通名词。

5.3　重言与印象式完全重叠

前面提到,递进式完全重叠在古汉语中并不发达。但是,此类之外用于摹景状物的完全重叠,即传统语言学所说的大部分的重言(或称叠字),①却十分发达,比如《诗经》就有三百多个重言形式。由于这些形式的构词方式与一般语词相比颇为特殊,所以两千多年以前就开始引起学者们的广泛关注。《尔雅》"释训"章收有重言一百余条,汉代毛亨、郑玄在笺注《诗经》时对此特别留意,每每给以解释。三国时代张揖的《广雅》也收了很多这样的条目。此后类似的研究从未间断过,并把重点逐渐放在单双音节之间的意义关系上面,单字在重言中到底

---

①　按照古代学者的理解,重言应该包括我们所说的递进式完全重叠,但由于日日、暮暮这样的形式较为透明,所以古人一般来说是不会措意于此的。古代学者论及重言时主要指关关(关关雎鸠)、烈烈(南山烈烈)、鹤鹤(白鸟鹤鹤)这样的形式。这正是本小节的主要讨论内容。

扮演什么角色成了关心的热点。此中便有清代学者邵晋涵、王筠的研究——他们认为这些重言有的与单音有关系,有的没有关系。我们知道,重叠中基式与重叠式的关系至关重要,有关系的和没有关系的又怎能混合在一起呢?可如果要将两种情况分开,为什么表义方面又没有什么差别呢?(皆为摹景状物)可见他们对重言与单音有无关系的分辨是有问题的。

近代学人在这方面也作了很多研究。比如,林之棠(1927)说:"吾读《诗经》,见其重言之多,驾乎异帙,因录而细考之,觉其用法莫不随其前后主要字以见意。"林之棠认为根据上下文才能知晓重言的具体含义是有道理的,因为这些形式是描写性的,离开上下文很难说清。但从另一个方面来看,我们恐怕不能因此认定这些重言没有较为"能动性"的意义,否则怎么会有那么多的重言形式呢?说得极端一点,如果重言形式真的完全依赖上下文,那么一个重言形式足矣。由此看来,每个重言应该有其较为固定的具体含义,我们需要着力辨认这些含义,而不是将表义功能全部推给上下文。

在这方面做过深入研究的还有金守拙(Kennedy 1959)。金守拙对《诗经》中"反反、幡幡"之类的重言形式进行了深入的观察。起初,他假定《诗经》中的重言皆为重叠,但在全面调查之后发现这样一种倾向,即构成重言的单音节形式大都是不常用的形式,而常用的单音形式反而不大常见于重言。比如,《诗经》中表示"忧愁"的重言极多,然而这些重言中的单音形式却绝无"忧愁"之义。相反,常用词"忧"字虽然在《诗经》中共有 82 个用例(皆是"忧愁"义),但是从不见于重言。[1]金守拙对《诗经》所有 360 个重言进行调查,发现竟有 139 个仅见于重言,不见于别处。至于另外 221 个重言,其单音节成分虽然也可以独立运用于别处,但是它们独用时的意义与重言的意义大都是两不相涉。这表明单音节的意义与其所构成的重言的意义并没有什么关系。基于以上观察,金守拙得出结论:重言是原生形式,与重叠无关;重言很可能起源于拟声以及双关表达。

应该看到,金守拙的考察非常细致,的确揭示了一些重要的语言

---

① 曹先擢(1980)亦有类似的发现。

现象;他立足于对语言事实的观察,而不是囿于字形的含义,可以说颇得清儒因声求义、不限形体的要领。不过,他的观察及结论仍有值得商榷之处。比如,虽说大、小、远、近、美等许多常用词不用于重言,但是高、明、青、黄、温等常用词在《诗经》中是有重言形式的,而且重言形式与这些单字在意义上是有联系的。可以推知,高高、明明、青青、黄黄、温温正是在高、明、青、黄、温的基础上产生出来的。在这种情况下,我们怎能说这些重言是原生形式而不是重叠式呢?还有,汉语有"一音一义"的本质特点,一个语素由一个单音节表示,[①]如果遵从金守拙的看法,何以这里会有这么多的双音节原生形式呢? 理论上得不到任何解释。

上述情况不免令人有些诧异:看上去不算复杂的重言何以如此歧解纷呈呢? 依笔者看来,这些重言相当特殊,源自一种可冠之以"印象式"的完全重叠。印象式完全重叠有两个方面的问题值得深入探讨:第一,这些形式表示的"意义"非常特别,它不是我们熟悉的可以严格界定的词义,而是一种意味,一种生动的印象。第二,单音基式与重叠式的意义关系非常特别,其特别之处在于单音基式在重叠过程中所凸显的不是中心义,而是陪义。陪义原本属于非区别性的意义,并不重要,但是在重叠过程中可以扮演主要语义角色。由于这种意义的转变不合常轨,颇具跳跃性,所以其间的意义联系难以为人察知,这就使得确定单音节基式与重叠式之间的派生关系变得相当困难,各家意见相左也就不足为奇了。

为了便于展开讨论,为了能从活语言中找到可资依凭的佐证,下面我们首先探讨粤方言中的同类现象,着重考察基式与重叠式之间的意义联系,然后以此作为参考标准,调查分析古汉语中的材料,探索完全重叠的来源、形成机制、表达上的特点。

5.4 粤语印象式完全重叠与基式陪义的凸显

汉语方言中的重叠现象近年来颇受重视,有关的调查报告以及理

---

① 参看孙景涛(2005a)。本书第六章亦有论述。

论研究可谓层出不穷。这些调查研究多集中在名词、动词、形容词、量词、拟声词的重叠上面,举凡此类重叠中的形式交替、意义变化等问题均有深入的探讨。除此之外,还有一种单字义与整个重叠式的意义似乎没有联系的重叠,比如:脏兮兮、红彤彤、雾煞煞、牙斩斩(粤语用以形容能说会道、强词夺理),其中的兮、彤、煞、斩表面看来很难说与相应的重叠形式有什么意义联系。对于这些边缘化了的重叠形式,学者们也进行了不少研究,比如在邹嘉彦(T'sou 1977)有关粤方言此类重叠形式的调查研究中,其中有一部分就被认作源于语音的象征性(sound symbolism, ideophone)。这种看法是很有道理的,因为语言中确有这种现象,古汉语同样如此,下面将要进行讨论。不过,完全重叠词的数量很大,语音象征性之外有没有其他来源呢?完全重叠可否产生于有意义的单音节基式呢?通过对具体方言的调查,我们发现答案是肯定的,事实上完全重叠大都产生于有意义的单音基式,只不过基式与重叠式的意义联系比较特殊罢了。概括起来说,要理解这种特殊的语义联系,要害之处就是要了解基式在完全重叠形成的过程中所扮演的角色非常独特。简单说来,与其他重叠类型一致,这种完全重叠赖以产生的意义基础同样是一个单音节基式语素,但是起作用的并非该语素的中心义素(central semantic component),而是陪义义素(connotative semantic component)或非区别性义素(non-distinctive semantic component);陪义义素在这一形态构词过程中得到凸显进而达成完全重叠表示情状、感觉、印象的效果。这种完全重叠可称之为印象式完全重叠。下面结合粤语实例对此加以论证。

　　根据袁家骅等(1983),我们知道粤语普遍存在形容词重叠,如白白、长长、热热、凉凉、靓靓。就这类重叠形式来说,由于基式本来就是可以独立运用的形容词,重叠后的意义只是在原式基础上加深程度而已,所以单音节形式与重叠式之间的意义关系一目了然。可是,像前面提及的脏兮兮、红彤彤、雾煞煞、牙斩斩,其中重叠式与单音节基式之间的意义联系究竟如何就很难说定。我们需要深入地调查研究。笔者2005年曾到位于珠江三角洲腹地的顺德(大良)进行调查,获得了第一手资料。下面是材料的一部分。需要指出的是,这些材料亦多见于其他粤方言,但在用法上容或有别。

（2）顺德话中的完全重叠[①]

形式	用法
a. 面红红 min²¹ hoŋ⁴² hoŋ⁴²	脸色红润
b. 眼凸凸 ŋan¹³ tʰɐt²² tʰɐt²²	因惊恐愤怒而瞪大眼睛的样子
c. 眼湿湿 ŋan¹³ sɐp⁵³ sɐp⁵³	满脸泪痕，泪汪汪
d. 酸微微 syn⁵³ mei⁴² mei⁴²	有点儿酸
e. 急急脚 kɐp⁵⁵ kɐp⁵⁵ kœk³³	匆匆忙忙地走
f. 静鸡鸡 tsieŋ²¹ kɐi⁵³ kɐi⁵³	悄无声息的，偷偷的
g. 晕砣砣 wɐn⁵³ tʰɔ⁴² tʰɔ⁴²	头发昏，有旋转的感觉(字亦写作"晕酡酡")
h. 蒙猪猪 moŋ¹³ tsy⁵³ tsy⁵³	茫然无知
i. 眼蛇蛇 ŋan¹³ sɛ⁴² sɛ⁴²	眼睛斜着看人
j. 白雪雪 pak²² syt³³ syt³³	洁白(惬意的)
k. 冻冰冰 toŋ³² pen⁵³ pen⁵³	冰凉冰凉的("冷"在粤语中说"冻")
l. 直笔笔 tset²¹ pɐt⁵³ pɐt⁵³	笔直笔直的
m. 多箩箩 tɔ⁵³ lɔ⁴² lɔ⁴²	很多很多
n. 嬲爆爆 lɐu⁵³ pau³² pau³²	形容生气的样子
o. 黑盲盲 hak⁵³ maŋ²¹ maŋ²¹	黑漆漆的
p. 面左左 min²¹ tsɔ²⁴ tsɔ²⁴	因闹别扭见面时假装看不见的样子
q. 高戚戚 kau⁵³ toŋ³² toŋ³²	形容人、大楼等很高
r. 蒙闭闭 moŋ¹³ tsy⁵³ tsy⁵³	蒙在鼓里，不知实情
s. 眼花花 ŋan¹³ fa⁵³ fa⁵³	眼睛昏花
t. 眼甘甘 ŋan¹³ kom⁵³ kom⁵³	眼睛贪婪地看着
u. 心挂挂 sɐm⁵³ kua³² kua³²	心里挂牵
v. 心思思 sɐm⁵³ sy⁵³ sy⁵³	惦念着；总想着做又不敢做的情形
w. 牙斩斩 ŋa⁴² tsam²⁴ tsam²⁴	形容能说会道，强词夺理

---

① Yue-Hashimoto(余霭芹 2005)对台山话中的此类重叠有所论列，可参看。

151

x. 短切切 tyn²⁴ tsʰit³³ tsʰit³³　　齐刷刷剪切整齐的样子

y. 头耷耷 tɐu⁴² tap³³ tap³³　　因害羞或情绪低落而垂下头

z. 凉浸浸 lœŋ⁴² tsɐm³² tsɐm³²　　凉飕飕的

a′. 光脱脱 kwɔŋ⁵³ tʰyt³³ tʰyt³³　　身上一丝不挂；光秃秃

b′. 盲摸摸 mɐŋ⁴² mɔ⁵³ mɔ⁵³　　情况不明就胡乱(去做)

c′. 摸盲盲 mɔ⁵³ mɐŋ⁴² mɐŋ⁴²　　捉迷藏

d′. 大拿拿 tai²¹ la⁴² la⁴²　　大大的(一份；多指钱)

e′. 慌失失 foŋ⁵³ sɐt⁵³ sɐt⁵³　　慌里慌张

f′. 滑挗挗 wat²¹ lyt²¹ lyt²¹　　滑溜溜的

g′. 恶亨亨 ɔk³³ hɐŋ⁵³ hɐŋ⁵³　　气势汹汹的

h′. 胀卜卜 tsœŋ³² pʰɔk³³ pʰɔk³³　　鼓鼓胀胀的

i′. 湿湿碎 sɐp⁵³ sɐp⁵³ sy³²　　形容不值一提的琐细零碎事物

j′. 砣砣拧 tʰɔ⁴² tʰɔ⁴²⁻²⁴ len⁴²　　形容忙得团团转(拧是转的意思,"拧转头")

k′. 卜卜斋 pʰɔk³³ pʰɔk³³ tsai⁵³　　私塾

先看前五例,即红红、凸凸、湿湿、微微、急急。这些重叠式与基式红、凸、湿、微、急显然是有意义联系的:基式皆为形容词,重叠式则状物摹景,其描写性的意义直接来自基式。这种重叠总是用来表示程度的加深,与普通话在定语、谓语位置上表示轻微、在状语位置上表示加重或强调的情形是有所不同的。但在基式与重叠式意义相关这一点上是一致的。可是,在接下来的一些例子中,基式与重叠式是否有意义联系可能会令人困惑,有些还会引起争论。

请看(2f-m)八个例子。其中的鸡、砣、猪、蛇、雪、冰、笔、箩与鸡鸡、砣砣、猪猪、蛇蛇、雪雪、冰冰、笔笔、箩箩是否意义相通就很费思量。不过,结合单字本义还是能够找到答案的。记得凤凰卫视 2004年春天某周日有一个讨论香港语言文化的节目,其中一位嘉宾将"静鸡鸡"理解为偷偷摸摸的,并进一步解释说:鸡走路从来都是不声不响的,谁见过鸡走路啪哒啪哒呢?按照这一理解,我们可以复原这样一个过程:由于鸡走路悄无声息,于是人们将其重叠,再配以"静"字,以表示偷偷摸摸的意思。这一推测应该说是合乎情理的。再比如意思是晕头转向的"晕砣砣"。"砣"可做秤砣解,粤语有这样的俗语:公不离婆,秤不离砣。由于称量物品时秤砣总是滴溜溜地转,联系"晕砣砣"暗含天旋地转的意味(调查时我的发音合作人专门强调了这一点),可见"砣"在这一重叠式中与其固有的秤砣义是大有关系的。

如此解释有可能被讥之为俗词源学(folk etymology)的随意推测,但实际上是符合情理的,关键在于我们要理解陪义(connotation)在词义演变以及形态构词过程中所扮演的特殊角色。[①]所谓陪义,指人们说到或听到一个词的时候在脑海中所产生的感情和思绪方面的联想。例如,提到"牛",我们可能会联想到大、踏实、倔强、可怜、安详、犁、农田、草、牧童。对于讲英语的欧美人士来说,提到 December(十二月),他们可能会联想到糟糕的天气、漫漫长夜、晚会、圣诞节(见Crystal 1997b:82—83)。从义素分析(sememic analysis)的角度来说,这些陪义可以说是非区别性的义素,[②]它们在词义系统中无关宏旨,不起区别作用,可以说处于"休眠"状态。但在特定情况下可以被启动,进而变得不可或缺,这在词义引申以及形态构词等现象中多有发现,不可不察。

"踞"在古汉语中是个常用词,《汉书·高帝纪》:"沛公方踞床,使两女子洗足。"意思是伸开腿坐着,可定义为一种坐姿,特点是臀部着地,两腿前伸。对古人来说,这种坐姿极不雅观,极不礼貌,所以"踞"也就有了不礼貌的意味,但这种意味在词义的构成中并不重要,它起不到区别意义的作用,不能归入中心义素,只能是陪义。然而,在历史发展中,这一陪义逐渐上升为中心义素的地位,进而产生出一个新的形容词性的义位,这便是"傲慢",字形随之改做"倨"(在蹲坐意义上仍然写作"踞")。"倨"的这一用法比较常见,在《四库全书》中仅"甚倨"(非常傲慢)一语就出现 115 次。

再比如"铁",撇开用作科学术语时的定义,按照一般人的理解,大概可以说这是一种常见的、容易生锈的、用作炼钢原料的金属。相对于人们在日常生活中接触的其他材料,比如布、帛、草、竹、木、砖、石、泥、瓦,强硬、冷酷、不可移易是"铁"的特点,自然也就成了构成词义的

① 　上面第三章讨论顺向重叠时涉及到了陪义,可参看。
② 　关于义素分析可参看贾彦德(1992)、张志毅、张庆云(2001)。义素总是正负偶值,为行文方便,下面说有某某义素时实指对某某义素呈正值。

义素。这些义素在规定"铁"的义位中并不重要,因为人们并不是靠这些义素将"铁"与布、木、石、瓦等区分开来的。然而,当追求生动形象的表达时,这些伴生性义素可以得到凸显,进而变为中心义素。比如现在"铁"可以用来形容表情严肃:"他铁着个脸,没有一丝笑容。"(《现代汉语词典》2002年增补版)这一意义显然是由"铁"的强硬、冷酷、不可移易的意味发展出来的。

以上是词义引申的两个实例。从中可以清楚地看到,促成引申的基础有时并不是中心义素,而是非中心义素(陪义)。这一事实表明,虽说非中心义素在分词别义方面起不了什么作用,但在交际中人们可以强调这个非中心义素,令其凸显,进而扮演重要的角色。从另一方面来看,由于同一个形式可以令人产生多种不同的联想(陪义),而语用中人们又可以随意强调这些联想(陪义),因而同一个形式可以缘此途径产生出多种不同的意义。比如姐姐和妹妹总是相对而言的,所以"姐妹"一词便有成双成对前后相连这种属于非中心义素的陪义。在博彩业的术语当中,"姐妹球"指两个连号球,这显然是成双成对前后相连这一陪义得以凸显的结果。"姐妹"还隐含着亲情互爱之类的联想陪义。在小朋友轮换玩球的比赛中,如果一方有意关照另一方,或双方互相关照,不让对方难以接球,以达到延宕时间、多玩一会儿的目的,其他等急了的小朋友便有可能斥之以"姐妹球"。"姐妹球"中的"姐妹"是关照(对方)之类的意思,这也是使用陪义的结果。同是后跟"球"字,"姐妹"可以基于不同陪义表示不同的意义,这表明人们在语用过程中提取非中心性义素是相当容易的,一个属于非中心性义素的陪义在交际中得以凸显是很自然的。

有了这样的认识,再来分析粤语完全重叠就比较容易了。在定义"鸡"这一义位的时候,我们没有必要引进"走路悄无声息",因为这不是中心义素,没有辨义的作用。但是,"走路悄无声息"又是所有这种家禽的普遍特点,要生动地表达悄无声息,将"鸡"作为构词的基础是很自然的。其他完全重叠与此相类。"蒙猪猪"(2h)意谓茫然无知,而猪傻是出了名的,意思刚好相配。眼蛇蛇(2i)形容斜眼看人,而蛇无论静还是动总以弯曲为其常态,用于眼光不直是合乎情理的。笔杆总是直直的,所以"笔"在"直笔笔"(2l)中显现的正是"笔直"义。多箩箩

(2m)表示很多,而箩筐容积大,是专门用来盛放大量物品的。

以上主要根据意义特点来论证单音节基式与完全重叠式的联系。现在从类型特点入手进一步加以论证。笔者曾撰文(孙景涛 2005a)集中讨论汉语的语素形式,说明汉语有"一音一义"的特点。所谓"一音一义",是说一个语素义只能被一个音节表示,一个音节必定可以负载一个语素义。这一看似绝对的表述是符合实际情况的。除去借词(葡萄)、拟声词(瓜古①)等,汉语中所谓双(多)音节语素大都不是初始形式(primitive form),而是通过形态构词等手段发展而来的。在"一音一义"语素构成规则之下,认为鸡鸡、砣砣、猪猪、蛇蛇、雪雪、冰冰、箩箩是原生形式,或者说它们与单音节形式没有意义关系,这从类型上看是说不通的。换言之,认为它们有一个单音节基式才符合汉语语素构成的一般规律;单双音节之间一定有意义联系。进一步来看,完全重叠所用单字可说是形形色色,千奇百怪,我们不禁要问,在其形成过程中为什么一定要选取这个单字而不是另一个单字呢? 对基式的选取一定不会是盲目的。

至此,我们已经从实际和理论两个方面看到了存在于单双音节之间的意义联系。我们同时还看到这种意义联系表现为陪义的凸显,而陪义可以因文化背景地域环境之不同而呈现出见仁见智、各有偏重的状况,使得人们对静鸡鸡、晕砣砣、多箩箩那种意义关系既觉得难以接受又觉得不无道理。着眼于语言的交际功能,印象式完全重叠呈现见仁见智的随意性似乎是不大理想的,但是它的普遍存在又昭示出它存在的合理性。进一步深究,我们发现其合理性就在于完全重叠这一框架本身,是这一框架使得形形色色的语素可以根据表达的需要随意凸显自身固有的各种各样的陪义,虽然陪义杂陈,但是万变不离其宗,人们仍然可以把握印象式完全重叠在意义表达上的特点。

据袁家骅等(1983)、彭小川(2000),粤方言中的名词、形容词、动词皆有重叠形式,各有特点。名词重叠表示逐指("每"),形容词重叠式的第一个音节可以有声调变化(高升调),动词重叠则是"VV 下"

---

① "瓜古"([kwa⁵⁵ ku¹¹])在冀中方言指布谷鸟,显然是拟声构词的结果。英语管布谷鸟叫 cuckoo(['kukuː]),同此。

"V下V下"。①如此看来,粤语中一般的名、动、形重叠与本文所讨论的完全重叠可以从形式上区别开来。就名词而言,前者可以独立运用,如:日日唔得闲。后者则不可,比如,"鸡鸡"一定离不开前面的"静"(2f)。就形容词来说,前者重叠可以变调以加深程度,后者则不可。再说动词,前者一定与"下"相连,后者则绝对没有这样的限制。从这些对比中可以看到,印象式完全重叠从形式上来看是非常独特的,它形成了一个框架结构,主要是 AXX(A 代表单音词,XX 代表重叠式),也可以是 XXA。就其表示的意义而言,它专门用来摹情状物,以达成生动印象的表达效果。在这里,形式与意义互为表里,形成了一个颇为能产的表达格式,一个相当稳固的框架结构。在这一框架结构的强势作用之下,凡是加入进来的成分(X),不管是名词动词,还是形容词拟声词,皆可在意义上受到规范,即全都用来表示生动印象。

这种情况与"所 X"很相似。我们知道,"所 X"中的"X"一定是动词,而且是及物动词。如:所食、所言、所答、所问、所思、所杀、所谓、所爱、所闻,无一例外。在这一强势作用之下,什么词占据 X 的位置倒显得不甚重要了,总之活用为及物动词就是了。请看:

(3)古代汉语"所 X"例(参郭锡良等 1999)

a. 乃丹书帛曰:"陈胜王",置人所罾鱼腹中。(《史记·陈涉世家》)

b. 世之所高,莫若黄帝。(《庄子·盗跖》)

(3a)中的"罾"本是一种渔网,"所罾"就是"所网着的(或所捕捉的)"。其中的"罾"由名词活用为及物动词。(3b)中的"高"本是形容词,因为用在"所"的后面,自然就要理解为及物动词,在这里,"所高"指"所推崇的(人)"。

框架结构 AXX(或 XXA)与"所 X"有相同的特点。凡是进入这一框架的,都是用来摹景状物表示生动印象的,至于原来属于什么词类就变得无关紧要了。职是之故,进入这一框架结构的成分必然是形形色色,特别庞杂,各自的意义必然是千奇百怪。然而,它们最终在这一

---

① 彭小川(2000)说:至于普通话中的"VV""V一V"这两种结构,在广州话口语中除了"睇睇""试一试"等外,可说是用少之又少。应该说,"睇睇""试一试"这种说法是普通话影响的结果,讨论广州话动词重叠问题时,这种形式一般可忽略不计。

框架中表示的意义又是一致的。在这种情况下,由此(单音节)及彼(双音节)在意义上的跳跃也就不可避免地会是一种千差万别的局面,显示出来的意义关系也就有一定的随意性。说者无心,听者有意。从听者的角度揣测其意是很困难的。这就是我们在这些形式的得名之由上多有分歧的原因。不过,既然对此一过程有了这样的了解,那么就可以缘此追本溯源。"高峨峨"(2q)用来形容人、大楼等很高,"峨"是动词,"竖,竖立"的意思,竖立在那里的物件自然显得高大。"慌失失"(2e′)表示像丢了东西那样慌里慌张。"卜卜斋"(2k′)表示私塾也是有充分理由的——老先生拿戒尺"卜卜"地敲打学生正是那种学校的常态。所有这些完全重叠都是要给人以生动的印象,而这种印象则是在基式陪义的基础上形成的。

5.5 印象式完全重叠所表示的"意义"

前面我们在5.3一节中已经指出,印象式完全重叠所表示的不是可以严格界定的词义,而是一种意味,一种生动的印象。接下来我们研究了现代粤语中的实例,发现基式与重叠式之间存在着较为随意的意义联系,这种意义联系依赖于基式陪义的凸显,就重叠式的表达功能而言,它同样也是表示生动的印象。现在进一步探讨古汉语中的情况,重点是表义特点。

要了解古汉语完全重叠的表意特点,古代经师的注疏不可不察。以《诗经》为例,在古代经师对《诗经》三百六十多个完全重叠形式的注释中,我们发现有三个特点特别值得注意。第一个特点是不同的完全重叠形式有相同的解释。请看例子。

(4) 不同的完全重叠形式有相同的解释:以毛传、郑笺为例

a. 用"盛"(包括"盛大、盛密、鲜盛、茂盛、强盛")解释的完全重叠共49个

浮浮、镳镳、瀌瀌、发发、莏莏、沸沸、傍傍、彭彭、奉奉、萋萋、蓬蓬、芃芃、莫莫、弥弥、浼浼、懞懞、奕奕、焞焞、阗阗、湛湛、耳耳、瀼瀼、庞庞、楚楚、湑湑、牂牂、苍苍、玼玼、蓁蓁、菁菁、青青、粲粲、灼灼、振振、裳裳、烝烝、蕫蕫、熇熇、赫赫、湝湝、骙骙、莘莘、

峨峨、涣涣、洋洋、印印、彧彧、夭夭、猗猗

b. 用“众”(包括“众多”)解释的完全重叠共 22 个

儦儦、浡浡、薨薨、罩罩、啴啴、陾陾、穰穰、栗栗、邻邻、采采、增增、济济、溱溱、甡甡、駪駪、诜诜、嚣嚣、麀麀、麌麌、祁祁、翙翙、霭霭

c. 用“忧”解释的完全重叠共 19 个

怲怲、忉忉、愈愈、惕惕、惙惙、怛怛、慱慱、忡忡、烈烈、草草、慅慅、悄悄、憯憯、摇摇、契契、惸惸、养养、殷殷、殷殷

从词义系统的角度看,词义间存在着多种多样的关系,可以是同义关系,可以是上下位关系,还可以是同位并列关系,总之,一个词义可以跟其他许多词义密切相关。因此,从注释的角度来看,同一个词语可以用来解释多个不同的词语。事实正是如此,比如,《尔雅·释诂》:“弘、廓、宏、溥、介、纯、夏、幠、厖、坟、嘏、丕、奕、洪、诞、戎、骏、假、京、硕、濯、吁、宇、穹、壬、路、淫、甫、景、废、壮、冢、简、箌、昄、将、业、席,大也。”这里共有 38 字,由于都有“大”的特点,所以皆用“大”字解释。不过,这些字各自特有的意思仍然是确定的,比如,“坟”指大土堆,“洪”指大水,“骏”指高头大马,“冢”指高大的坟墓,“京”指人工筑起的高土堆,“诞”指说大话。反观上面所引毛诗郑笺的例子,情况完全不同。以(4a)为例,毛亨、郑玄用“盛”字(连同带有“盛”字的几个词语)解释的完全重叠形式竟多达 49 个,尤其值得注意的是,“盛、盛大、盛密”一类的词语似乎已经相当贴切地概括了全部 49 个完全重叠所表达的意思,我们无法像“坟、洪、骏、冢、京、诞”那样给出进一步的确切解释。这实在令人费解:49 个不同的形式怎么可能表达同样的意思呢?我们当然可以说各个形式在具体语境中可以表示特定的意思。果真如此的话,表示的意义不就完全取决于语境了吗?完全归于语境的做法不正是先哲时贤所批评的“随文释义”吗?从另一个方面来看,这些有同样解释的诸多重言语音迥异,它们有充分的物质条件去分担特有的意义,为什么还非要到特定语境中才能区别开来呢?种种迹象表明,完全重叠在意义的表达上非常特殊,其所表达的意义一定与我们熟知的词义不同。

第二个特点是同一个形式可以表示完全不同的意思。请看例子。

（5）同一形式表示完全不同的意思例

出处　　　　　　　意思

a. 烈烈南山（蓼莪）　　烈烈，至难也。（毛传）

烈烈征师（黍苗）　　烈烈，忧貌。（郑笺）

烈烈征师（黍苗）　　烈烈，威武貌。（毛传）

冬日烈烈（四月）　　烈烈，犹栗烈也。（郑笺）

如火烈烈（长发）　　烈烈，猛。（郑笺）

b. 采蘩祁祁（七月）　　祁祁，众多也。（毛传）

兴雨祈祈①（大田）　　祈祈，徐也。（毛传）

c. 于时言言（公刘）　　言言，言其所当言。（郑笺）

崇墉言言（皇矣）　　言言，高大也。（毛传）

d. 绵绵葛藟（葛藟）　　绵绵，长不绝之貌。（毛传）

绵绵其麃（绵绵）　　绵绵，言详密也。（《正义》引孙炎说）

绵绵翼翼（常武）　　绵绵，靓也。（毛传；《毛诗传疏》:靓与静同。）

我们知道，多义词诸义项一般来说都是有联系的，然而就完全重叠而言，如果它是多义的，这些意思却以互不相干为常。比如(5a)，其中的难、忧、威武互不相同，后面二例一个形容寒冷的冬天，一个形容烈火凶猛，很明显也是不一样的。在(5b)中，"众多"和"徐"（舒徐）毫不相干，在(5c)中，"言言"的两个用法没有任何联系。(5d)共收"绵绵"三个不同用例，这些用例毫无共同之处。对于这种情况，也许有人会说这是由假借造成的，但问题是为什么都是假借呢？而且，既然是假借，至少有一部分是可以知其本源的，但没人能说得出。总之，一个完全重叠形式表示若干互无联系意思的情况是不同寻常的。

第三个特点是若同一用例有不同解释，这些解释常常是相去甚远，但无论哪种解释都是讲得通的。请看下面的例子。

（6）释义迥异但尽皆可通例

a.《秦风·黄鸟》:交交黄鸟。毛传:小貌。朱熹:飞而往来之貌。

马瑞辰:谓鸟声。

b.《小雅·出车》:胡不旆旆。毛传:旒垂貌。朱熹:飞扬之貌。

---

① 《韩诗》作"祁祁"。

159

c.《大雅·皇矣》:崇墉言言。毛传:高大也。郑笺:将坏之貌。

d.《大雅·旱麓》:莫莫葛藟。毛传:施貌。①朱熹:盛貌。

e.《小雅·斯干》:椓之橐橐。毛传:用力也。郑笺:杵声也。

f.《大雅·绵》:筑之登登。毛传:用力也。朱熹:相应声。

g.《齐风·载驱》:垂辔沵沵。毛传:众也。朱熹:柔貌。

h.《大雅·假乐》:威仪抑抑。毛传:美也。郑笺:密也。

i.《大雅·灵台》:鼍鼓逢逢。毛传:和也。马瑞辰:当谓鼓声之大。

j.《小雅·六月》:六月栖栖。毛传:简阅貌。朱熹:不安之貌。马
   瑞辰:谓行不止也。俞樾:整齐之貌。

k.《小雅·采薇》:四牡翼翼。毛传:闲也。朱熹:行列整治之状。

请看第一个例子(6a)。毛亨、朱熹、马瑞辰的解释完全不同,可说是风马牛不相及,但理解上全都没有什么问题——"小巧的黄鸟啊"(毛亨),"飞来飞去的黄鸟啊"(朱熹),"啾啾鸣叫的黄鸟啊"(马瑞辰),意思上全都很完整。"旆旆"(6b)同样如此。按照毛亨,"旆旆"指冕旒垂下来的样子,是一种静态。按照朱熹,"旆旆"指冕旒飘扬的样子,是一种动态。意思刚好相反,但无论将哪个放入诗句中在理解上都不会有问题。"言言"(6c)的释义也是刚好相反。按照毛亨,意思是城垣雄伟高大,而按照郑玄,则是将要坍毁的样子。再看(6j)。《六月》原诗云:"六月栖栖,戎车既饬,四牡骙骙,载是常服。"因为描写的是战车排列严整,所以毛亨将"栖栖"解释为君王检阅军队的情景。郑玄提供了一个背景说明,他说,六月天气酷热,此时出兵,可见情势紧急。受到这一解释的启发,同时考虑到其他典籍中的用例,②朱熹推测一定是局势动荡,人心躁动,故而将"栖栖"解释为不安的样子。马瑞辰注意到兵车众多,因此解释为浩浩荡荡地行进。俞樾看到后面有兵车整饬的描写,于是将"栖栖"解释为整齐的样子。纵观四位学者的解释,可说毫无共同之处,但分别代入句中,理解上并无扞格不通。从道理上说,同一用例有不同的解释并不奇怪,奇怪的是这些解释迥异而每种解释似乎都可以接受。这的确有些不同寻常。

---

① "施"(yì)在这里是蔓延的意思。

② 比如《论语·宪问》中有这样的用例:"丘何为是栖栖者与? 无乃为佞乎?"其中"栖栖"表示忙碌不安的意思。

以上我们用归纳对比的方法,对古代经师在解释完全重叠中的三个特点进行了探讨。我们看到,同一词语可以用来解释多个完全重叠形式,同一完全重叠形式可以表示多种完全不同的意思,同一个完全重叠用例可以有多种毫不相同的解释,而每种解释似乎都能讲得通。现在我们要问:是什么原因造成了这种异乎寻常的情形?隐藏在这些特点背后的实质是什么?完全重叠究竟表达了什么样的内容?

回答这些问题的关键在于了解完全重叠在表达上的特殊性。前面我们探讨了粤语中的同类现象,发现完全重叠表达的不是一般的词义,而是一种意味,一种生动的印象。现在我们以同样的认识看待古汉语中的完全重叠,看待古代经师在解释中表现出来的特点,这些问题便可以迎刃而解了。

首先联系经师释义的特点。由于完全重叠只是给人一种生动的印象,一种难以确认的感觉,所以不同重叠形式很容易由"宏大、美盛、众多、烦忧、喜乐"之类的词语予以概括,很容易出现用同一个词语去解释多个完全重叠形式的现象。

同一重叠形式表达若干无关意味也是可以解释的。前面我们已经看到,完全重叠形式多基于陪义,陪义千奇百怪(回想一下前面提到的"牛"和 December 的陪义),相应的完全重叠必然也是形形色色,互不相干。请看(5d)。"绵"本指丝绵。作为陪义,丝绵纺线连绵不断,相应的完全重叠表示"长不绝之貌"是很自然的。与葛麻相比,丝线细密,在此陪义基础上产生完全重叠以表示"详密"也是很自然的。但是两种意味毫不相干。

一形多解但各有道理本是后人理解上的问题,但同时也反映了完全重叠表示生动印象的特点。一方面,印象、感觉、意味本来就不是可以严格界定的,这样完全重叠便可以留给听者或读者想象的空间。另一方面,陪义多种多样,由此产生不同的印象并不奇怪,后人各有不同的理解是很正常的。请看(6k)。"翼"指翅膀。鸟儿展翅翱翔,悠闲自得,重叠后表示相应的意味,正好用以显现马匹安恬优雅的状貌。毛亨理解为"闲也"甚为恰当。从另一个方面来看,鸟儿展翅高飞,或成"一"字,或成"人"字,翩翩起伏的翅膀整整齐齐。朱熹理解为"行列整治之状"也是非常恰当的。从最初创造或使用"翼翼"的人的角度来说,他所想要表达的可能是毛亨理解的意思,也可能是朱熹理解的意思,抑或二者兼有,总之是在与翅膀相关的意味上任由人们浮想联翩。这种情形不是我们在一般词语的使用中所能看到的,不过却正好体现了完全重叠表示生动印象的特点。

最后再来看一个实例。"明明"在上古汉语中相当常用,请看下面的例子。

(7)"明明"用例

a.《诗经·常武》:赫赫明明,王命卿士。毛传:明明然,察也。

b.《尚书·尧典》:明明扬侧陋。孔疏:汝当明白举其明德之人于僻隐鄙陋之处。

c.《诗经·有駜》:夙夜在公,在公明明。王引之《经义述闻》:明、勉一声之转。

《汉语大词典》根据这些实例以及经师的解释为"明明"立了三个义项:明智、明察貌;明察贤明之士;勤勉,勉力。这样做对理解原文有一定作用,但未必准确。"明"从来都是一个好词儿,明亮的意思,形成完全重叠形式"明明",表示的就是与明亮有关的意味、印象。(7a,b)正是如此,(7c)也一样,这两句诗是说,(僖公君臣)宵衣旰食,在处理公事上明明亮亮的啊。①诗人在这里用一完全重叠形式,试图营造出一种跟明亮有关的语言氛围,给人一种明断勤勉于政事的印象,留给人以想象的空间,太过具体的解释反而会丧失原诗文生动含蓄的意味。

5.6 印象式完全重叠的来源

以上我们讨论了印象式完全重叠的表意特点,现在讨论来源,重点是与基式的关系,可说是对印象式完全重叠的分类研究。

5.6.1 基于陪义的印象式完全重叠

这一类型的特点是基式具有可以严格界定的词义,但是,如前所说,重叠过程中对基式词义的撷取则多是陪义,因此基式与重叠式呈

---

① 《毛诗序》:有駜,颂僖公君臣之有道也。

现出意义联系的随意性和跳跃性。下面是例子。

"翼"在古汉语中是个常用词,本义是"翅膀"。"翅膀"长在鸟儿两侧,所以它可以有"两侧"之类的陪义。"张左右翼击之"(《史记·廉颇蔺相如列传》)可以为证。再来看重叠式的用法。《诗经·采芑》:"四骐翼翼。"郑玄将"翼翼"释为"壮健貌",这应该只是随文释义而已。我们知道,先秦的马车一般是单辀(辕),左右各两匹,四匹马整齐排列恰如鸟之翅膀分居两侧,因此重叠"翼"以达成生动的描写效果,表示骏马整齐地排列在车辕两侧所留给人们的富有活力的印象。

仙鹤通常是白色的,《孟子》引《诗经》诗句"白鸟鹤鹤"(《诗经·灵台》作"翯翯"),其中的重叠式"鹤鹤"用来形容白色的鸟,其含义明显与"鹤"有关。"鹤鹤"是在"鹤"的基础上重叠而成的。

《论衡·谴言》有这样一段话:"孝武皇帝好仙,司马长卿献《大人赋》,上乃仙仙有凌云之气。""仙"是个名词,神仙的意思。神仙可以自由飞翔,这是"仙"的一个陪义。在这个陪义的基础上形成重叠词"仙仙",表示汉武帝飘飘然的感觉或印象。

《诗经·采薇》:"昔我往矣,杨柳依依。今我来思,雨雪霏霏。"诗中有依依、霏霏两个完全重叠形式。春天里微风吹过,柳枝摇摆如相互倚靠,恰好"依"是靠着的意思,于是重叠为"依依",给人以轻柔拂动的生动印象。"霏霏"朱熹解释为"雪盛貌",有一定道理,但并不贴切,问题的关键在于要了解与"霏"的意义联系。事实上"霏"就是"飞"。《玉篇·雨部》:"霏,同霏。""霏"字下面正是"飞"字。"霏霏"就是"飞飞",用以传达看到雪花漫天飞舞时的那种感受。①

《诗经·氓》:"言笑宴宴,信誓旦旦。"关于"旦旦"的含义,学者们大都信从郑玄"恳恻款诚"的笺注,理解为诚恳的样子。不过,郑玄的根据显然主要是上下文:小伙儿在姑娘面前发誓,自然是诚恳之至,何况前面还有"氓之嗤嗤"的描写呢?但除此之外就没有什么根据了。朱熹看到了这个问题,于是另出新解"明也"。我认为朱熹的解释比较切合实际。"旦"是清旦、早晨的意思。从自然的角度来看,早晨天清

---

① 参看郭锡良(1994)。

气朗,加上刚刚告别黑暗,尤其显得纯净明亮。从人的角度来看,经过一夜将息,早晨最是神清气爽、不容邪僻。①由此可见,为描写发誓时的光明磊落、都无杂念,诗人将义为清晨的"旦"字重叠是非常恰当的。

《诗经·鹑之奔奔》:"鹑之奔奔。"鹑指鹌鹑。鹌鹑翅小尾秃,飞的时候呈突进状,显得很急促。"奔"是奔跑、奔突的意思,变为重叠形式,用来表示这种小鸟急匆匆往前飞的样子。

《论语·乡党》:"足蹜蹜如有循。"其中的"蹜蹜"表示走路时收缩脚步、不能放开的样子。②"蹜"与"缩"同音,实为一词,"蹜蹜"是在"蹜(缩)"的基础上产生出来的。

《孟子·告子上》:"牛山之木尝美矣,以其郊于大国也,斧斤伐之,可以为美乎?是其日夜之所息,雨露之所润,非无萌蘖之生焉,牛羊又从而牧之,是以若彼濯濯也。"赵岐将"濯濯"释为"无草木之貌"。"濯濯"的这个用法源自"濯"的洗濯义。洗濯意味着清除,意味着不剩下什么,我们今天仍在说的"一贫如洗"也正是这个意思。由于有这样的意思作基础,因此可以用"濯濯"来表示童山秃岭。

以上我们在讨论中紧扣单字原意,这种做法可能会引起诟病,认为违背了清儒因声求义的训诫。③实际并非如此。回想一下粤语中的实例,联系一下前面有关陪义凸显的讨论,就可以看到以上这些分析的合理性。实事求是地说,对这种情况的充分认识一直以来都是比较缺乏的,因此遇到完全重叠时总习惯朝复杂的方面想,结果是弄简成繁,出现了不少模棱两可的解释,令人困惑。《诗经·公刘》:京师之野、于时处处、于时庐旅、于时言言、于时语语。其中的"处处、言言、语语"是印象式完全重叠,描写居处和谐、邻里亲切交谈的情形,旨在给人以生动的印象。可是毛亨说:"直言曰言,论难曰语。"郑玄说:"言其所当言,语其所当语。"解释迁曲,反失本意。

应该承认,有很多印象式完全重叠式目前还无法作出类似以上各

---

① 谚语"一日之计在于晨"可以为证。另,笔者在河北河南乡村生活多年,知村民尤其忌讳早晨口出污言秽语不吉利的话,清晨即使遇到很小的倒霉事如磕碰了一下也会心生不快。

② 杨伯峻先生将"蹜蹜"解释为"举脚密而狭的样子"(《论语译注》99页)。

③ 王念孙在《广雅疏证》自序中说:"今则就古音以求古义,引申触类,不限形体。"

例的具体分析,这主要是由基式与重叠式特殊的语义关系以及历史音变、字形讹变等原因造成的。不过条例既已发现,沿此路径探索一定会有更多收获的。

5.6.2　基于语音象征性的完全重叠

古往今来,音义关系一直受人关注,古代的荀子(公元前 313—公元前 238)、柏拉图(公元前 427？—公元前 347？),现代的索绪尔(Saussure 1916),都曾就此发表过类似的看法,而尤以荀子表述得最为明确。荀子说:名称没有与生俱来的适宜,(人们)约定好给它一个名称,约定俗成就叫做适宜,违背约定就叫做不适宜。名称没有与生俱来的概念内容,(人们)约定一个名称去指称概念内容,约定俗成的名称就叫做有内容的名称。名称里边本来就有好的,直接平易而没有旁歧乖刺就叫做好名称。① 荀子的话是有道理的。地上形成的高耸的部分为什么用 *srán/ *srian、ʂan⁵⁵ ②(山)这个音节表示？ 使关闭的东西不再关闭为什么用 *kʰə́l/ *kʰəd、kʰai(开)这个音节表示？ 没有人能给出令人信服的解释。

不过这只是问题的一个方面。从发生学的角度来看,从人们在少有语文背景下的择音表义来看,音义之间还是有一些道理可讲的。比如,朱晓农(2004)以古今中外大量材料为证,说明高调与亲密有一种天然的联系。刘丹青搜集了多种方言材料,发现近指代词、远指代词与声韵调具有对应关系——就元音而言,后低元音常常用来表示远指,前高元音常常用来表示近指。③ 这种对应是无法用偶然性来解释的,音义之间的确存在某种天然的联系。

音义间的这种天然联系就是人们所说的语音的象征性(sound symbolism)。语音象征性是一个热门话题,一百多年以来一直有学者进行研究,其中对元音象征性的研究尤其具有启发性。④

---

① 《荀子·正名》:名无固宜,约之以命,约定俗成谓之宜,异于约则谓之不宜。名无固实,约之以命实,约定俗成,谓之实名。名有固善,径易而不拂,谓之善名。

② 斜线前分别是蒲立本和李方桂的拟音,后面是现代普通话的读音。下面一例同。

③ 据刘丹青 2007 年 2 月在香港科技大学题为"汉语像似性二题"的演讲。

④ 雅格布逊(Jakobson 1990)对这些研究做出了综述。这里的讨论主要依据雅氏这篇文章。

根据多位学者的研究,元音的高低前后会造成大体有别的不同意义:前高元音倾向于表示小,低后元音倾向于表示大。德国学者 Georg von der Gabelentz 观察了一个三岁男童,发现他在以 m-m 命名时依据事物的大小来选择其中的元音:月亮、白盘子是 mem,大圆锅是 mom 或者 mum,白色的小星星是 mimi;一般的椅子是 lakil,小布娃娃的椅子是 likil,爷爷的扶手椅子是 luku。这两组例子很典型。就圆形物而言,大的用-u-或者-o-,小的用-i-,不大不小则用不高不低的-e-。就椅子而言,爷爷坐的肯定很大,所以用-u-,小布娃娃的肯定很小,所以用-i-,一般的椅子大小难定,因此既用-a-,又用-i-。

叶斯泊森(Otto Jespersen)同意元音高低前后与大小的对应,并举出这样一个实例:有一年挪威的弗瑞德里克思塔(Fredriksstad)一带遇上大旱,为节省用水,厕所里贴出这样的告示:*bimmelim* 时不要拉绳儿,只有在 *bummelum* 时才拉绳儿。由于前元音 i 与后元音 u 具有大小不同的象征性意义,再加上语境,即使是不懂当地语言的外国人,也很容易明白这两个词的不同含义。

与不同元音相应的意义指向不止大小一端。有的学者发现,人们主观上总是倾向于将明亮、冷、锋利、高、轻、快、高调、窄置入同一系列,而将黑暗、温暖、柔顺、软、钝、重、慢、低调、宽等置入同一系列。而这种分别恰与元音前后高低相应。根据试验,e-i 属于明亮-冷-锋利系列,a-o-u 属于黑暗-温暖-软系列。

以上引述的这些研究告诉我们,音义之间存在天然联系是不容置疑的。但需要指出的是,这种联系只是模模糊糊的心理印象,其间并无黑白分明的界限,语音象征性充其量也不过是一个大概其的指向罢了。然而对于完全重叠来说,由于它所表达的是一种意味、一种印象,与语音象征性的大概其的特点正可以说同声相求。职是之故,我们可以有把握地说,不少完全重叠是基于语音象征性的。

比如王力(1958)认为,明母字多与暗昧不明的意思有关,而阳声韵的字常与光明、盛大有关。请看:彭彭、汤汤、庞庞、傍傍、洋洋、烝烝、丫丫、裳裳、瀼瀼、印印(《诗经》)、皇皇(论语)、泱泱(左传)、荡荡(荀子)、堂堂(史记)、茫茫(淮南子)。所有这些形式全部属于阳声韵,表示光明盛大,所以很有可能,至少其中的一部分,来自语音的象征性。这些声音隐含光明盛大的意味,正好在此基础上重叠以表示与光明盛大有关的生动意味。

5.6.3 基于拟声的完全重叠

这一类别比较容易理解。请看《诗经》中的用例:关关雎鸠(关雎)、交交黄鸟(黄鸟)、虫飞薨薨(鸡鸣)、虺虺其雷(终风)、椓木丁丁(兔罝)。其中的关关、交交是鸟叫的声音,薨薨是成群的飞虫发出的声音,虺虺是雷声,丁丁则是伐木的声音。此类重叠基于客观声响,但是既已纳入印象式完全重叠这一模式,那么表示的内容就不再是纯客观的了,[①]而是这种形态手段统一的意义,即某种生动的印象。

需要指出的是,声音重叠可以用来指称这种声音的发出者,比如"蝈蝈、蛐蛐"。不过这是后代用例,并不见于古代汉语。讨论一个似是而非的例子。《孟子·滕文公下》:"其(指陈仲子)兄自外至,曰:'是鶃鶃之肉也。'"(这是"鶃鶃"的肉)"鶃鶃"(*ŋákʲ ŋákʲ / *ŋik ŋik)是鹅的叫声,此处指鹅。但这只是临时借代。《孟子》原文尚有"恶用是鶃鶃者为哉!"(用这个"啊啊"叫唤的东西干什么呀!)其中"鶃鶃"的后面使用了表示转指的"者"字,"鶃鶃者"是"发出啊啊声音的东西"的意思,由此可知"鶃鶃"与"蝈蝈、蛐蛐"的性质是不一样的。

5.6.4 源自"易音别义"的完全重叠

通过改变声音以表示不同意义是一种相当普遍的形态构词现象,其中尤以四声别义最为学人关注。此外,通过改变声母韵母以别义的现象也时有报道。比如,在河南长葛方言中,"买"音[mai⁴⁴],若将韵母改读为ㄧε,则表示完成。如"买([mε⁴⁴])一筐苹果"就是买了一筐苹果的意思。(赵清治 1990)

完全重叠也有以类似方式产生的实例。提出这一构想是因为受到金守拙(Kennedy 1959)论述的启发。《诗经·宾之初筵》:"其未醉止,威仪反反。曰既醉止,威仪幡幡。"大意是说:尚未醉酒时,仪表翩

---

① 现代汉语可以说"突然听到'啪啪'两声枪响。"其中"啪啪"是一种纯客观的对外部世界的描写,并非基于拟声的完全重叠。

翩然;酩酊大醉后,容止飘飘然。①为了描绘醉酒前后的两种仪态,诗人
选用了两个不同的完全重叠形式:

	表示"美态"	表示"丑态"
完全重叠式	反反	幡幡
高本汉拟音	*pǐwǎn pǐwǎn	*pʰǐwǎn pʰǐwǎn

金守拙认为,描写喝酒人的两种仪态没有必要使用两个有实义的
词,实际需要的是两个相互对立的表达形式,每个形式无需多少意思,有
幽默有对立就好。于是诗人在拟声或双关的基础上创造出重言形式。
金守拙认为重言并非源自重叠的看法是不可取的,但是他认为为了表示
对立而有意创造新形式很有启发性。我们由此想到,有些完全重叠形式
很可能是在已有完全重叠形式的基础上通过声音的改变而产生出来的。

如此论断的根据是存在不少类似"反反"和"幡幡"的对子:它们语
音形式相近,适用的上下文也相当一致,因此,其中一个很可能是直接
从另一个形式中派生出来的,或者说,通过略微改变一下原式的声音
以表示另外一个相关的意味。这种情况跟前面提到的四声别义、改变
声母韵母以别义的现象有异曲同工之妙。请看实例。

(8)《诗经》"易音别义"例(先出重言形式,下面是出处)

完全重叠式	拟音(蒲立本/李方桂)	表示的意味
a. 反反(fǎnfǎn)	*panʔ panʔ/*pjanx pjanx	慎重也(毛传)
幡幡(fānfān)	*pʰàn pʰàn/*pʰjan pʰjan	反复貌(诗集传)
b. 抑抑(yìyì)	*ʔə̀kʲ ʔə̀kʲ/*ʔjit ʔjit	慎密也(毛传)
怭怭(bìbì)	*bə̀kʲ bə̀kʲ/*bjit bjit	媟嫚也(毛传)
c. 弥弥(mímí)	*mə̀j mə̀j/*mjid mjid	盛貌(毛传)
浘浘(浘浘)	*mə̀lʔ mə̀lʔ/*mjədx mjədx	盛貌(诗三家义集疏)
(měiměi)		
d. 烈烈(lièliè)	*ràt ràt/*ljat ljat	至难也(毛传)
律律(lùlù)	*rwàt rwàt/*ljuət ljuət	犹烈烈也(毛传)
e. 发发(fāfā)	*pàt pàt/*pjat pjat	疾貌(毛传)
弗弗(fúfú)	*pàt pàt/*pjət pjət	犹发发也(毛传)

---

① 金守拙是这样翻译这几句诗的:When they are not yet drunk, their deportment is
spiffy. But when they are drunk, their deportment is squiffy.(Kennedy 1959[1964:476])

f. 居居(jūjū)　　　*kàɣ kàɣ/*kjag kjag　　　怀恶不相亲比之貌
　　　　　　　　　　　　　　　　　　　　　（毛传）

　　究究(jiūjiū)　　*kə̀w kə̀w/*kjəgʷ kjəgʷ　　犹居居也(毛传)

a′. 其未醉止,威仪反反。曰既醉止,威仪幡幡。（宾之初筵）

b′. 其未醉止,威仪抑抑。曰既醉止,威仪怭怭。（宾之初筵）

c′. 新台有泚、河水弥弥……新台有洒、河水浼浼。（新台）

d′. 南山烈烈,飘风发发。……南山律律,飘风弗弗。（蓼莪）

e′. 南山烈烈,飘风发发。……南山律律,飘风弗弗。（蓼莪）

f′. 羔裘豹袪,自我人居居。……羔裘豹褎,自我人究究。（羔裘）

　　以上共引六对十二个例子。每对例子有以下三个共同之处:第一,声音相近,除(8b)之外,所有其他五对全部声母皆同,韵母也大体相同,差别只表现在某一个方面。比如(8f)的"居居"与"究究",它们声母相同,韵尾相同,而且皆为中古三等韵,差别在于-a-与-ə-的对立。第二,意思相近或者相同。第三,在具体诗篇中它们出现在相互对应的位置上。根据这些事实,可以推知在每对例子中,其中有一个可能是在另一个的基础上通过改变韵母而产生的。为了造成回环的美,诗人有意在相应位置上改变一下声音,纯粹是为了改变而改变。这种临时创造若为他人接受,一个新的完全重叠形式便因此而产生。

5.7　完全重叠在上古汉语中的发展

　　完全重叠在上古汉语中的发展表现在两个方面:

　　第一,出现了表动量增大的动词性完全重叠。比如东汉末年《古诗十九首》中有"行行重行行,与君生别离"的诗句,其中"行行"是动词"行"的重叠,意思是走啊走啊,表示动量的增加。从前面第二章的讨论中可以知道,上古汉语表动量增加的重叠主要是逆向重叠,如"辗转"。在后来的发展中,伴随着"行行"类重叠的增加,"辗转"类趋向式微。此消彼长,这是重叠系统内部调整的反映。

　　第二,AXX式的出现。古汉语完全重叠以印象式为主,其表义特点是表示一种意味,而非可以严格界定的词义。这种格式极富表现力,但同时也有局限性,即过分依赖上下文,如《诗经》中的"翼翼"可表示多种意味,但是如果离开"四骐翼翼"(采芑)、"小心翼翼"(烝民)、"疆埸翼翼"(信南山)、"我稷翼翼"(楚茨),很难知晓各自的意味。在某些场合,印象式完全重叠所表达的意味需要更为独立些,于是便有前加字的出现,如《楚辞》中的芳菲菲、纷总总、杳冥冥、惨郁郁。①这些前加字多为形容词,它的意义与后面的印象式完全重叠的意味较为一致,整个形式在表达上的独立性有很大增强。这种格式后来得到了长足的发展,现代普通话中的绿油油、红彤彤、热乎乎、红稀稀,还有前面举出的顺德话中的例子(见上面的(2)),全都属于这种极富能产性的格式。

5.8 小　　结

以上我们对古汉语完全重叠进行了全面的探讨,主要收获是发现了两种类型,一是表递进的完全重叠,二是表生动印象的完全重叠。比较而言,后者更为普遍而且复杂。我们首先根据现代粤方言中的第一手材料立论,指出其所表示的是一种生动的意味,而不是可以严格界定的词义。此外还着重分析了单音基式与重叠式之间特殊的意义联系,指出其中大都涉及陪义的凸显。现代方言中的完全重叠现象为我们探讨古汉语中的同类现象提供了范例,但在古汉语同类现象的探讨中,我们并非一味依赖简单的古今对比,而是从材料入手寻求独立的证据。我们发现,古代经师在注释重言(基本上等同于我们的印象式完全重叠)时完全不同于对一般词语的注释,同一词语可以用来解释多个完全重叠形式,同一完全重叠形式可以表示多种完全不同的意思,同一个完全重叠可以有多种毫不相同的解释,但每种解释似乎都可以接受。这种不同寻常的情况显示出此类重叠在意义表达上的另类特点。我们还对这类形式的来源作了全面探讨,发现其产生过程复杂多样,既涉及基式陪义的凸显,又涉及语音象征性和拟声构词,还与个人临时改变语音有关。总之,印象式完全重叠具有多种来源,但殊途同归,所有这些形式在表达功能上表现出极大的一致性,它们传达一种令人浮想联翩的意味,目的是要给人以生动的印象。

① 《楚辞》中的雷填填、雨冥冥、涕淫淫、葛蔓蔓不在此例。这些例子与《诗经》中的冬日烈烈、四骐翼翼同类,都是名词后面跟一个印象式完全重叠形式。

第六章 重叠类型的生成机制

6.1 引　言

以上我们从音义两个方面入手,通过分析文献材料以及对比现代方言,发现了古汉语重叠构词系统,这一系统包括四种重叠类型,即逆向重叠、顺向重叠、裂变重叠、完全重叠。

(1) 古汉语重叠系统

重叠类型	形 式 特 点	表达功能:例子
顺向重叠	基式在前,重叠部分在后,两个音节韵母相同,第二音节的声母总是流音。	1) 指小/爱称:螳螂、蜉蝣 2) 绘景摹态:逍遥、委蛇
裂变重叠	基式声母保留在第一音节,后随韵母与基式韵母相应;基式韵母保留在第二音节,第二音节的声母总是流音。	不够典型的意义(非典义):髑髅、胡蝶
逆向重叠	基式在后,重叠部分在前,两个音节声母相同,但韵母呈现出[－圆唇]/[＋圆唇]或其他类型的无标记/有标记的对立。	重复:辗转、踟蹰
完全重叠	基式音节自我复制,变成两个相同的音节。	生动的印象:旦旦、关关

由上表可以清楚地看到,四种重叠在形式变化上各有特点,择要言之,顺向重叠基式在前,逆向重叠基式在后,裂变重叠的基式分处双音节形式的两端,完全重叠则基式不分前后。与形式互异平行,四种重叠各自的表达功能亦相互有别。一定的音变模式与一定的表达特点互为表里,呈现出来的是一个严整的重叠构词系统。

面对这种情况我们不禁要问:这个严整的重叠系统由何而来? 四种重叠类型的形成机制是何面貌? 这是本章讨论的重点。我们将首先讨论两条相关的原则,一个是普遍适用的响度顺序原则,另一个则是适用于汉语的"一音一义"原则。接下来对四种类型的形成机制逐一进行探讨。

6.2　两　条　原　则

6.2.1　响度顺序原则

理解响度顺序原则(sonority sequencing principle)首先需要理解"响度"这一概念。响度指语音在听觉上的响亮程度。设若 A、B 二音在音长、音重、音高上完全相同,如果 A 听起来比 B 更加响亮,那么前者的响度就高于后者。比如用同样的力气发 a 和 s 两个音,前者明显比后者响亮。不同音类之间存在着天然的响度差别,以人们熟知的五个音类为例,其响度可由高向低做如下排列:元音＞滑音＞流音＞鼻音＞阻塞音。[①]

响度概念的引进对界定音节很有帮助。语流中的音段(segment)纷繁多样,我们只需在与左邻右舍的对比中找出响度最大的音段,就可以相当容易地为音节划界。音节响度顺序原则基于这一实践,它是对音节内部音段排列顺序的概括。具体来说,音节内部的音段是依照响度大小排列的:音核之前呈上升趋势,音核之后则呈下降趋势。我们看几个具体的例子。

(2) 响度顺序原则示意图

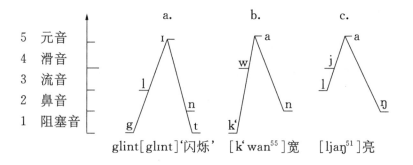

这三个例子形象地表现了音节的响度顺序原则。以(2a)为例,glint 是英语中的一个音节,由五个音段组成。其中元音 i 响度最大,

---

① 　参看 Ladefoged(1993)、Kenstowicz(1994)。

处在音核的位置上；与前面音段排列为 gli,响度递增；与后面音段排列为 int,响度递减。另外两个普通话音节与此相同。代表音节响度顺序原则的这种山峰形状与人们在听觉上对音节响度的感受完全一致：在一串语流中愈有响度的起伏跌宕便愈能感受到音节的分界。例如,普通话的"儿"字能否成为音节取决于可否给人以响度高峰的印象——"小鸡儿"含有两个音节是因为能够感知两个响度高峰,"儿童节"包含三个音节是因为能感知三个响度高峰。以响度为标准划分音节符合人们的语感直觉,因此可用以帮助透视音节的内部结构,预测音节发生变化的趋向,说明音段交替的原因。

似乎有一些违背这一原则的例外。比如,s 比 p 的响度要大,依据响度顺序原则,两个音如果同时出现在韵腹前面,其顺序应该是 ps,不应是 sp。可是英语有[spiːd](speed"速度")。事实上这与位处词缘音节与词中音节之不同有关,仍有一些条件可讲。[①]音节响度顺序原则从总体上看是可以成立的。

6.2.2　一音一义原则

语素大都由单音节表示是汉语的一个特点,李方桂(Li, 1951)、赵元任(Chao, 1968, 1976)、丁邦新(2002)都曾有过精辟的论述。徐通锵(1991, 2004)更进一步提出一音一义乃汉语本质特点的论断。[②]笔者认为汉语存在一音一义原则,可作如下表述：汉语语素在本质上是单音节的;一个语素义只能由一个音节表示,一个音节必定可以负载一个语素义。

读到这一表述,相信不少人会心存疑虑：认为汉语语素多为单音节无可非议,但如果说存在这样一条强制性原则似乎难以置信,因为

---

① 参看王洪君(1999:113—121)。

② 早先欧美人士对汉语缺乏认识,由此引起不少误解,比如有的学者认为汉语没有语法,汉语的词儿都是单音节的,造句的过程就是将一个一个的音节拼合在一起,人们大体靠"猜"的方式了解一个大概。金守拙(George Kennedy 1901—1960)著文纠正这种偏见,题目叫作 The Monosyllabic Myth(单音节神话)(金守拙 1951),意谓汉语是单音节语的看法是不真实的。赵元任欣赏金守拙的分析,但实事求是地指出："所谓单音节神话是有关中国的种种神话里最真实的一个。"(赵元任 1968)

多有与此不合的实例。我想,这里所谓违规实例应该主要指联绵字。不过,如前面章节所论述的那样,很多联绵字实为重叠的结果,它们并非原生性的双音节语素。此外,借词、拟声词、历时音变(如复辅音分化)、共时变异,都有可能导致似是而非的双音节语素的出现。这里讨论一个共时变异的例子。

在河北顺平(高于铺)话里,儿童玩的游戏"老鹰抓小鸡"有一个很长的名字叫 xu^{21} lwo^{0} p^ho^{55} ta^{21} lwo^{0} p^ho^{55}。笔者曾就这一名字的含义询问过当地人,包括小孩儿和成年人,答案全是一些似是而非的猜测或干脆说不知道。这个名称应为"护老婆打老婆",极易理解,但为什么当地人却不解其详呢?原因在于发生了语音变化。按照当地话的语音系统,这个六字短语的实际发音除了"打"之外全都不大容易理解。"护"在顺平(高于铺)话里是去声,比如"护秃"(护犊子)中的护就读成 xu^{51}。"护"在顺平(高于铺)话里也可以有变调,如:护着(xu^{21} $tşəw^{0}$,意思是爱护、保护)。这个变调的"护"跟"护老婆"中的"护"是相同的。但是说顺平(高于铺)话的人很难意识到这两个"护"的同一性,因为他们不知道"护老婆"中后两个音节的确切含义。不知道这两个音节的含义就等于失去了可资依凭的语境。在这样的情况下,单凭一个变调音节 xu^{21},谁能想到它就是"护"呢?(注意:"护"的本调是去声,调值同于普通话。)

跟"护"相比,辨识紧随其后的"老婆"对于顺平(高于铺)人来说就更加困难了。"老婆"有两种读法,一是 law^{213} p^ho^{t11}(儿化),指老年女性;另外一读是 law^{53} p^ho^{0},[1]妻子的意思。"老婆"在"护老婆打老婆"中是后一个意思,但是其读音发生了变化:"老"本来的韵母 aw 变成了 wo,本来的高降变调(53)进一步变成了轻声;"婆"本来的轻声变成了高平调(55)。韵母声调的变化如此之大,加之这种变化仅仅出现在这样一种语境当中,难怪当地人不识其庐山面目。

在"护老婆打老婆"中看到的这些音变虽说有些不同寻常,但都是有原因的。我们可以想象这一说法产生之初应该读作 xu^{51} law^{53} p^ho^{0} ta^{213} law^{53} p^ho^{0},其语音语义结构是透明的。后来,由于这种说法在儿

---

① 在顺平(高于铺)话中,后字轻声的两字组如前字为古全清、次清、次浊上声,则前字须变为高降调 53(参看孙景涛 2005b)。

童中的频繁使用(词语的频繁使用可诱发音变①)以及对组成成分意义的忽略(儿童尤其如此②),人们便开始不自觉地追求说起来顺口。这就为发生音变打开了方便之门。"老"因为随后的"婆"而变成了带圆唇元音的音节。这种逆向同化(也可以说是元音和谐)在该方言中相当常见,典型的例子是"蜘蛛"说成 tʂu²¹ tʂu⁰。至于声调上起的变化,那是连读音变的结果。本是合成词的"老婆"就这样变得像是一个双音节语素了。

这个例子告诉我们,一些语音语义原本透明的词语有可能因为共时音变使得人们对其结构不甚了了,如此一来,本来的合成词便有可能被误以为是多音节语素。现在我们可以做这样的设想,对于顺平(高于铺)人来说,由于六个音节中只有"打"的意思最为透明,那么连同随后的两个音节便有可能重新分析为两个语素:前一个语素是"打击"的意思,至于后"一个"语素(lwo⁰ pʰo⁵⁵),由于游戏中捉拿的对象是排在最后的小朋友(通常是人小个儿矮者),所以意思可能是"尾巴、小东西、受保护的"等。有朝一日这样的用法流行开来,那么我们就有了一个双音节语素。而这样的双音节语素并非原生形式,不可用以质疑一音一义原则。

下面我们再从常见的语言现象中观察这一原则的存在。我们将会看到,汉语中许多语音、形态现象的产生正是一音一义原则发挥积极作用所致。这为一音一义原则的客观真实性提供了有力的证据。

第一,一音一义原则与轻声

轻声在许多方言特别是在北方方言中相当普遍。它是怎样产生的呢?让我们先来看一看它在分布上的特点。如一般的现代汉语教科书上所说的那样,有这样一些成分在普通话里要读成轻声:吧、吗、呢、啊等语气词,的、地、得、着、了、过、们等助词,子、头等名词后缀,里、上、下、边等方位词,作趋向补语的动词来、去等。综合考察这些轻

---

① 例如,俞敏(1988:154)谈到频率高的词其开合口容易出现混乱;还有的学者指出北京话中的连读变调主要影响高频用词。

② 比如,在顺平(高于铺)话里,陀螺被称作"懒老婆"[lan²¹³ law⁵³ pʰo⁰],用鞭子抽打陀螺的游戏说成是"打懒老婆[law⁵³ pʰo⁰]"。根据我的经验和后来的调查,小伙伴们这样说时很少想到它与"懒惰的妻子"有什么联系。

读的成分,不难看出其共同特点是表示的意义比较"虚",比较"轻"。根据这一观察,可知"义轻则音轻"的说法是很有道理的。[1]下面重点考察较为复杂的两字组轻声问题,事实会进一步证明"义轻"是出现轻声的根本原因。

① 很多双音语词的第二个音节有轻重两读,轻重不同,意义也不同。请看下面的例子(据《现代汉语词典》):

a. 姑爷 i. ku^{55} je^{35}(父亲的姑夫)

　　　　ii. ku^{55} je^{0}(女婿)

b. 东西 i. toŋ^{55} ɕi^{55}(东、西两个方向)

　　　　ii. toŋ^{55} ɕi^{0}(泛指各种具体的、抽象的事物)

c. 是非 i. ʂʅ^{51} fej^{55}(好处与弊端)

　　　　ii. ʂʅ^{51} fej^{0}(形容词,爱搬弄是非的)

d. 地道 i. ti^{51} taw^{51}(在地面下挖成的交通坑道)

　　　　ii. ti^{51} taw^{0}(形容词,真正、纯粹)

上举四组例子中第二个音节的轻重两读绝对不可互换,只有意义轻弱的音节方可轻读。以"姑爷"为例。"爷"在普通话中最主要最常见的意思是祖父,"姑爷"(i)一词中的"爷"字跟这个意思有所不同,但是"父亲的姑夫"是与祖父同辈的男性,按照习惯称之为"爷"未尝不可。所以我们可以说"姑爷"(i)一词中的"爷"字用的正是"爷"的主要常见义,由此可见"爷"在这里的意思是比较实在的。正因如此,这个"爷"字读得字正腔圆,不会是轻声。"姑爷"(ii)的情形与此不同。这一形式的使用者多是岳父岳母,比如一位女儿已出嫁的妇人会说:明儿我们姑爷要来。其中的"爷"字的意思对于这位妇人来说可能是不甚了了的,也许她会觉得有尊称的意味,但无论怎样也不会跟该字的常用义即"祖父"扯上关系。总之,"爷"在"姑爷"(ii)中的意思很虚很轻,影响所及,该字读成了轻声。其他各例第二音节何以读轻声也是同样的道理。

② 有些双音成分的第二个音节总读轻声,尽管不读轻声也不致

---

[1] "义轻则音轻"只是一个总的原则,具体在语言实践中会遇到种种复杂的情况。这与汉语固有的轻重音模式、说话者不同的文化素养、该词语出现的频率以及是新词还是旧词等有关系。

于另有他解,例如:明白、豆腐、商量、窗户、清楚、泥巴。以"明白"为例。其中"白"字总是读轻声,不过不读轻声也不至于影响意思的表达,只是听起来不大自然。这是为什么呢? 关键在于"白"在"明白"一词中的意义无法坐实。根据《现代汉语词典》(商务印书馆,1983),"白"有八个义项,现简述如下:①白颜色;②清楚、弄明白;③没有加上什么东西的、空白;④没有效果、徒然;⑤无代价;⑥象征反动的;⑦用白眼珠看人;⑧姓。这八个意思是普通话中"白"字所可能表示的意思。将这些意思跟"明白"的意思加以对比,可以看到后六个意思(③—⑧)与"明白"义无关。再来看前两个意思。第①个意思是"白颜色",跟"明白"大概也没有直接的联系。"白"的第②个意思即"清楚、弄明白"应该跟"明白"的整体意思最有关系。不过,"白"的这个意思只能从"不白之冤""大白于天下"这类带有文言色彩的说法中体会出来,不是口语词的意思。由此看来,对于语言社团的大部分成员来说,"明白"一词中的"白"到底是什么意思仍然是不得而知,那么其中"白"的意思对于一般人来说也就变得不清不楚了,既轻且弱,这就是何以总是轻声的根本原因。

③ 赵元任(1968)曾以"希望、好像、管保"为例说明汉语有所谓"可轻声",即某些双音词的第二个音节可轻可重。我认为造成这种现象的原因就在于组成成分的意思既可以是轻弱的,也可以是比较实在的。比如"棉花"的"花"在河北顺平方言中既可轻读为[xwo⁰],又可重读为[xwa⁵⁵],是个可轻声。"棉花"(棉桃中的纤维)的确是一种花,但是跟只具观赏价值的花是有差别的。由于"花"字主要指供观赏的花,所以,在意会"棉花"的"花"时如果侧重于它的观赏价值,那么它的意思就比较实;若侧重于经济价值,则比较虚。意义上的虚实差异导致了"花"字的轻重两可。这当然不是说每个具体的说话人可以在轻重两读上都能与意义的虚实一一对应,而只是说"花"字的轻重两可与它在意义上的虚实两可在总体上有一致性。义轻则音轻,义重则音重,这条规则在同一个字上得到了具体的体现。

以上这些实例与轻声取决于意义轻弱的假设是吻合的。接下来的问题是为什么意义轻弱可以导致轻声的出现。答案是由于一音一义原则的存在。汉语在长期发展中留给语言社团一种不言自明的观念,那就是一个字(音节)必定表示一个意义,这样便形成了一音一义原则。这条原则要求一个意义由一个音节表示,一个音节表示一个意义。在这种强势连接的作用之下,如果某一音节所表示的意义相当明确,如"这个螺丝真难上"中的"上",发音就会字正腔圆,声韵调齐备。相反,当一个意义在说话者的心理上显得含混时,他在说出表示这一含混义的音节时就会显得底气不足,不那么理直气壮,结果便是轻声的产生。比如"他在会上讲了两个问题"中的"上"字何以轻读就是因为这个原因。如此一来,轻声与轻弱义对当,一音一义原则在一个新的层面上仍然得以维持。同样道理,当双音节形式各自的意思或其中一个音节的意思不能了然于心时,这个双音形式便难以在意义上一分为二,人们因此就失去了分析其内部意义结构的能力,于是就只能把它当作一个整体来看。然而这样一来,一个与一音一义原则似有抵触的现象便产生了,即两个音节表示一个意义。在一音一义原则的积极作用之下,两个音节中的第二个被迫变成了轻声,①从而导致一个半音节(轻声音节可说是半个音节)表示一个意义。一音一义原则在一个新的层面上仍然得以维持。

第二,一音一义原则与轻重音格式

金守拙(Kennedy 1953)首次指出浙江塘栖话的双音形式若是定中结构则取前重后轻的格式,若是动宾结构则取前轻后重的格式。平山久雄(1992)进一步将此与北京话中的轻声联系起来,试图从历时的角度说明这种语法结构和重音位置相关联的情况是汉语中原有的。这些研究创造性地将轻重音格式与语法结构联系在一起,并且从汉语普遍类型的角度加以考察,的确发人深思。但是何以会有这种普遍类型却没有合理的解释。我以为这种普遍类型植根于"义轻则音轻",在背后起支配作用的仍然是一音一义原则。

金守拙(Kennedy 1953)举塘栖话"爱人"为例,指出若是定中结构则取前重后轻之变调格式,读作 ʔēa-nyīn 2004(前字调 24 扩展到后一个音节);若是动宾结构,则取前轻后重之变调格式,读作 ʔēa-nyīn S-24(S 表示变调,这是一个较低的平调)。从轻重音类型与语法结构

---

① 第二个音节变轻声是因为普通话只有扬抑格(trochee),没有典型的抑扬格(iamb)。下面有讨论。

的关系看,"爱人"在普通话中的情形与此相同,即若是定中结构(名词,丈夫或妻子),则前重后轻;若是动宾结构,则前一音节次重后一音节重读。下面是普通话中同类的例子:

	定中结构	动宾结构
将军	tɕjaŋ⁵⁵ tɕyn⁰(高级将领)	tɕjaŋ⁵⁵ tɕyn⁵⁵(下棋时攻击对方的将或帅)
烧纸	ʂaw⁵⁵ tʂi⁰(纸钱的一种)	ʂaw⁵⁵ tʂi²¹⁴(烧纸钱)
用人	juŋ⁵¹ ʐən⁰(仆人)	juŋ⁵¹ ʐən³⁵(选择与使用人员)
说法	ʂwo⁵⁵ fa⁰(措词)	ʂwo⁵⁵ fa²¹⁴(说解佛法)
管家	kwan²¹⁴ tɕja⁰(高级仆人)	kwan²¹⁴ tɕja⁵⁵(管理家产和日常事务)
发面	fa⁵⁵ mjan⁰(发过的面)	fa⁵⁵ mjan⁵¹(使面发酵)

我们知道,普通话定中结构并不总是前重后轻。但这并不是目前问题的关键。目前问题的关键是上述例子中的轻重音对立不可能颠倒过来,也就是说,在各对立项中,定中结构不可能是前轻(次重)后重,述宾结构不可能是前重后轻。语法结构与轻重音格式的这种一致性跟一音一义原则的存在密切相关。先说定中结构。无论从意义上说还是从结构上说,定中结构都是典型的向心结构,其核心是中心语。这一特点使得定中结构词语更倾向于作为一个整体代表一个意义,比如"爱人"(定中结构)已融为一体,表达一个意义(丈夫或妻子)。动宾结构与定中结构完全不同,其两个成分各自都有独立性,如"仁者爱人"中的"爱人",它表示两个意义是很明显的。①在这种情况下,设若有一个双音节形式既可以是定中结构又可以是动宾结构,为了在形式上相互区别而其中一个结构需要出现一个明显的轻声音节,那么这个结构就只能是定中结构。原因在于定中结构的两个音节大体上只表示一个意义,这与汉语一音一义原则不甚和谐,于是就自然地用弱化一个音节的办法来缓解与该原则的矛盾。至于为何是后一音节读轻声则取决于普通话的轻重音模式。如我们所知,子、儿、头、的、了、着、过

---

① 梁金荣(2004)区分"凝结"(cohesive structure)与"组结"(constituent structure)两种语义结构关系以说明连读变调或轻重音模式。准此,用作名词的"爱人"可说是"凝结"语义结构,而义为"爱别人"的"爱人"则是"组结"语义结构。

这些虚词的意思都很"轻",所以读音也"轻"。这些虚词在语言中使用的频率很高,并且总是处于后面的位置,久之,一个前重后轻的模式便产生了。①影响所及,其他来源的轻声亦被纳入此一模式。至于动宾结构的两个音节不出现轻声也是有道理可说的:它的两个音节各自具有相对独立的意思,可以说是两个音节表示两个意思,这与一音一义原则并不矛盾,因此没有动因去弱化一个音节以表示对此一原则的顺从。

轻重音现象并非汉语所独有,其他语言如英语、法语中的轻重音现象也许更为普遍。但是在那些语言中,轻重音可以说是一种较为单纯的语音现象,在大多数情况下并不涉及意义。汉语中的"重轻"模式则与意义密切相关,而将"重轻"模式与意义联系在一起的则是一音一义原则。

第三,一音一义原则与借词

汉语在吸收外来词的过程中表现出了很多特点,这些特点是汉语存在一音一义原则的明证。

① 单音节音译词生命力强。由古及今,汉语中音译借词无数,然而得以保留下来且已融入汉语者则多是单音节词。如:佛(又译佛图、佛陀、浮屠、浮图、母驮;梵语 Buddha)、塔(又译塔婆、兜婆、偷婆;梵语 stūpa)、僧(又译僧伽、僧渴耶;梵语 sanīgha)、米(米突;法语 mètre)。这些例子最初都有多音节译法,但后来得以通行的却是单音节。原因在于单音节音译词与汉语中的一音一义原则最为切合;多音节音译词因有违于此一原则而不易被汉语接受。②"巴士"(英语 bus)也是一个很好的例子。这个词曾于 20 世纪 70 年代后期因一部名为《巴士奇遇结良缘》的香港电影以及当时学习英语的热潮而在中国大陆流行一时,不过这个词并未在汉语中扎下根来,日常生活中人们宁愿不厌其

---

① 在无需特别强调的双音节形式中,一般来说总是前一个音节读得轻一些,赵元任(1976)称之为"准抑扬格"(quasi-iamb)。现在因为受到一音一义原则制约,双音节形式中的一个音节须要读轻声,为了与通常的轻重音模式(准抑扬格)区别开来,取前重后轻的扬抑格(trochee)(即轻声在后一音节)也就非常自然了。这可能是轻声落在第二个音节而不是第一个音节的另一原因。

② 当然,有大量的多音节音译词后来并没有变成单音节音译词,不过这些词大都不是常用词,与我们在这里举出的"佛、米"等词是很不一样的。

烦地将四音节词"公共汽车"完整地说出来,然而显然是脱胎于"巴士"的"大巴、中巴、小巴"之类却已经悄悄地步入现代汉语常用词之列。"的士"(英语 taxi)与"巴士"的情形非常相似。此词也因"粤语北伐"之潮流而广为人知,不过人们平时用的仍然是"出租汽车"或其简略形式"出租",很少有人说"的士"。但是,"打的(ti^{55})、面的、的哥、的姐、摩的、马的、板的^{①}"却似乎已经变成了十分耳熟的新词。分别以"巴"和"的"表示公共汽车和出租车对汉语来说并无必要,可是由于与一音一义原则相合,所以很快便能"语素化",且颇具能产性。近年来中外交流日广,外来词源源而来,然而流传最快、最有可能植根于汉语的还是那些单音节的。比如 cool 表示"好极了"的用法在北美英语亦不过三四十年的历史,^{②}然而一经借入(汉译:酷)便迅速流传。除了年轻人喜欢时尚之外,最重要的原因恐怕还是它的单音节特点。

② 音译词让位于意译词。往往有这种情况,最初是一个多音节的音译词,由于每个字(音节)的意义无法坐实,就是说,不合一音一义原则,因此人们另创意译词取而代之。例如(引自邹嘉彦、游汝杰2001),massage 旧译麦萨琪,流行的译法是按摩;fox trot 旧译复克司屈罗,流行的译法是狐步舞。旧译是音译词,虽然亦曾风靡一时,最终还是被意译词所取代。

③ 兼顾音义。在吸收外来词时既考虑到义同时又考虑到音是人们非常热中的翻译方式,之所以如此的原因就在于这样做照顾到了汉语一音一义的特点。比较老一些的例子如幽默(英语 humor)、浪漫(英语 romantic)、引得(英语 index)、模特(英语 model)、戳儿(英语chop)已融入汉语,很难看出它们是外来词。比较新一些的借词如作秀(英语 do show)、黑客(英语 hacker)与一音一义原则甚为相合,看起来会有很强的生命力。

④ 俗词源(folk etymology)译解。努力使音译词拥有理据是翻译外来词中的一大追求,尽管那种理据与源语言两不相涉。不过这正好说明一音一义原则在汉语社团中是多么牢固:说汉语的人强烈希望每

---

① 指提供载人载物服务的平板车。

② 笔者曾就 cool 的这一用法在加拿大温哥华和美国威斯康星麦迪逊向一些上年纪的人士请教,他们都说年轻时不这样用。

个字都有意义。以前翻译外国人名时习惯用汉姓就是一个例子,如英国政治家张伯伦(Joseph Chamberlain,1836—1941)、匈牙利作曲家李斯特(Franz Liszt,1811—1886)、美国演员邓波儿(Shirley Temple,1928—2014)。另外,在翻译一般词语时有意赋予某种词源理解也是一音一义原则起作用的结果。比如 amateur(业余爱好者)、Esperanto(世界语)、concordance(主要词语索引)曾分别译作爱美的、爱斯不难读、堪靠灯。

⑤ 在看到汉语接受外来词力求音节表义的同时,我们也应看到汉语中的多音节音译词,如:沙发(英语 sofa)、尼龙(英语 nylon)、咖啡(法语 café)。但是这些词的第二个音节从不轻读,也不儿化。(对比:儿童用的小椅子可以说成 $\mathrm{\varepsilon jaw^{35}\ ji^{214}\ ts\mathfrak{1}^{0}/ts\mathfrak{d}^{0}}$,儿童用的小沙发不可以说成 $^{*}\mathrm{\varepsilon jaw^{214}\ sa^{55}\ fa^{0}/fa^{0}}$)普通话双音节名词的第二个音节并非总是轻声或儿化,但常用词往往如此。此外,这些词多与外国的生活方式有关。这表明这些多音节音译词并没有彻底"汉化",说汉语的人仍然可以知道它们乃是"非吾族类"的外来词。它们不合一音一义原则并不奇怪。常见于汉语的多音节音译词是安培(法语 ampere)、加仑(英语 gallon)、伏特(英语 volt)、卢布(俄语 РУбЛБ)等。不过这些词大都涉及科学技术、度量衡等,使用场合有限,人们很容易辨别出它们是外来词。一音一义原则没有对这部分词"发威"并不能否认这一原则的存在。颇有深意的是,当这些词变得较为常用时,人们往往更喜欢将其缩略为单音节,比如,伏特简缩为伏,安培简缩为安。这显然是一音一义原则发挥作用的结果。

以上我们根据常见的语言现象论证了一音一义原则。一方面,我们看到汉语中有些所谓双音节语素实际上不过是形态构词或历时共时音变的产物。另一方面,我们看到在轻声、轻重音格式的形成以及吸收外来词等诸多语言现象中此一原则是如何发挥作用的。汉语的确拥有一音一义原则。

深刻认识此一原则对汉语研究大有裨益。这里有一个例子。林焘(1985)在调查北京话中发现了一种连读变调现象,即两去声连读前字有可能变为阳平。例如,按份儿[$\mathrm{an^{51}\ f\mathfrak{d}^{+51}}$]、注意[$\mathrm{t\mathfrak{s}u^{51}\ ji^{51}}$]、扣肉

[kʰəw⁵¹ z̩əw⁵¹] 在一部分人的口中读作 [an³⁵ fə'⁵¹]、[tʂu³⁵ ji⁵¹]、[kʰəw³⁵ z̩əw⁵¹]，各例的前字变成了阳平调。从音系学的观点来看，这一现象可以说是声调两极分化的结果。①但问题是并非全都如此，比如"大炮、订票、半月"这三个双去声形式就没有这种变化。可见原因并不是纯语音的。其实，根本原因在于一音一义的存在。林焘在调查中的两个发现可以说明这一点。第一，持这种变调的人群依地域、年龄、性别、受教育程度的不同而表现出明显的不同。总的来说，郊区高于城区，女性高于男性，老年人高于青年人，文化程度低的高于文化程度高的。前一类人士分析词的内部结构的能力一般来说低于后一类人士。第二，有这种变调的多是日常生活用词，而这类词更倾向于作为一个整体储存在记忆中。由此看来，在这部分人的"心理词典"中，"按份儿、注意、扣肉"的意义可以说是一个混沌的整体，单字义未能彰显。这就带来一个问题。本来，一音一义共处一字（音节），一边是声韵调俱全的音节，一边是单字义，音义平衡。现在差不多成了"二音一义"，单字义打了折扣，原有音义平衡受到损害，"一义"对"一音"（声韵调）就很难再有约束力，"一音"就有可能变得马虎起来，结果是这样的双音形式被弃置于一般语音规则的控制之下，纯语音的声调两极分化规则（polarity tone sandhi）得以大行其道，第一个音节由去声变成了阳平。"大炮、订票、半月"三个双去声形式与此不同。在这三个例子中，单字义各自独立，非常突出，人们很容易感受到各有两个意义。两个音节表示两个意义，这仍然是一音一义。如此一来，一音一义原则的限定（一个意义与一个声韵调俱全的音节相对应）便能够高居纯语音规则的限定之上，结果是不受声调两极分化规则的控制，不发生连读音变。②

这一实例说明一音一义原则的重要性，它是解答许多语言现象的钥匙。在下面的讨论中我们将会看到，一音一义原则在重叠类型的形

---

① 在两字组连调域内，前字调有可能变得与后字调升降高低恰恰相反。参看孙景涛（2002，2018）。

② 这里涉及语音规则在不同性质成分中的适用度的问题。上世纪 80 年代兴起的词汇音系学（Lexical Phonology）与此相关。按照这一理论，语音规则施加于不同语言单位时的行为表现是不一样的。简言之，适用于词汇层面的音变规则不一定适用于后词汇（post-lexical）层面，适用于后词汇层面的音变规则不一定适用于词汇层面。参看 Kiparsky（1982），D. Pulleyblank（1986），Mohanan（1986）。

成中扮演了极为重要的角色;是这一原则的支配作用,或者说是汉字的顽强表义性(徐通锵(1998)),连同响度顺序原则的合力,最终决定了不同的重叠类型。

6.3 顺向重叠的生成机制

前面第三章根据古汉语以及方言材料建立了顺向重叠这一类型。现在讨论这一类型的生成机制。为什么是"顺向"? 为什么第二音节会有一个流音声母? 音义互动如何促成这一重叠类型的产生? 这是本小节将要回答的问题。

如前所述,顺向重叠非常复杂。从表示的意思看,既可指小,又可摹景状物。本小节重点讨论表示指小的顺向重叠。从形式上看,第二音节的声母主要是流音 r-或 l-,同时也有以鼻音或擦音为声母的例子。不过,由于流音居多,况且有的鼻音应视为流音的变体(参看前面第三章 3.6.1 一节),还有,现代方言此类重叠皆为流音,可见流音声母最为典型,因此这里的讨论只涉及流音声母。

让我们从追寻顺向重叠的发端开始讨论。上面第三章举了很多实例,如螳螂、蜉蝣、罜罳,由于都是小事物,所以很容易发现顺向重叠是为了表示指小,指小是引发这一形态构词过程的动因。现在分析这一过程。为便于展开讨论,我们再来观察一下顺向重叠的音变模式。

(3) 指小顺向重叠(σ:音节;I:声母(initial);R:韵母(rhyme);L:流音(liquid);下标字母表示音段的异同)[①]

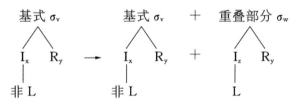

由这个示意图可以看到,顺向重叠不是一个简单的重叠过程,其间有语音修饰,具体表现是第二音节的声母全都变成了流音。这是一

[①] 这个示意图在第三章中标为第(5),名为"转指式指小顺向重叠"。由于转指式与自指式音变模式相同,所以此处不再分别。

个复杂的过程。考虑到最一般最简单的重叠是单音节的自我复制(即完全重叠),同时还考虑到分析模式的适用性,①所以说顺向重叠不可能一蹴而就,至少从理论上可以假设它的第一步应该也是完全重叠。

基于这一考量,如果我们以"蜉蝣"(第三章 3.2.1 一节)为例,那么第一步就是基式"浮"(蜉)(*bəw;李*bjəgʷ)字变成*bəw bəw(李*bjəgʷ bjəgʷ),一个完全重叠的形式。从道理上说,由"浮浮"表示具有悬浮特点的蜉蝣是可以的,北京平谷话用"爬爬"表示小虫是一个有力的旁证。②不过这是现代方言的情况,着眼于整个古汉语重叠系统,我们会发现止步于此尚为时过早,它还需要进一步的语音修饰。

从前面第五章的讨论中可以看到,古汉语完全重叠主要有两种功能,一是表示递进,一是表示生动印象。我们还看到,表递进的完全重叠彼时并不发达,而且基式皆为数、量、名,表生动印象才是完全重叠的主要功能。在这样的情况下,如果真有"浮浮"这样一个完全重叠形式,那么它最有可能表达的意思应该是漂浮的感觉,一种漂浮的生动印象,而不可能指一种小生物。这样说不仅仅是一种逻辑推论,更有事实为证。《诗经·黍离》:"行迈靡靡,中心摇摇。"《毛传》:"摇摇,忧无所愬。"朱熹《诗集传》:"摇摇,无所定也。""摇摇"表示摇晃不定的感觉,这是印象式完全重叠所表示的意思。"浮浮"与"摇摇"同类,果真有"浮浮"的话,它只能表生动印象,它肩负不起表示蜉蝣的责任。这是由古汉语重叠的系统性所决定的。

现在通盘考虑一下摆在我们面前的问题。起初,古汉语构词机制要通过重叠为蜉蝣这种小生物命名,这样做的结果是"浮浮"的产生。但"浮浮"不为重叠这个大系统所容,因此,为了达到用重叠命名的目的,"浮浮"需要变形——变完全重叠为其他类型的重叠。由这里看到,"浮浮"需要进一步的语音修饰,动因首先来自重叠系统内部的压力。

除此之外,"浮浮"需要进一步的修饰还有音义互动这一更加深刻的原因。前面曾经提到,一音一义原则要求一个音节表达一个意义,一个意义只能由一个音节表示。然而现在,需要表达的内容是一种小

---

① 参看第一章 1.2.3 一节。
② 参看第三章 3.2.1 一节。平谷话例证据陈淑静(1998)。

生物的名称,是"一义",其载体却是"二音",明显与一音一义定律相互矛盾。这样就形成了一音一义原则必须贯彻而二音一义重叠式又在所难免的局面。怎样打破这一矛盾的局面呢?从道理上说,矛盾涉及音义双方,要化解可从任何一方入手。但事实上"义"是不能动的,因为重叠的根本目的就在于表达一定的意义,意义表达受挫会使预期创造的重叠形式失去存在的理据。剩下的唯一选择在于语音,语言社团需要对语音形式进行调整以解决存在于重叠形式与一音一义原则之间的矛盾。

语音调整是怎样完成的呢?让我们联系刚刚谈到的北京话两去声连读变调来讨论这一问题。前面我们提到"按份儿、注意、扣肉"三个例子,就那个语言社团(北京郊区、女性、老年人、文化程度低)的心理现实性而言,这三个形式差不多可以说是各表"一义",但其载体却是两个音节。二音一义不符合一音一义原则。怎么办?我们看到的事实是,两个音节对纯语音的两极变调规则表现出了顺从,其中一个音节丢掉本调,改用变调。

这种变调大有深意,它是一音一义原则发挥作用的结果,可从两个层面理解:

第一,音义平衡的层面。"二音一义"意味着单音节表义模糊,意义"蜕化"。这必然会影响到语音形式。根据一音一义原则,一个音节的声韵调原为负载"一义"而设,"一义"是声韵调得以存在的依据,是维系字正腔圆的保证。现在"一义"式微,无力节制"一音",致使声韵调失去依靠,因此极易受制于纯语音的音变规则,成为两极变调规则的"受害者"。由此可见,在一音一义原则之下,义与音实为一荣俱荣、一损俱损的关系,意义的衰微造成了语音的衰微(变调),而语音的衰微(变调)客观上缓解了"二音一义"的矛盾,迎合了一音一义原则的要求。

第二,听感近似的层面。由于出现了变调,整个双音形式就变成了"一个含糊的音节+一个完整的音节"。含糊音节难有音节的身份,可以算作半个音节。与声韵调俱全的双音节形式相比,一个半音节听起来更像一个音节。这可以说在一定程度上顺应了一音一义这一强势规则的要求。总之,由于一音一义原则的压力,语音形式相应作出了调整。

　　以上讨论告诉我们,"二音一义"并非绝无可能,事实上只要有适当的语音形式调整,就有存在的可能。需要指出的是,这种调整是在一音一义原则指导下进行的,而调整的目标则是二音听起来近似一音。

　　现在继续分析"浮浮"如何调整的问题,也就是如何使这两个音听起来像一个音的问题。受到现代方言的启发,我们可能会想到轻声变调,但没有证据显示轻声变调存在于古代汉语。通过排比材料,我们发现古汉语采纳另外一种方式以达到"二音"近似"一音"的目的,这一方式与音节响度原则密切相关。如前所说,区分音节可以根据音段的不同响度,而音节响度的变化曲线又恰成峰峦状,所以我们可以依凭形象的峰峦展开讨论。准此,两个音节在听觉上是否近似一个音节的问题就可以形象地理解为如何使两个音峰看(听)上去像是一个音峰。两个音节如何才能听起来像一个音节呢?理论上的多种可能要受到普遍的语音特点以及汉语语音实际的限制。

　　我们首先也许会想到削低音峰。如上面图(2)所示,两个音峰相连,亦即两个音节相连。降低音峰高度意味着模糊二者之间的界限,因此可以指望听觉上近似一个音节。这一设想很好,但是无法实现,因为要降低音峰的高度,就要将音节的元音(韵腹)变成流音、鼻音之类的响度较低的音,可是古音系统中没有声化韵,流音、鼻音难以充当音核(韵腹),所以降低音峰的设想是不现实的。

　　另有一种可能是缩短两个音峰的距离,具体做法是截削第一音峰的后坡或者第二音峰的前坡。这样做的结果是拉近两个音峰的距离,等于加快话说速度,语流的加快增加了分辨音节界限的困难,两个音节听起来比较像一个音节是可以预知的。这同样是一个合理的设想,但事实上行不通。截削第二音峰的前坡意味着去掉声母,即,使 $^*CVC/^*CVV/^*CV$ 音节变为 $^*VC/^*VV/^*V$。在目前大多数学者的古音系统中,零声母是不存在的(注意:$^*w\text{-}$、$^*j\text{-}$ 不能算作零声母),即不存在 $^*VC/^*VV/^*V$。所以,这种做法的不可取是由古汉语每个音节必有声母的特点所决定的。

　　截削第一音峰后坡的做法是否可行? 这个问题依各家不同的构

拟而有不同的解释。在王力、郑张尚芳、白一平等人的体系中,由于存在没有韵尾的韵母,所以从理论上说是允许的。不过从实际情况看,顺向重叠并没有去掉第一音节韵尾的倾向,无论能否解释,事实是清楚的。在陆志韦、李方桂、蒲立本等人的系统中,所有音节都是重音节,所有音节都有韵尾。准此,可以说这一做法之不可行是由古汉语韵母体系的特点所决定的。

使两个音节听起来像一个音节还有一种可能的方式,那就是抬高音峰之间谷底的高度。请先看两个示意图:(a) /\/\ ;(b) /\/ 。对比(a)和(b),可以看到前者更像两座山峰,后者固然也像,但比较而言不那么典型,我们甚至可以反过来说有点儿像一座山峰。为什么会有这种不同呢?原因很清楚,是因为后者峰峦之间的谷底得到了提升。这一共识(或曰常识)对于模糊音节界线进而使二音听似一音的考量很有启发性。由此可以推知,如果在两个音峰之间减缓起伏跌宕,抬高相连部分,那么就有望达成模糊音峰界限,使两个音节听起来近似一个音节的效果。这一推论符不符合实际情况呢?下面的分析对此做出了肯定的回答。

我们知道,音峰是音节响度的形象化的体现,因此,抬高两个音峰之间谷底的高度,实际上就是提升两个音节相连部分的响度。相连部分涉及两个音段,即第一音节的韵尾和第二音节的声母。二者择一,提高哪个音段更加有效呢?基于人们关注哪个音段哪个音段就更有效的考量,我们可以说第二音节的声母更加有效,因为与韵尾相比,人们更加重视声母,声母更能引起人们的关注。如此判断有以下事实的支持:

第一,在同一语言成分之内的音段序列之中,设若有一个辅音介于两个元音之间,那么这个辅音一定会后附作为声母,而不会前依作为韵尾。举例来说,音段序列 aka 一定是 a.ka,不会是 ak.a。(圆点用作音节界线)

第二,一般来说,一个语言的声母总是比韵尾要多,比如现代汉语方言就全都如此。成员多的音段槽(slot)比成员少的音段槽更加重要。

第三,对声母的分辨一般来说总是细过对韵尾的分辨。例如,一个语言如果在韵尾位置上有-p、-t、-k 与-b、-d、-g 的区别,那么声母位置上一般也会有 p-、t-、k-与 b-、d-、g-的区别。但是,如果已知声母位置有此清浊之别,我们却不可反过来遽然断定韵尾也会如此。

第四,从历史发展来看,韵尾变化总比声母变化剧烈。例如,汉语史上 p、t、k 三个典型辅音既可做声母,又可做韵尾。发展到现代方言,做韵尾的大都有变,或丢掉一二,或并为喉塞,或全部脱落。做声母的则在方言中悉数保留。

以上这些事实表明,与韵尾相比,声母更受关注,更加重要,由声母充任谷底提升者应该更加有效,提升音峰联接部位响度的责任因此就落在了第二音节声母的肩上。

现在继续以"浮浮"为例进行讨论。"浮浮"的语音形式是 *bə̌w bə̌w(李 *bjəgʷ bjəgʷ),相连部分涉及第一音节的韵尾-w 和第二音节的声母 b-。根据上面的讨论可知,提升谷底响度要由 b-这个位置上的音段完成。b-是阻塞音(obstruent),响度居末,它将两个音峰间的谷底降到最低,有清楚地分开两个音节的功用,恰与模糊两个音节的追求背道而驰,因此一定要替换掉,取而代之者应该是响度越高越好。我们知道,鼻音、流音、滑音、元音的响度都比阻塞音高,因此都可以候选,但胜出者只有一个。

元音响度最大,但无奈不为声母位置所容,所以不可能用作 b-的替代。滑音没有这样的限制,可以充当声母,而且存在于古音系统。①此外,滑音响度大,仅次于元音。如此看来,用滑音替换 b-是非常理想的选择。但实际上行不通,原因在于滑音不是典型的辅音。滑音又名半元音就体现了人们的这种认识,用它们充任声母并不理想。比如,普通话的"闻"wən³⁵倾向于读成 vən³⁵,这是人们喜欢用辅音而不喜欢用滑音充任声母的明证。因为这个缘故,尽管滑音响度大,可以有效地提升音峰之间的谷底,但终究没能变成现实。

元音、滑音既不合用,可供选择的就唯有鼻音与流音了。与滑音不同,鼻音与流音皆为典型的辅音,充任声母非常自然。此外,它们的

---

① 王力、白一平的系统中有 *j-,蒲立本、雅洪托夫的系统中有 *w-。另有多家古音系统没有滑音声母。若以此为准,那么就可以说不用滑音替代是因为古音系统中不存在滑音声母。

响度高于阻塞音 b-,用以抬高音峰之间的谷底、模糊两个音节的界线无疑是有效的。鼻音和流音哪个更合适呢？答案显而易见,是流音,因为流音的响度比鼻音高一个级次。①请看下面的示意图。

(4) 顺向重叠形成过程中响度变化示意图(σ 代表音节)

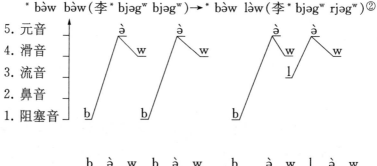

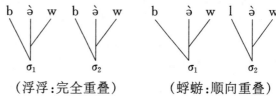

（浮浮:完全重叠）　　　（蜉蝣:顺向重叠）

这一示意图形象地展示了重叠过程中的语音修饰。流音是响度最大的典型辅音,所以由它取代原有辅音 b- 最为可行,最为有效。如图所示,流音 l- 将响度由一级变为三级,音峰之间谷底高度因而得到大幅度的提升。如前所述,抬高谷底意味着模糊两个音峰的界线,自然会导致两个音节像一个音节的听觉效果。③就古人的心理现实性而言,听起来像单音节的双音词 *bə̀w lə̀w(李 *bjəgʷ rjəgʷ)表示"蜉蝣"是可以接受的——虽然仍然是"二音一义",但"二音"是打了折扣的二音,听起来在一定程度上有点儿像一个音节;"一音一义"规则高悬在

---

①　古汉语有两个流音: *r-和 *l-。如何选择取决于纯语音条件,详细讨论见第三章3.5一节。

②　示意图基于蒲立本的拟音。如果依照李方桂的拟音,示意图会略有变化,但是通过填充流音以提升响度的本质特点并无任何变化。

③　同是双音节象声词,"噼啪"(pīpā)和"啪啦"(pālā)的搭配是很不一样的。使用前者,人们常说"噼啪乱响","噼啪"与多个声响(多个音节)相联系。使用后者,人们常说"啪啦一声","啪啦"理解成了一声(一个音节)。母语者的这种搭配习惯表明,流音声母的确容易造成二音类同一音的感知效果。

上,出现这样的二音一义还算差强人意吧。

至此,我们以蜉蝣*bəw ləw 为例,论述了顺向重叠的生成过程——是构词机制与语音系统的互动(morpho-phonological interaction)促成了顺向重叠的产生。纵观整个过程,我们看到,因为有像似性的存在,人们选择重叠以表示指小义。由于"一音一义"规则的存在,重叠式需要在语音形式上做出修饰,以使两个音节听上去像一个音节。这一语音修饰过程既受到一般性语音规则的指引,又受到汉语特殊语音特点的限制。结果是后一音节的声母变为流音,一个新的重叠类型就这样产生了。为了便于看清整个顺向重叠的生成过程,下面是各重要节点的有序排列:

- 基于像似性原则,古代语言社团选择重叠以表示指小义。出现完全重叠"浮浮"。
- 古汉语完全重叠主要表示无法严格界定的生动印象,用于名词则主要表示递进,这些全都不是"浮浮"的预期值(一种小生物)。"浮浮"需要改变形式,压力来自古汉语重叠系统。
- 一音一义原则是汉语的一个本质特征。二音一义获准存在的前提是必须在这一原则指引下进行语音修饰,目标是二音听起来像一音。"浮浮"需要变形,根源在于这一原则。
- 达成二音近似一音的手段多种多样,但限于古音系统的特点以及一般性的语音规则,唯有提升两个音峰(音节)之间的谷底响度最为切实可行。
- 与韵尾相比,声母更受关注,更加重要,因此由第二音节的声母充任谷底响度的提升者最为有效。
- 充任响度提升者的候选音类有鼻音、流音、滑音、元音,流音胜出在于它是响度最大的典型的辅音。
- 声母变为流音使第二音节成了重叠部分,而第一音节仍保持不变,与基式相同,一个顺向重叠的类型就这样自然而然地产生了。

6.4 裂变重叠的生成机制

前面探讨了顺向重叠,接下来便可以探讨裂变重叠了。先顺向后裂变,这种安排不是随意的,因为在重叠系统的形成过程中,顺向重叠先于裂变重叠,顺向重叠比裂变重叠更为基本。如此断言基于两条证据:第一,从形式上看,两类重叠的第二声母皆为流音,这是二者有别于其他重叠类型最为突出的地方。除此之外,裂变重叠第一音节的韵母也有变化,可见裂变重叠比顺向重叠更为复杂。根据事物发展总是由简到繁的一般性规则,可知顺向重叠出现在先。第二,从意义上看,重叠表义多种多样,但总有若干意义是最基本的、最普遍的,其中就有指小。顺向重叠的指小属于重叠的常见基本义,而裂变重叠表示的"非典义"则相对来说不那么基本。综合形式和意义两方面的证据,可以断言顺向重叠先于裂变重叠。

现在来看裂变重叠的生成过程。回顾一下上面第四章讨论的内容。我们知道,启用裂变重叠是因为非典义,为了表达相对而言不是那么典型的意义,汉语社团选择了重叠这一构词方式。以"头*dáɻ→髑髅*dákʰ ráɻ"为例(见第四章 4.4 一节),我们首先有"头头*dáɻ dáɻ"的出现,一个完全重叠形式。与顺向重叠相同,在一音一义原则和音节响度原则的压力之下,第二音节的声母变成了流音,结果是*dáɻ ráɻ的出现。*dáɻ ráɻ 是两个音节,预期表达的髑髅是一个意思,与一音一义原则违拗。不过,由于流音提高了音节相连部分的响度,两个音节可在一定程度上听起来像一个音节,照理说可以合法存在。但事实上无法生存,压力来自重叠的系统性。

我们先来讨论重叠系统性这一观念。所谓重叠系统性,是指在同一语言(方言)的某一时期,重叠形式与表达意义呈互为表里、相互对应的状况,同样的重叠类型有时或许可以表示不同的意义,但是以一一对应为常。换言之,如果重叠意义有别,那么重叠形式也会有别。比如,北京话中有(红)彤彤、冉冉(而升)、悠悠(岁月)、饱饱儿(的)、慢慢(走)、好好(呆着)这样的完全重叠形式。前三个例子各自两个音节读音相同,没有变化,表示不可严格界定的生动印象;后三个例子中的第二个音节总是读高平调,实为状态形容词。不同的重叠意义与不同的重叠形式相对应。再比如,名词重叠在北京话中表示周遍义("每"的意思),因此不能表示指小;陕西礼泉话则刚好相反,名词重叠表示指小,因此不能表示周遍义。这些都是重叠系统性的表现。

现在继续分析"头"的裂变重叠过程。前面指出，*dáɥ ráɥ 无法生存，原因是受到了重叠系统的压力。具体来说，*dáɥ ráɥ 的形式与顺向重叠完全相同，然而预期的意义是非典义，并非指小。由于重叠系统性的存在，因此这一形式必须有进一步的调整。哪一部分需要调整呢？我们看到的是第一音节的韵母。之所以选择这一部分，应该有这样几个原因：第一，第二音节已经发生变化，进一步的语音调整由第一音节承担才比较平衡。第二，这一部分与已经发生音变的第二音节声母相连，可说是"感染"的结果。第三，进一步的语音调整同时有模糊音节界限的动因。第一音节的韵母处在两个音节的相连部分，正好可以担负此任。

再来看具体的变化方式。按照我们的分析，形成裂变重叠的第一步是基式音节的自我重复，即先形成完全重叠。现在第一音节韵母需要进一步语音调整，那么这一调整实际上就是由基式韵母变为实际所见韵母的过程。如前面第四章所揭示的那样，这一变化可以概括为"一定限度的语音修饰"，表现出简化的趋势，就是说，既要有变化，变化又不能过大，变化的方向是趋简。如此概括是因为有以下事实的支持：

第一，第一音节韵母与基式韵母(＝第二音节韵母)属于阴阳入相配的同组韵部。比如"头 *dáɥ→髑髅 *dákʔ ráɥ"，其中基式韵母属于侯部，第一音节韵母则是同类的屋部，由侯部变屋部，可见变化程度有限。

第二，这种发生在同组韵部之内的变化遵循以下细则：阴声韵和入声韵可以互变，阳声韵可以变为阴声韵或入声韵，但是阴声韵或入声韵不能变成阳声韵。我们知道，古韵虽然阴阳入三分，但阴声韵和入声韵的关系更加密切一些，与阳声韵的关系远一些。[1]现在第一音节韵母的形成发生在同组韵部的阴入之间，可见这种变化的幅度很小。阴声韵和入声韵不能变为相应的阳声韵，说明其间差距太大因而无法相通。[2]

第三，有时音变超出同组韵部的范围，结果常常是实现为鱼部。

---

[1] 在董同龢《上古音韵表稿》和李方桂《上古音研究》中，尽管入声拟音独立，但是从命名排列上看是依附于阴声韵部的。在二位先生的心目中，阴入两类关系密切。清代古音学家持相同的看法，押韵谐声方面的证据极多。

[2] 与此相关，为什么阳声韵可以变为阴声韵或入声韵呢？我认为这可能是趋简的结果。不过，这样说意味着阳声韵繁，阴声韵和入声韵简，这一观点仍有待于进一步的论证。

我们知道,鱼部常可用作无标记的默认形式(参看第四章 4.5 一节),所以变为鱼部既是简化的表现,也是有规律的表现。

以上举出三种实际情况,从中可以看到,第一音节韵母的形成过程(起点是基式韵母)实际上就是语音形式发生小幅度变化的过程,就是趋于简化的过程。一定要变,这是为了与顺向重叠在形式上区分开来;变化幅度小,这是忠实于原式的体现;[①]趋于简化,这是语音变化的常态。

总之,第一音节韵母的调整促成了一个有别于顺向重叠的新形式,它专门用来负载非典义,在重叠系统中适得其所,不与其他类型冲突,因而获得了生存权。由于基式音节的声母和韵母分别处在重叠形式的两端,以平面的眼光来看,恰似一个音节发生分裂式的变化,故称之为裂变重叠。下面图示整个裂变重叠的生成过程。

(5) 裂变重叠生成的三阶段(以"头→髑髅"为例)

第一阶段:完全重叠　*dáɥ(头)→*dáɥ *dáɥ(头头)

第二阶段:出现流音　→*dáɥ *ráɥ(头髅)

第三阶段:韵母调整　→*dákᵚ *ráɥ(髑髅)

第一阶段由基式变成完全重叠,这是为便于进一步分析的理论假设,但同时又有重叠由简到繁基本规则的支持。第二阶段是流音出现在第二音节声母位置上,这是一音一义、音节响度、力求二音近似一音诸种原则倾向综合发挥作用的结果。第三阶段,第一音节韵母发生了语音形式的调整,动因来自重叠系统的压力,目标是在形式上有别于顺向重叠,具体调整方式是尽量保持与原式一致。这一复杂的音义互动的结果是裂变重叠类型的形成。

6.5　逆向重叠的生成机制

逆向重叠是基式在后、重叠部分在前的一种重叠,其功能是表示

①　在生成音系学的优选论(Optimality Theory)框架中,"忠实性"(faithfulness)是一个重要的制约条件,它强调输入项与输出项的一致。我们这里所说的忠实于原式与"忠实性"不是一回事,但是基础相通——在各种形式的变化中,尽量与原式保持某种程度的一致(另有标记动因除外)是语言历时共时变化有规律的体现。承认语言变化有规律就得承认对原式的忠诚。演变中出现忠实于原式的现象是无需解释的。

动作的重复、动量的增加。依照学者们的研究,重叠表重复表增量有认知上的根据,在人类语言中相当普遍,[1]出现在汉语中并不是什么奇怪的事情。但奇怪的是为什么在汉语中会是"逆向"呢? 其间发生语音修饰的动因是什么? 过程怎样? 这是本节所要回答的主要问题。

我们在第二章曾重点讨论了"辗转",现在仍然以此为例。按照我们的分析,"转"是基式,并且重叠的第一步是先变成完全重叠,这样就有"转转"这样一个形式,这与分析顺向重叠和裂变重叠时所面对的情况是一样的。由于顺向重叠和裂变重叠承受了进一步的语音调整,而其动因是迫于一音一义的压力,所以很自然的,我们也许会以同样的理由解释"转转"后来的语音变化,认为"转转"变成"辗转"同样是由一音一义原则促成的。事实上这一推论是行不通的,原因在于这个重叠形式的预期值是两个意义而不是一个意义,具体来说,"辗转"实际表达的意思是"一次又一次地转",其中既有转动的意思,同时还有一次又一次的意思。明显是两个意思。所以,"转转"需要进一步的语音修饰是实,但动因主要不是因为一音一义原则。

"转转"需要语音修饰源自重叠系统的压力。我们在上面第五章已经看到,完全重叠在古汉语中是相当普遍的,就其功能而言,主要表示生动的印象,这不是一种可以严格界定的词义。古汉语中也有表示动量增加的完全重叠,但数量很少,而且发生在东汉末年,显系后来的发展。总之,古汉语完全重叠的主体是表示生动印象,在这种情况下,如果停留在"转转"这一形式上,其所表示的意义就只能是生动印象,不可能是动量增加。如此断言不仅仅是逻辑推导,更重要的是有事实为证。前面曾提到《诗经·黍离》"中心摇摇",其中"摇摇"的基式是一动词,由于落入完全重叠的窠臼,没有进一步的语音修饰,所以就只能表示摇晃不定的感觉,只是生动的印象,不能表示动量增加。再如,《诗经·公刘》:"京师之野,于时处处,于时庐旅,于时言言,于时语语。"其中"处处、言言、语语"的基式皆为动词。不过,由于同样落入完全重叠的框架之内,没有进一步的语音修饰以实现为新的形式,所以

---

① 参看张敏(1999, 2001)。

就只能拥有完全重叠的功能,只能表示生动印象,用来烘托邻里居处和谐、言笑欢愉的气氛,它们不能表示动作的重复增加。①

从这里可以看到,动词重叠如果停留在完全重叠的状态,它就只能表示不可严格界定的生动印象。若要以之表示动量的增加,就要冲破完全重叠的藩篱,从形式上与完全重叠区分开来。具体到"转转",可以说它没有资格表示"一次又一次地转",重叠系统的压力迫使它必须经历进一步的语音修饰。

接下来是如何进行语音修饰,包括两个方面的问题:第一,应该修饰第一个音节还是第二个音节? 第二,具体应该怎样改变音值以完成语音修饰? 先讨论第一个问题。回答这个问题与轻重音模式有关,所以先从这个问题谈起。

在自然语流中,音节的音强一般总是搭配得错落有致,不会一重到底,也不会一轻到底。②就现代汉语的结构词(structural word)③两字组而言,根据赵元任(1976)的观察,轻重音模式不外这样两种情况:

(一)重轻格(trochaic)一般来说是结构词(structural word)。主要指后字轻声的两字组,如:橘子、泥巴、铺盖(卧具)、溜达。结构词指用同形替代法、插入法等确定下来的词。

(二)准轻重格(quasi-iambic)常常是结构词。这种模式跟法语的双音词差不多,即两个音节都重读,每个音节都有完整的声调,但第二个音节稍稍重一点。普通话中所谓合成词多属于此类,如:体操、睡觉、注意、人民。

---

① 王力(1962):"……庐旅,疑原作'庐庐'或'旅旅'(依马瑞辰说)。处处、旅旅、言言、语语,都是动词复说,表示人民安居乐业,笑语欢乐的情况。"四个重叠形式被定性为"动词复说"。尤其是从诸位先生的串讲看,这些形式描写的是一种状貌,不是动量的增加,这与我们的理解是一致的。

② 这可以说是强制非恒值原则(Obligatory Contour Principle,简称 OCP)的体现。按照这一原则,特定特征以线性方式排列时要正负值交替,即不允许出现正负同值的特征。组成一段语流的各音节全部是重或全部是轻都是不可想象的。关于这一原则,请参看 McCarthy(1986)、王洪君(1999)。

③ 赵元任(1976)认为印欧语言中的 word 在汉语中没有确切的对应物。大体说来,汉语中的音节词(word-syllable)和结构词(structural word)在一定程度上跟 word 相当。音节词容易理解,写下来就是一个一个的汉字。结构词则大体指陆志韦(1957)、朱德熙(1982a)、郭锐(2002)按照插入法、同形替代法等分出来的单位,大都是两个音节。

赵元任的观察得到了很多学者的认同。第一种情况自然没有争议,第二种情况也是符合实际的,比如,在林焘、王理嘉(1992:176)为准轻重格的"大学"所作的宽带语图及振幅曲线中,"学"所占据的面积比"大"略大一些,说明"学"比"大"的声音略强一些。这是现代汉语的情况。上古汉语情况如何? 在上古汉语中,结构词有什么样的轻重音格式? 这是我们要讨论的问题。

首先需要指出的是,上古汉语没有重轻格。旁证如下。

第一,笔者(孙景涛 2005b)根据河北顺平话中轻声引发的连读变调,结合中古音韵声母的清浊条件,发现轻声产生于中唐到北宋时期。我们没有证据说明上古汉语中有轻声。上古汉语没有重轻格。

第二,存古的南方方言如广州话基本上不存在轻声现象,没有重轻格,那么我们由此可以推论上古汉语同样如此。

第三,在现代汉语中,语气词"了、呢、吗、吧、啊、呕、欤"总是读轻声,总是出现在谓语或整个句子后面。与此相应,现代汉语存在重轻格。在古汉语中,语气词"哉、矣、其"等也是出现在谓语或整个句子后面,但它们不读轻声,①据此可以推知当时没有重轻格(扬抑格)。

由于古汉语没有重轻格,联系现代汉语,还有人类语言在没有特殊语境的情况下所表现出来的"后重"的特点,②可知当时的结构词前一音节略轻一些,后一个略重一些,用赵元任的话说就是准抑扬格。

认识到这一点非常重要。我们来设想一下,有若干音节排列在一起,如果相互间有轻重之别,那么,是轻音节容易发生音变还是重音节容易发生音变呢? 相信我们的回答是相同的:轻音节容易发生音变。现代汉语轻声字常常伴随韵母和声调的变化是很好的证据。再有,在现代方言准轻重格两字组中,如果发生音变,相对较轻的音节往往成为载体。比如,闽语裂变重叠属于准轻重格,结果是后面的声调保持不变,而前面的音节则出现分别归并为特定两个声调的现象。(梁玉

---

① 高嶋谦一(Takashima 1999)对《诗经》押韵用字进行了调查,发现语气词"哉、矣、其"常常可以用作韵脚。这是古汉语语气词不读轻声的一个证据。再举一个相关的例子。"裳"字阳平,在杜甫"剑外忽传收蓟北,初闻涕泪满衣裳(cháng)"中用作韵脚。在现代汉语中,"裳"只出现在"衣裳(yī·shang)"一词中,永远是轻声,因为这个缘故,很多人不知如何去读。轻声不能用于韵脚,用于韵脚的不能是轻声。

② 参看冯胜利(2000)。

璋 1982)后面音节重读,因此不变调,前面音节相对较轻,因此出现变调。再来看一对英语中的例子:(重音音节前有 ' 作为标志)

① Canada　　[ˈkænədə](加拿大)

② Canadian　[kəˈneidiən](加拿大人)

同一个字母 a,有重音时读 æ(第一例中第一音节的元音)或者 ei(第二例中第二音节的元音),没有重音时发生音变,变成一个简单的央元音 ə。尤其值得注意的是,发生音变的音节并不像汉语轻声那样那么轻,只是相对于特别强调的重读音节来说轻了点,然而竟然也发生了音变。由此可知,在一个准轻重格(即准抑扬格)的双音结构词中,如果其中一个音节一定要发生音变,那么它一定是读得比较轻的音节。

此外还要指出的是,音变应主要发生在韵母和声调上,原因在于这种音变是由音节读得轻还是重决定的,而音节轻重的载体是韵母,与声母无关。这一论断可以从现代汉语中得到支持。根据赵元任(1968),轻声音节的元音有弱化为央元音的倾向,而其声母则有增强为浊音的倾向。具体说到需要发生音变的"转转",由于前一个"转"读得较轻,所以发生音变的应该就是这个"转"的韵母。

这一音变具体是怎样完成的呢? 这是下一个需要回答的问题。首先,由于这种音变是在读得轻的位置上发生的,那么趋简必定是一个趋势。其次,由于这是同一构词形态中发生的音变,那么可以想象,这种音变应该是有规律的。就是说,这应该是一种依照普遍适用特征的音变。什么样的特征适应语音交替呢? 这需要结合古汉语韵母系统进行讨论。

在对上古韵母系统的研究中,学者们越来越对中古三等非三等的上古来源问题发生兴趣,提出了不少新的构拟。比如,蒲立本(1977—1978,1994)用钝音(grave accent)和锐音(acute accent)区别三等和非三等,郑张尚芳(1987,2003)用短元音和长元音,罗杰瑞(1994)用没有和具有咽音化或者卷舌化特征,笔者(孙景涛 2005c)用紧元音和松元音。尽管构拟有别,但是应该承认,以上各家用一种语音特征(feature)而不是某种音段(segment)加以区分的做法是非常可取的。中古三等与非三等的古音对立普遍见于所有韵部,可见造成这种对立的语音特征一定是普遍存在的,用作体现音变规则对立的载体应该是非常合适的。但是,纵观古汉语重叠,我们发现这一语音特征是重叠式前后两个音节共有的特征,就是说,要么是"三等字十三等字",要么是"非三等字十非三等字"(下一章有进一步的讨论),一般不会有交叉;就是说,重叠式前后两个音节的"等"是不能改变的。在这种情况下,依照三等非三等的对立来实现第一音节的音变是绝对不可能的。我们需要在古汉语韵母系统中寻找其他普遍特征,需要全盘考察古音韵母的情况。请看下面的古韵部构拟,为简明起见,我们只举出阴声韵部。

(6)上古汉语阴声韵部拟音

韵部	微	祭	歌	脂	佳/支	之	鱼	幽	侯	宵
高本汉	ər	ɑd	ɑ ɑr	ěd ər	ěg	əg	âg o	ôg	ug, u	og
王力	əi	at	a	ei	e	ə	ɑ	əu	ug	au
李方桂	əd	ad	ar	id	ig	əg	ag	əgʷ	ug	agʷ
蒲立本 (各分钝 /锐音)	ɔ́l ə̀l	áts àts	ál àl	ɔ́j ə̀j	áj àj	ɔ́ɤ ə̀ɤ	áɤ àɤ	ɔ́u àɤ	áɥ àɥ	áw àw
白一平	ɨj uj	ats	ej	ij	e	ɨ	a	u iw	o	ew aw
郑张尚芳 (仅列短元音; 祭部之外 不列去声)	ɯl ul	ads ods eds	el al ol	i il	e	ɯ	a	u iw ɯw	o	ew aw ow

初看各家拟音,我们会觉得彼此差别很大,但如能综合考察,还是可以看到共同之处的。比如,无论是哪一家构拟,幽、侯、宵三部都有[十圆唇]特征,或者表现在韵尾,或者表现在主元音上面。与此相对,其余微、祭、歌、脂、佳、之、鱼七部,它们的主元音和韵尾就没有这样的特征(高本汉、白一平、郑张尚芳有少许例外)。如此一来,这三个韵部就同这七个韵部以[十圆唇]/[一圆唇]形成了普遍的对立。除此之外,如果将介音考虑进来,我们会发现这七个韵部各自皆有开口和合口的分别,就是说,即便在这七个韵部内部,我们也能看到[十圆唇]/[一圆唇]这样的对立,足见其普遍性。前面曾经提到,"转转"第一韵

母的语音修饰应该是有规律的,具体的实现方式应该是普遍适用的语音特征。现在,我们找到了一种普遍存在于上古韵母系统中的对立特征,即[圆唇]正负值的对立。"转转"(*trwàn? trwàn?/李*trjuanx trjuanx)第一韵母需要语音修饰,它有可能以此作为标准。事实正是如此,最终我们看到的是*tràn? trwàn?(李*trjanx trjuanx),原来的合口介音(依李方桂拟音则是合口元音)在第一音节的位置上丢掉了,通过[-圆唇]/[+圆唇]实现了第一音节与第二音节的区别。为了彰显规律,下面是更多的例子,其细节在前面第二章大都已有交代。

(7) 古汉语中以[-圆唇]/[+圆唇]对立的逆向重叠

a. 缱绻(qiǎnquǎn)*kʰjàn? kʰwàn?(李*kʰjanx kʰwjanx)

b. 氤氲(yīnyūn)*ʔə̀ŋʲ ʔwə̀n＞*ʔjə̀n ʔwə̀n(李*kʰiŋh kʰuŋh)

c. 间关(jiānguān)*krján krwán(李*kran krwan)

d. 蛣蜟(jíqū)*kʰə̀kʲ kʰwə̀t＞*kʰjə̀t kʰwə̀t(李*)

e. 契阔(qìkuò)*kʰját kʰwát(李*kʰiat kʰwat)

f. 孑孓(jiéjué)*kjàt kwàt(李*kjiat kwjat)

g. 蚍蜉(pífú)*bə̀j bə̀w(李*bjid bjəgʷ)

h. 蛴螬(qícáo)*dzə̀j dzə̀w(李*dzjid dzjəgʷ)

i. 瑟缩(sèsuō)*srə̀kʲ srə̀kʷ(李*srjit srjəkʷ)

j. 蟋蟀(jícù)*tsə̀kʲ tsə̀kʷ(李*tsjit tsjəkʷ)

k. 秸鞠(jiéjué)*kə̀kʲ kə̀kʷ(李*kjit kjəkʷ)

l. 町畽(tiǎntuǎn)*tʰján? tʰwán?(或者:*tʰján? tʰwáɲ?)(李*tʰianx tʰuanx)

m. 蜘蛛(zhīzhū)*tràj tràɥ(李*drjig drjug)

n. 斯须(sīxū)*sàj sàɥ(李*sjig sjug)

o. 踟蹰(chíchú)*dràj dràɥ(李*drjig drjug)

p. 轠辘(lìlù)*rákʲ rákᵡ(李*lik luk)

q. 蕭葦(dǐngdǒng)*tàŋʲ? tàᵡ?(李*tiŋx tuŋx)

r. 霡霂(màimù)*m(r)ákʲ mákᵡ(李*mrik muk)

s. 磬控(qìngkòng)*kʰáŋʲs kʰáᵡs(李*kʰiŋh kʰuŋh)

t. 丽廔(lílóu)*ráj ráɥ(李*lig lug)

u. 辗转(zhǎnzhuǎn)*tràn? trwàn?(李*trjuanx trjuanx)

v. 撅掬(jǐjú) *kàk kàkᶣ(李 *kjak kjuk)

w. 晲鬻(yìyù) *làls làɥs(李 *rjarh rjugh)

x. 崎岖(qíqū) *kʰàl kʰàɥ(李 *kʰjar/ *kʰjig kʰjug)

上面共举出 24 个例子。无论是按照蒲立本的拟音，还是按照李方桂的拟音，都能在两个音节之间找到[＋/－圆唇]区别特征的对立。就体现这种对立的位置而言，可以是介音，如(7a)，可以是韵尾，如(7m)，可以是韵尾的次要发音特征，如(7i)。如果依照李方桂的拟音，还可以是主要元音，如(7n)。这种对立还有一个普遍特点，即负值在前，正值在后。如此大量的平行实例表明这的确体现了一个类型。如我们在前面所说，第一音节需要一种普遍适用的语音对立，以便实现与第二音节的有系统的区别，而经过我们的调查分析，发现[－/＋圆唇]存在于各个韵部，因此很容易担任普遍适用的语音特征。如此看来，由 *trwànʔ trwànʔ(李 *trjuanx trjuanx)(转转)变为 *trànʔ trwànʔ(李 *trjanx trjuanx)(辗转)的动因是重叠系统的压力，而具体方式则是由古音系统决定的，古音韵部的客观条件为它设定了音变模式。由于音变发生在第一个音节，逆向重叠类型就这样产生了。

以上讨论只涉及有[＋圆唇]特征的基式音节。不过凭常识我们也能想到，基式音节一定会有对[圆唇]特征呈负值的。在这种情况下，第一音节应该怎样调整以有别于第二音节呢？我们可能会想到将[圆唇]特征的正负值颠倒过来，但事实并非如此。请看下面的例子。

(8) 基式有[－圆唇]特征的逆向重叠例

a. 匍匐(púfú) *báɣ bák(李 *bjag bjək)

b. 髉沸(bìfèi) *pàkʲ pàts(或者 *pjət pàts)(李 *pjit pjədh)

c. 胥疏(xūshū) *sàɣ sràɣ(李 *sag srag)

d. 参差(cēncī) *tsʰràm tsʰràːl(李 *tsʰrəm tsʰrar)

如第二章 2.2.3 一节所揭示的那样，(8)中举出的这些例子都是逆向重叠。不同于前面诸例的地方在于基式音节对[圆唇]区别特征呈负值。由于[－圆唇]/[＋圆唇]对立已获证实，我们自然会想到这里应该是[＋圆唇]/[－圆唇]：居后的基式对[圆唇]区别特征呈负值，居前的重叠部分对[圆唇]区别特征呈正值。但事实是重叠部分各音段并无[＋圆唇]区别特征，因此并不存在[＋圆唇]/[－圆唇]对立。造成这种情况的一个原因我们在第二章中已经指出：由于[＋圆唇]相对而言是有标记的，所以当以它为起点在第一音节位置上发生音变的时候，将正值"＋"变成负值"－"等于摈弃标记性特征，因此非常容易。可是，[－圆唇]相对而言是无标记的，以它为起点在第一音节位置上发生音变的时候，与这个无标记成分对立的成分从理论上说可以是无限的，难有一以贯之的语音特征可以依从，因此这种变化就显得难以捉摸，我们很难为这种音变找出规律。但是无论如何，它们出现的动因，它们的第一音节需要语音调整，这些都与基式有[＋圆唇]的逆向重叠完全相同。随着古音研究的不断深入，相信我们对音变细节的认识会不断加深的。

6.6　完全重叠的生成机制

在上面第五章的讨论中，我们发现完全重叠表达的不是可以严格界定的词义，而是一种烘托氛围、留给人以想象的生动印象。在这一点上，完全重叠与其他任何类型的重叠都是完全不同的。完全重叠这一独特的表达功能，还有它在重叠系统中的地位，决定了它的形式，它在基式自我复制之后无须进一步的语音修饰。

我们知道，一音一义原则是说一个音节必须表示一个语素义，一个语素义只能由一个音节承载。我们已经看到，这条强势规则必须贯彻执行，违背者须要做出形式调整方能生存，因而出现了顺向、裂变这些需要语音修饰的重叠类型。然而在完全重叠面前，这条原则无从激活，它发挥不出任何强制力，原因就在于完全重叠不表"一义"；由于不表"一义"，那么一音一义的"紧箍咒"就不会念到头上，就没有必须进行语音修饰的压力，结果是自我复制完毕即大功告成，完全重叠类型就这样产生了。

第七章 对相关问题的讨论及全书结语

7.1 引 言

语言学有很多分支,如语音学、句法学、语义学、词汇学。这些分支相互联系,密不可分,不过大体说来各有其相对的独立性,可以在不怎么涉及其他分支的情况下展开研究。比如,普通话的声韵搭配就基本上是一个纯语音问题,不涉及其他分支也能大致说清楚。再比如古汉语中的宾语前置,基本上可以在句法学的术语、范畴以及理论框架之内进行讨论。与这些分支相比,形态学的一个突出特点是本领域中的问题一定要通过考察与其他语言要素特别是语音要素的交互作用才能说明,形态学所特别关心的主要是那些与形态有关的其他领域中的问题。比如要说明儿化这一形态现象,我们必须分辨儿化音节末尾音段的特点——是元音还是鼻音;是元音还要分是高元音、央元音还是低元音,是鼻音还要分是前鼻音还是后鼻音。再比如,不少学者认为古汉语有*s-前缀,[①]做出这一假设的前提是承认复辅音的存在。由此可见,儿化与前缀*s其实在很大程度上是语音问题,说明这两种形态的关键在于能否解决相关的语音问题。形态与语音密不可分,这样形态就成了窥测语音情况的一个窗口,讨论语音问题时援引形态构词方面的事实以为证据是非常自然的。

将形态作为语音研究的证据同时也是非常有力的。形态是语音同语义、句法交互作用的产物,形态牵涉语音,但又不是单纯的语音问题,其中的语音变化同时会有语法意义或者词汇意义的动因,一定会受到意义的制约。由此可见,形态实际上是语音与意义互为表里的浑然天成。因此,通过形态研究语音已不再是就语音谈语音,而实际上

---

① 参看蒲立本(Pulleyblank 1973)、梅祖麟(1989)、龚煌城(2000)。

是在音义两方面的双重规范之内展开的,因而其论证就更加严谨有力,结论就更加确当可靠。

作为一种形态现象,重叠同样运行于音义界面,既涉及音,又涉及义,因此,引入重叠材料以为研究相关问题的证据一定也是相当有力的。通过前面几章的讨论,我们对古汉语重叠已有较为详赡的了解,现在正可用来进行相关问题的讨论。本章将根据重叠材料尝试解决古今汉语中的一些语音问题,既涉及古音构拟,又涉及音节结构,还涉及倚重语音特点的方言分区。本章最后是全书结语。

7.2　重叠与 A/B 两类韵母的构拟

我们知道,高本汉中古音和上古音的一个显著特点是三等韵有-j-①介音,非三等则无。由于这一构拟系统地区分了两种不同类型的音节,即 A 类音节(一、二、四等)和 B 类音节(三等),加上在说明汉语音韵系统的发展上有其便利之处,所以遵从者颇多。不过我们也应看到,过去几十年的不少研究已经证明高本汉的这一构拟并不可取。基于借词中用三等字对译的外语词往往没有-j-介音,蒲立本(1962)开始对高本汉的这一构拟产生怀疑,他先是以元音的长(B 类音节)短(A 类音节)来取代-j-介音的有无,后来(1977—1978, 1994)又以上升的尖锐调以及下降的钝调这类韵律特征来区分 A 类音节和 B 类音节。受到蒲立本研究的启发,郑张尚芳(1987)和潘悟云(2000)更从汉语内部发掘出的证据出发以否定高本汉的-j-介音。斯塔罗斯金(2010[1989])也以长短元音的对立区分 A 类音节(长)和 B 类音节(短),证据来自与亲属语言的比较。罗杰瑞(1994)对-j-介音构拟的怀疑基于其有失常态的分布:怎么可能一半以上的音节都有这样一个介音呢?通过运用有标记/无标记的分析方法,罗氏提出古音 A 类音节有一个咽音化或者卷舌化的特征,B 类音节则无。

下面我们将通过重叠材料以说明-j-介音的不合理,并在此基础上以现代方言和亲属语言中的同类现象为证,进一步提出松紧元音的构

①　高本汉使用的符号是i̯。下面引用时一律改为通行的国际音标写法 j。

拟方案。

7.2.1 变形重叠中保持不变的成分是什么

我们已经发现,古汉语中存在顺向重叠、逆向重叠、裂变重叠三种变形重叠。例见下。

(1) 古汉语中的变形重叠(两种拟音分别依照高本汉(1957)以及蒲立本(1977—1978, 1991a);分别以"高""蒲"标识。A、B 分别指 A 类音节与 B 类音节。)

a. 顺向重叠(基式在重叠部分之前)

    i. 孟浪(mènglàng)   高 *măŋ laŋ;蒲 *mráŋs ráŋs (AA)

    ii. 逍遥(xiāoyáo)   高 *sjog djog;蒲 *sàw làw (BB)

b. 逆向重叠(基式在重叠部分之后)

    i. 间关(jiānguān)   高 *kăn kwan;蒲 *krján krwán (AA)

    ii. 斯须(sīxū)   高 *sjĕg sju;蒲 *sàj sàɥ (BB)

c. 裂变重叠(基式音节的声母和韵母分别保留前后两个音节)

    i. 蔕芙(tídié)   高 *dʰiər dʰiet;蒲 *lə́j lə́kʲ (AA)

    ii. 蒺藜(jílí)   高 *dzʰjət ljər;蒲 *dzə̀kʲ rə̀j (BB)

从以上三组引例中可以看到,重叠过程中的语音变化非常明显,基式音节几乎所有音段都有可能发生改变。在(1a)中,声母变了。在(1b)中,韵母变了。在(1c)中,基式音节的声母和韵母分别见于重叠形式的两个音节。但是尽管如此,我们仍可发现恒定不变的因素:(1i)三例中的六个音节属于一等、二等或者四等字(A 类音节),(1ii)三例中的六个音节属于三等字(B 类音节)。也就是说,一个重叠词的两个音节就其音节类型而言,要么是 AA,要么是 BB,但不会是 AB 或者BA。下面是更多的实例。

(2) 古汉语 A 类音节重叠

a. 螳螂(tánglàng)   高 *dˤaŋ laŋ;蒲 *dáŋ ráŋ(一等、一等)

b. 鸼鹩(diāoliáo)   高 *tiog liog;蒲 *tjáw rjáw(四等、四等)

c. 圹埌(kuànglàng)   高 *kʷaŋ laŋ;蒲 *kʰwáŋs ráŋs(一等、一等)

d. 磬控(qìngkòng)   高 *kˤieng kˤung;蒲 *kʰáŋˤs kʰáŋ^ɥs(四等、一等)

e. 契阔(qìkuò)   高 *kˤiad kˤwat;蒲 *kʰját kʰwát(四等、一等)

f. 霡霂(mɑ̀imù)　　高 *mwěk muk;蒲 *mrák^{j} mák^{ɥ}(二等、一等)

g. 胡蝶(húdié)　　高 *gʻo dʻiap;蒲 *gáɤ ljáp (一等、四等)

h. 鹆鷐(wūzé)　　高 *ʔwo dʻăk;蒲 *ʔáɤ lrák(一等、四等)

i. 髑髅(dúlóu)　　高 *dʻuk glu;蒲 *dák^{ɥ} láɥ(一等、一等)

(3) 古汉语 B 类音节重叠

a. 茹藘(rúlǘ)　　高 *ȵjo ljo;蒲 *nàɤ ràɤ(三等、三等)

b. 复育(fùyù)　　高 *bʻjôk djôk;蒲 *bək lək (三等、三等)

c. 茱萸(zhūyú)　　高 *ȡju dju;蒲 *dàɥ làɥ (三等、三等)

d. 踟蹰(chíchú)　　高 *dʻjěg dʻju;蒲 *dràj dràɥ (三等、三等)

e. 瑟缩(sèsuō)　　高 *ʂjět ʂjěk;蒲 *srək^{j} srək^{w}(三等、三等)

f. 鼅鼄(zhīzhū)　　高 *tjěg tju;蒲 *trəj trəɥ (三等、三等)

g. 戏泄(xīyì)　　高 *xia zjad;蒲 *xàl làts (三等、三等)

h. 扶摇(fúyɑ́o)　　高 *bʻjwo djog;蒲 *bàɤ làw (三等、三等)

i. 脊令(jílìng)　　高 *tsjěk ljěŋ;蒲 *tsàk^{j} ràk^{w}(三等、三等)

从上引 18 个重叠形式中看到,其中保持不变的语音特征仍然是音节类型。也就是说,一个重叠形式的两个音节要么是 AA,要么是 BB,但不会是 AB 或者 BA。重叠过程中的这种一致性表明,决定 A、B 两种音节类型之别的语音特征一定十分特殊,一定有别于一般的音段,否则何以所有音段皆可变化唯独这一语音特征保持不变呢?然而,如果我们将高本汉的构拟带入,便会得到这样的重叠格式:*-j--j-或 *-ø--ø-(-ø-表示该音节没有-j-介音)。准此,重叠过程中保持不变的语音特征就只是-j-介音而已。也就是说,尽管重叠过程中所有音段都可能发生音变,但是-j-介音永远保持不变。这是认定 B 类音节有-j-介音之后对重叠中音节类型保持不变的必然解释。这种解释有无道理呢?最好的检测方法是到活语言中去做调查,看-j-介音在活语言的重叠中是否可以保持不变。如果-j-介音可以保持不变,即总是共现于重叠词前后两个音节,那么我们便可以说高本汉的-j-介音构拟是有道理的,至少对高本汉的-j-介音构拟不构成反证。但是,如果-j-介音在重叠过程中不能保持不变,或者有时能保持这个-j-介音(-j-介音共现于重叠词的两个音节),有时却不能(-j-介音仅见于重叠词中的一个音节),那么这就对高本汉的-j-介音构拟构成了反证。高本汉的-j-介音构拟就需要重新考虑。

为此我们调查了现代方言,同时也翻检了其他学者的有关调查报告,发现-j-介音不能总是保持不变;我们还没有找到这样一种方言——在其多种类型的重叠中,-j-介音总是共现于重叠形式前后两个音节。实际情况是,个别方言的某些重叠或许可以在一定程度上保持-j-介音共现于前后两个音节,但并非总是如此。请看例子。

(4) 伊盟方言的裂变重叠词(栗治国 1991)[①]

<table>
<tr><td>基式</td><td>重叠式</td></tr>
<tr><td>a. tiəu²³ 丢</td><td>tiɛʔ²¹ liəu²³ 滴溜</td></tr>
<tr><td>b. tɕin²³ 精</td><td>tɕiɛʔ²¹ tɕin²³ 急灵</td></tr>
<tr><td>c. tiau⁵³ 掉</td><td>tiɛʔ²¹ liau⁵³ 得镣</td></tr>
<tr><td>d. tʰiau⁴⁴ 条</td><td>tʰiɛʔ²¹ liau⁴⁴ 贴聊</td></tr>
<tr><td>e. pən⁵³ 笨</td><td>pʰəʔ²¹ lən⁵³ 不愣</td></tr>
<tr><td>f. kiau²³ 钩</td><td>kəʔ²¹ liau²³ 圪溜</td></tr>
<tr><td>g. kaŋ⁵³ 岗</td><td>kəʔ²¹ liaŋ⁴⁴ 圪梁</td></tr>
<tr><td>h. pʰiau⁵³ 漂</td><td>pʰəʔ²¹ liau⁵³ 扑潦</td></tr>
</table>

在(4a-d)中,基式的-j-介音(栗治国记作-i-)见于重叠式的两个音节,但是在接下来的三个例子中,-j-介音只见于第二个音节。伊盟方言的这种情形具有普遍性,其他方言里的重叠莫不如此。下面的材料出自多种方言,引用时只举-j-介音见于重叠词中一个音节的例子。

(5) -j-介音仅见于重叠词中一个音节之例

a. 晋中方言的裂变重叠词(赵秉璇 1979)[②]

i. təʔ˳ ljaʔ˳ 多嘴好说

ii. tsʰwəʔ˳ ljow 从手中滑出,从坡上滑下

iii. kʰəʔ˳ ljaw 抬起腿

iv. pʰəʔ˳ ljaʔ˳ 指与一般人习惯不同,左手使用工具;腿走路不得

---

① 栗治国称之为分音词。我认为这些双音形式皆为裂变重叠的结果。参看第四章。

② 赵秉璇称之为嵌 l 词。原文中的-i-、-u-介音这里分别改成了-j-和-w-。下面 b、c、d 三组引例也做了同样的处理。

劲儿

    v. kwəʔⱼₒ ljow 滚动

b. 北京话源于重叠的拟声词(朱德熙 1982b)①

    i. pʰjəŋ pʰaŋ 物体碰撞声

    ii. tjəŋ taŋ 锤击金属声

    iii. tɕʰjəŋ kʰwaŋ 金属相碰的声音

c. 藤县方言(粤语)中的重叠形容词(邓玉荣 1995)

    i. njɐp⁵ 瘪→nɐn⁴⁴ njɐp⁵

    ii. kʰjaw⁵³ 翘→kʰɐn⁴⁴ kʰjaw⁵³

    iii. hjaŋ⁵³ 香→ŋam⁴⁴ hjaŋ⁵³

    iv. ljaŋ⁴²³ 亮→lap⁴⁴ ljaŋ⁴²³

d. 连城方言(客家话)的动词重叠(项梦冰 1998)

    i. kʰjaɬ 框→kʰjaɬ laɬ 小框

    ii. pjaɬ 柄→pjaɬ laɬ 小柄

    iii. ȵjaʋ 染(同音字)→ȵjaʋ laʋ 抖搂(连城方言没有 ljaʋ 音节)

上面引了 15 组例子。考察其中重叠式的两个音节,可以看到-j-介音仅仅见于一个音节。这一事实说明,-j-介音在重叠过程中无法恒久维持。②这是一个基于经验的概括,但这一概括有其理论基础。纵观各种语言中的重叠,其中都有一个很强的简化趋势,即一个音节除了 CV(C 代表辅音;V 代表元音)或者 CVC 以外,其他音段在重叠过程中都有可能丢掉。-j-介音属于 CV/CVC 骨干以外的音段,无法永远保持并不奇怪。

现在回过头来考虑古汉语重叠中的音变情况。如前所述,按照高本汉对 B 类音节的构拟,古汉语重叠中的音变类型就得解释为 *-j--j-

①   按照北京大学中文系(2003)的调查分析,北京话-iŋ 的实际发音应该是-iᵊŋ。今从之。并且照例改为-jᵊŋ。

②   福州话裂变重叠(例见上面第四章)中的介音不在此例。原因是福州话的介音是元音,不具辅音性(北京大学中文系 2003)。这与汉语其他方言的介音是不同的。这种不同还表现在押韵上面。根据李壬癸(Li 1986)的调查,闽南话民歌押韵是要考虑介音的。具体来说,-iV 与-uV 不能押韵(V 代表主要元音)。这种情况不见于其他方言,亦不见于古代诗歌如《诗经》,可见闽语介音性质的特殊性。这里对-j-介音进行概括时将闽方言排除在外是适当的。

或 *-ø--ø-，-j-介音在重叠中总是保持不变。然而通过对现代重叠构词的调查，我们发现事实上并不存在这种音变类型，我们找不到介音-j-总是共现于重叠形式前后两个音节的方言。这一事实与基于高本汉构拟所假设的古汉语重叠音变类型是相互矛盾的。事实无误，我们不能怀疑事实。值得怀疑的是高本汉认为 B 类音节有-j-介音的理论假设。

至此，通过比较古今汉语重叠过程中的音变模式，可以看到高本汉的-j-介音是不可取的。接下来的问题是如何取而代之，如何找出中古三等韵在上古的真正来源，如何构拟 B 类音节和 A 类音节。我们仍然采取同样的探索方式，即先调查现代语言重叠构词中的音变模式，搞清什么样的语音要素可以在重叠过程中保持不变。如果能找出这样的语音要素，那么就可以尝试假设古汉语重叠构词中保持不变的也是这一语音要素，进而就可以用这一语音要素区分(构拟)B 类音节与 A 类音节。

7.2.2 哈尼语重叠所带来的启示

我们在前面的讨论中已经看到，重叠过程中的音变具有普遍性以及多样性的特点，基式音节所有的音段，包括声母、介音、韵腹、韵尾，皆可发生变化。考虑到这一事实，当我们试图探求重叠过程中保持不变的语音要素时，最可能取得成功的方式是关注一般性的语音要素，而不是具体的音段。由于每一个古汉语音节必有元音，所以说到一般性的语音要素便会想到元音的对立特征，比如，高元音：非高元音、低元音：非低元音、后元音：非后元音、长元音：短元音、圆唇元音：非圆唇元音、紧元音：松元音。

我们首先可能会考虑用长短元音的对立来区分古汉语中的 A 类音节与 B 类音节。不过这一猜想难以得到证实，我们很难找到长短对立可以保持于重叠之中的例证；我们找到的是相反的例证。请看例(6)。

(6) 哈尼语绿春话重叠中的音长(戴庆厦 1990)

a. ɔ³¹ bja̠³³ 晴朗的天空→ɔ³¹ bja̠³³ bjaː³³

b. mja̠³³ gɯ⁵⁵ 头晕→mja̠³³ gɯ⁵⁵ gɯː⁵⁵

c. mja³³ mi³³眨眼→mja³³ mi³³ mi:³³

右面三个音节中的后两个音节显然是重叠,但是有长短元音的对立:基式(bja³³、gɯ⁵⁵、mi³³)是短元音,重叠部分则是长元音。音长在重叠中没能保持不变,这一事实不支持我们利用长短元音以区分古汉语重叠中 AA 音变模式与 BB 音变模式。①

现在让我们来尝试另一语音要素。基于田野调查,许多学者发现松紧元音的对立在藏缅语族彝语支非常普遍。比如属于哈尼语的绿春大寨话的十个元音就被整齐地依照"松"与"紧"一分为二。请看例(7)。

(7) 绿春大寨话的松紧元音(藏缅语语音与词汇编写组 1991;马学良等 1991)

a. 紧元音:ɿ̱ i̱ e̱ a̱ ɔ̱ u̱ ɣ̱ ɯ̱ y̱

b. 松元音:ɿ i e a ɔ u ɣ ɯ y

如此整齐的松紧对立令人称奇。古汉语会不会同样如此呢?古汉语的 A、B 两类音节会不会正是依据元音的松紧不同而划分出来的呢? 这当然只是一个假想。假想需要论证,这里是论证的思路。我们知道,古汉语重叠的音变类型要么是 AA,要么是 BB,不会是 AB 或 BA。我们还知道,现代方言中的事实表明,重叠过程保持不变的语音要素不大可能是某一个具体音段。在这种情况下,如果有这样一种活语言,重叠中保持不变的恰好是"松"或者"紧",即重叠式的两个音节要么是"紧元音+紧元音",要么是"松元音+松元音",但不是"紧元音+松元音"或者"松元音+紧元音",那么,我们就可以同样将古汉语重叠中的 AA、BB 音变模式解释为"紧元音+紧元音"或者"松元音+松元音",进而就可以用"紧"和"松"来构拟三等与非三等的上古音。

---

① 以元音长短区分 A 类音节与 B 类音节的另一个困难来自押韵。如我们所知,A 类音节与 B 类音节在《诗经》中是可以互相押韵的。如果以元音长短来区分 A 类音节与 B 类音节,那就意味着长元音可以跟短元音押韵。可是我们在现代粤语中找到的是反证:长元音不能跟短元音相押。张洪年(Cheung 1996)分析了四百多首粤语流行歌曲,发现长元音不能押韵。比如有一首张学友演唱的歌曲,其押韵标准应该说是比较宽的:韵尾-m、-n、-ng 可以互相押韵。可是长元音不能押韵,所有十三个押韵的字全部是长元音。这十三个字是:gaam 监、jaahm 暂、dāan 单、fàahn 烦、haahn 难、gāan 闲、láahng 冷、ngaahn 硬、wàahn 环、dáan 弹、màahng 盲、fáan 返、hàahng 行。我们当然不能据此遽然认定古汉语长短元音的构拟一定是错的,但这一事实不支持长短元音的构拟则是很明显的。

让我们再来看一看前面(6)中的三个例子。比较基式与重叠式,我们看到的唯一变化是音长,即短元音变成了长元音。但是,特别值得我们注意的是松紧特点未变——例(6a-b)是"松元音＋松元音",例(6c)是"紧元音＋紧元音"。下面是更多的例子。

(8) 彝语南华方言中的重叠①

a. tʂʰA²¹ lA²¹ 狼   b. kɯ⁵⁵ lɯ⁵⁵ 青蛙

c. le̱²¹ pɯ³³ lɯ³³ 拳头 (le̱²¹的意思是"手")   d. pA³³ lA²¹ 碗

e. bo̱³³ lo̱³³ 花牛   f. so³³ lo³³ 棉花

g. A³³ vu³³ di³³ li³³ 蚯蚓   h. tɕA³³ lA²¹ 锣

i. ɕi⁵⁵ li²¹ 东西   j. ɣA²¹ lA³³ 圆

k. bɯ²¹ lɯ³³ 或者:bu²¹ lu³³ 蝴蝶   l. bɯ⁵⁵ lɯ⁵⁵ 明亮

m. (?) dʐu̱³³ phu³³ lu³³ 钥匙 (dʐu̱³³的意思是锁)

除了最后一个例子,其他十二个例子全都表现出了"紧"或者"松"的一致。也就是说,重叠式的两个音节要么是"紧元音＋紧元音"(11a-e),要么是"松元音＋松元音"(11f-l)②。由此可见,维持松紧对立乃是重叠的一条准则,基式元音"松"或者"紧"的特点照例在重叠过程中得以保留。

现在让我们对比两种语言中的重叠,一种是彝语南华方言中的重叠,一种是古汉语中的重叠。在彝语南华方言的重叠中,保持不变的语音要素是"松"或者"紧",在古汉语重叠中,保持不变的是音节类型A或者B。两两相比,我们自然会想到可以将古汉语重叠中AA和BB音变类型理解为"紧元音＋紧元音"和"松元音＋松元音"。

接下来的问题是如何安排"松/紧"与A/B的对应。事实上我们有两种选择:1)古汉语A类音节有紧元音,B类音节有松元音;2)古汉语B类音节有紧元音,A类音节有松元音。我的选择是第二种。下一节重点从历时发展的角度说明如此选择的理由,来自中古音的证据同

---

① 例子取自《藏缅语语音与词汇》。该书共收1 004个词条,包括五十种藏缅语语言或方言。我们集中考察了彝语南华方言的638个名词和形容词,所得重叠词(两个音节同韵母,第二声母是流音)全部列在这里。

② 最后一个例子dʐu̱³³ phu³³ lu³³ 钥匙(dʐu̱³³的意思是"锁")不合此例。需要指出的是,这个词在彝语另外五个方言中似乎都与重叠无关。所以究竟是一种什么样的情况还有待进一步调查。

时也支持松紧元音的构拟。

7.2.3 松紧元音的中古反映形式能够告诉我们什么

评价一种古音构拟,学者们会自觉遵从一个检验的标准,那就是这种构拟要能够经得起中古反映形式的检验。就是说,当提出一种古音构拟时,要能够说明这种语音是如何发展到中古音的。具体到正在讨论的问题,既然假设古汉语 B 类音节有紧元音,A 类音节有松元音,那就要说明紧元音如何发展为中古的三等韵,松元音如何发展为中古的非三等韵。如果能够合理说明,那么就支持我们对古汉语松、紧元音的构拟,同时也表明将松、紧元音分别指派给 A 类音节和 B 类音节是有道理的。

先来讨论中古三等非三等的特点。我们知道,如何构拟中古三等仍有不少争议,但是一致的地方还是很多的。就高本汉与蒲立本的构拟而言,前者三等韵皆有-j-介音,后者则是具有 i、ɨ、u 三个高元音中的一个。请比较下面几个例子。

(9) 中古三等音节(B 类音节)

	a. lì 立	b. fó 佛	c. jī 机	d. jiàn 健	e. juàn 卷
高本汉 (1957)	ljəp	bʻjwət	kjei	gʻjɒn-	kjwän-
蒲立本 (1991b)	lip	but	kɨj	gianʰ	kwianʰ

如果只关注决定三等韵的拟音部分,我们就有这样五组对立:-j-/-i-、-jw-/-u-、-j-/-ɨ-、-j-/-ɨ-、-jw-/-wi-(斜线前面是高本汉的拟音,后面是蒲立本的拟音)。两位学者的具体拟音是不同的,但这些拟音全都有[＋高]这样的区别特征,因此可以说中古三等韵的特点是有高元音。[①]确定了中古三等的语音特点,我们便有这样的历史发展:

(10) 上古音向早期中古音(《切韵》音)的发展

a. 上古松元音(A 类音节)→早期中古音的中、低元音(非三等韵)

b. 上古紧元音(B 类音节)→早期中古音的高元音(三等韵)

---

① j、w 的区别特征与 i、u 相同,只是长短有别而已。另外,高本汉的四等韵也有高元音,这是他将《切韵》音与《韵镜》音(唐代长安音)混为一谈所致。《切韵》时代的四等韵没有高元音。

如何证明这样的历史音变？彝语支语言为我们提供了旁证。前面曾经提到，松紧元音在彝语支诸语言中相当普遍，属于哈尼语的绿春大寨话甚至依此将其元音全部一分为二。但是，我们同时看到有的语言的元音虽然也有松紧对立，不过这种对立只见于某些元音，并不是所有元音。比如在同属哈尼语的豪尼话中，松紧对立只见于三个高元音，即 i、ι、v[①]、i̠、ι̠、v̠。中、低元音 e、a 没有松紧对立。对比哈尼语其他语言，可知松紧元音在豪尼话中当初也应该是普遍存在的，但时至今日，紧元音只见于高元音，这说明紧元音与高元音有一种天然的密切联系，高元音最适合负载松紧对立。[②]基于这些事实，我们进一步可以做出这样的推测：当一个元音"紧"的特点消失的时候，有可能同时引发一个高元音(作为主元音或者介音)的产生；从历史音变的角度来看，原先的紧元音有可能发展出后来的高元音。我们已经知道中古三等音节以高元音为其特点，那么它们的上古来源就很可能是带有紧元音的音节。所以上古的紧元音应该指派给 B 类音节(中古三等韵)而不是 A 类音节(中古非三等韵)。[③]这正是(10)中所述演变大势的根据。下面四个例子代表了由上古到中古的历史演变。

(11) 上古到中古的历史音变(笔者对蒲立本的构拟作了改动)

上古 A 类音节：a. 臧 *tsaŋ(李 *tsaŋ)→早期中古音 tsaŋ

　　　　　　　b. 胡 *gaɣ(李 *gag)→早期中古音 ɣɔ

上古 B 类音节：a. 浆 *tsa̠ŋ(李 *tsjaŋ)→早期中古音 tsɨaŋ

　　　　　　　b. 极 *g̠ək(李 *gjək)→早期中古音 gik

---

①　马学良(1991:506)："如上述的豪尼话，松紧对立的元音只有 i、ι、v 三个高元音。"

②　高元音容易保持松紧对立是有发音机制的支持的。松紧元音的形成可以有多种情况，一种常见的情况是由舌根前移造成的，即所谓[ATR](Advanced Tongue Root，向前移动的舌根)。中低元音的舌位距离控制松紧元音的舌根较近，因此，在摆好发中低元音舌位态势的同时，还要调节舌根部位的前后，这是非常困难的。因此中低元音难以保持松紧对立。相反，高元音的舌位距离控制松紧元音的舌根比较远，在摆好发高元音舌位态势的同时，舌根部位仍有较大的移动调节的空间，所以高元音显现松紧之别相对来说是比较容易的。

③　由于古汉语常用虚词大都属于上古 B 类音节(中古三等)，所以 B 类音节应该是无标记的(参看 Norman 1994；孙景涛 2005c，2007a)。将松紧元音分别指派给上古 A、B 两类音节时应该考虑这一因素。由于人们总是用下加横线表示紧元音，似乎紧元音是有标记的。不过问题并不是这样简单。比如，英语有 i、I 两个元音，有人认为前者紧后者松。而我们知道前者比后者更加常见，更为普通，准此，似乎应该认为紧元音是无标记的。

以上我们对古汉语中决定音节类型的一个语音要素进行了构拟。我们的基本方法是从重叠入手。在古汉语的重叠过程中,语音变化表现出极强的音节类型一致性——重叠形式的两个音节差不多总是"A类音节＋A类音节"或者"B类音节＋B类音节",极少"A类音节＋B类音节"或者"B类音节＋A类音节"。由于重叠现象普遍存在于古今中外,我们因此有可能通过对活语言的观察以求得对古汉语中相关语音特质的认识。在活语言的重叠中,-j-介音无法总是保持不变,可以保持不变的语音要素是松紧元音的对立,我们因此可以用松紧对立去解释古汉语中那种音节类型的对立。这里使用的方法当然也是一种古今比较的方法,但比较的对象以及方式与单纯的语音比较是不同的。单纯的语音比较只有语音规则的单方面的限制,相对而言留有较大的选择空间,构拟时就会增加任意性,降低确定性。而根据重叠构拟紧元音就不同了。一方面,我们有音变规则的证据——紧元音与高元音有一种天然的密切联系,因此上古"紧"的特点的失落有可能引发中古高元音的产生。另一方面,我们有形态类型的证据:-j-在现代方言重叠中不能保持不变,它在重叠过程中脱落了,而哈尼语的重叠可以保持松紧不变,来自活语言的这些信息可以引导我们推测古汉语中的情况。[①]要之,重叠是在音义界面上运行的,据此构拟古音是在音与义的双重规范之内进行操作,从而使得限定增多,评判标准趋于严格,可令构拟达到单纯利用语音比较所达不到的可信程度。这里我们尝试利用重叠的证据来解决一个古音构拟中的问题,希望有助于对这一古音研究新方法的认识。

---

① 松紧元音是一个笼统的说法,其所涵盖的内容相当复杂。Maddieson and Ladefoged(1985)专门对此进行了研究。他们搜集了景颇语、哈尼语、彝语、佤语(隶属孟高棉语族)中的松(lax)紧(tense)元音资料,通过试验语音学的方法,分析了元音音质、元音时长,以及相邻辅音的一些特质,发现松紧元音在这些语言中的表现很不一致,但都是以某些发声态作为对立基础的,而且这些语言之间的发声态可以有很大的不同。从这个角度来看,尽管我们的音系学分析进一步论证了A型B型音节的对立,但提出源自上古松紧元音的假设并非研究的终结,我们必须进一步找出支撑二者对立的具体的发声态基础。比如松紧对立可能是舌根(tongue root)后缩与正常状态的对立,也可能是舌根前移与正常状态的对立。还有,时长的久暂有多大可能辅助凸显二者的对立。我们应该对此有所论断。这方面已有学者作出了深入的研究,比如潘悟云(2014),值得重视。

7.3 重叠与喻_四、定母的构拟

中古喻_四的上古来源历来颇多争议。早先高本汉（Karlgren 1923）和董同龢（1944）拟为 *d-，用它与 *dʻ-（定母）相对。后经李荣（1956）等学者的研究，始知全浊声母送气是有问题的，^①连带动摇了高本汉对喻_四的构拟。蒲立本（Pulleyblank 1962）起初将喻_四拟为 *ð-，后来改拟为 *l-。李方桂（1971）根据谐声和对音材料拟为 *r-，王力对此表示了赞同。^②白一平（Baxter 1992）、沙加尔（Sagart 1999）、郑张尚芳（2003）、龚煌城（2004）拟为 *l-。

来自重叠的证据支持将喻_四拟为流音。前面我们讨论了顺向重叠和裂变重叠，发现第二音节或者是来母，或者是喻_四。前者如螳螂、蟏蠃、髑髅、蒺藜，后者如蜥易、茱萸、扶摇、芙蓉。这些重叠形式在表达上具有很强的一致性，顺向重叠的螳螂、蟏蠃、蜥易、茱萸表示指小，裂变重叠的髑髅、蒺藜、扶摇、芙蓉表示非典义。只有将来母和喻_四全都构拟为流音，才能将这些双音形式适当地归入这两种重叠类型。再从理论上看，第二音节声母位置上出现流音有其必然性——这是音义互动的结果，这是两种重叠类型的共同特点。上面第六章对此进行了比较详尽的讨论。^③如果将"易、萸、摇、蓉"（皆喻_四字）像高本汉那样拟成 *d 声母，那么接下来就会遇到这样的问题："蜥易、茱萸、扶摇、芙蓉"为什么会以 *d 作为第二音节的声母？对此没有任何理论上的说明。只有将喻_四拟为流音，蜥易、茱萸、扶摇、芙蓉才能与螳螂、蟏蠃、髑髅、蒺藜同样理解为在形式和意义都能得到统一说明的重叠形式。由此可见，重叠实例支持将喻_四拟为流音。

---

① 李荣（1956）主要是针对中古音展开讨论的。不过，由于高本汉的全浊声母无论中古还是上古都是送气的，所以，李荣的结论也可以施用于上古音系。

② 北京大学 1983 年 10 月 21 日为李方桂先生来访举行了古音学术座谈会，王力先生在会上表达了这个意思。参看李方桂等（1984）。

③ 流音出现在顺向重叠与裂变重叠第二音节声母位置上是普遍语法与汉语特性共同制约的结果，至于选用 *l 还是 *r 则取决于语音条件。另外，来母与喻_四在 *l 和 r 的指派上也有不同意见。参看第三章 3.5、第六章 6.3-4 中的相关讨论。

现在讨论定母的上古来源问题。按照通行的看法,定母代表全浊舌齿塞音 d-,上古中古无别。这种看法大体不错,不过就中古某些定母字而言,其上古来源可能是流音声母。请看下面的例子。

(12)中古部分定母字源自上古流音 *l-举例

中古定母字(d-)	上古拟音	出处
a. 兑	*lwats	(蒲立本 Pulleyblank 1973)
b. 夺、潭	*lot、*lum	(雅洪托夫 1986)
c. 瓞、簟、读	*lit、*lim?、*lok	(白一平 Baxter 1992)
d. 砀、荡、蝶	*l'aaŋs、*lhaaŋ?、*l'eeb	(郑张尚芳 2003)

(12)中的九个例字全都是定母字,中古音值为 d-,学界对此没有异议。至于上古音值,按照这里的构拟,全部是流音 *l-。构拟成流音既有谐声证据,又有同族语比较的证据,应该说是相当可取的。我们支持这一构拟,证据来自古汉语重叠。请看下面的例子。

(13) 重叠形式第二字为定母例

a. 窈窕(yǎotiǎo) *ʔjáwʔ ljáwʔ>EMC ʔɛw' dɛw' 体态轻盈柔美的样子(诗经)

b. 号咷(háotáo) *gáw láw>EMC ɣaw daw 大哭的样子(易经)

c. 浍峗(kuàiduì) *kwáts lwáts>EMC kwajʰ dwajʰ 山沟深平的样子(马融:长笛赋)

d. 曖曃(àidài) *ʔə́ts lə́ts> EMC ʔəjʰ dəjʰ 昏暗不明貌(屈原:远游)

e. 泔淡(hàndàn) *gámʔ lámʔ>EMC ɣam' dam' 满也(扬雄:甘泉赋)

f. 殗殜(yèdié) *ʔàp ljáp>EMC ʔiap diap 微病貌(扬雄:方言)

g. 活芜(huótuō) *wát lwát>EMC ɣwat dwat 灌木或小乔木(尔雅)

h. 答遝(dátà) *tə́p lə́p> EMC təp dəp 似李子的一种水果(司马相如:上林赋)

上面一共援引了八个双音形式。其中第二字,即窕、咷、峗、曃、淡、殜、芜、遝,全都属于中古定母,与上面(12)中的那些例字完全相同。此外,它们与来母、喻四同样存在谐声上的密切联系,因此,按照

(12)诸例的构拟原则,它们在上古也应该有一个流音声母。

现在我们从重叠的角度来说明这一点。着眼于形式和意义,(13)中的八个双音形式都很像顺向重叠。从意义上看,它们或者表示摹态(13a-f),或者表示指小(13g, h),与顺向重叠的表义功能完全吻合。从语音形式上看,各自两个音节互为叠韵,这符合顺向重叠的要求。我们知道,顺向重叠在形式上还有一个特点,那就是第二音节的声母必须是流音。这就涉及宛、咷、峗、睼、淡、殜、芫、遱八字的声母问题了。由于这八个字恰好出现在顺向重叠第二音节的这个位置上,那么,依照顺向重叠的音变模式,它们理应有一个流音声母。顺向重叠支持将这些定母字的上古来源拟为流音声母。

7.4 从重叠看介音在音节结构中的归属

介音是前依声母还是后附韵母近年来颇有争议。端木三(Duanmu 2000)主张介音属声。包智明(Bao 1996)认为归属难定,因为-i-、-u-行为不一,此外还有方言差异。王洪君(1999)认为介音占有独立的时间格;在介音甚短的方言中,将其处理为声母的特征或者独立时间格可依研究目的决定。朱晓农(2005)注意到介音有时接近声母,有时接近韵母,因而将介音视为独立于声韵的一个单位。笔者曾著文(孙景涛 2006)赞同王洪君和朱晓农的看法,并以多种重叠材料为证,以说明介音介于声韵之间,本质上与双方都有潜在的联系;它有时表现出只与声母或只与韵母紧密相连,这是某一特定情况只激活与其中一端潜在联系的结果。我们在这里不准备全面讨论这一问题,只想通过一个实例,来说明重叠材料是如何有助于解决这一音系学上的问题的。

在前面第二章和第三章的讨论中,我们发现古汉语顺向重叠与逆向重叠在音变类型上刚好相对:前者声母变,后者韵母变。就逆向重叠的韵母变化而言,如果基式拥有[+圆唇]区别特征,那么因重叠而产生的音节就会在相应的位置上呈现[－圆唇]区别特征。例如:

(14)古汉语逆向重叠([－圆唇]/[＋圆唇]的对立体现于韵腹或韵尾)(前面是李方桂的拟音,后面是蒲立本的拟音)

a. 磬控(qìngkòng)(诗经)李 *kʰiŋh kʰuŋh/蒲 *kʰáŋʲs kʰáŋᶣs

b. 踟蹰(chíchú)(诗经)李 *drjig drjug/蒲 *dràj dràɥ

c. 斯须(sīxū)(孟子)李 *sjig sjug/蒲 *sàj sàɥ

d. 霡霂(màimù)(诗经)李 *mrik muk/蒲 *mrákʲ mákᶣ

无论是依从李方桂的拟音还是蒲立本的拟音,在逆向重叠的两个音节中,我们都能看到[－圆唇]/[＋圆唇]的语音对立是在韵母某一相应的位置上得以实现的。比如在(14a)中,依从李方桂的拟音,这一对立实现在韵腹-i-与-u-之间;依从蒲立本的拟音,这一对立实现在韵尾-ŋʲ 与-ŋᶣ 之间。总之,[－圆唇]/[＋圆唇]的对立体现在韵母上面。这是一种类型,凡是基式有[＋圆唇]区别特征的逆向重叠都是如此。我们再来看几个例子。

(15) 古汉语逆向重叠([－圆唇]/[＋圆唇]的对立体现于介音)

a. 町畽(tiǎntuǎn)(诗经)李 *tʰjanx tʰjuanx/蒲 *tʰjánʔ tʰwánʔ

b. 缱绻(qiǎnquǎn)(诗经)李 *kʰjanx kʰʷanx/蒲 *kʰjànʔ kʰwànʔ

c. 辗转(zhǎnzhuǎn)(诗经)李 *trjanx trjuanx/蒲 *trànʔ trwànʔ

d. 契阔(qìkuò)(诗经)李 *kʰiat kʰʷat/蒲 *kʰját kʰwát

从语法意义和音变类型上看,这四个例子与(14)中的例子属于同类(参看第二章),各个例子前后两个音节全都呈现出[－圆唇]/[＋圆唇]的对立,唯一不同的地方是这种对立不是表现在韵腹或者韵尾,而是表现在介音上。以(15c)为例,两个音节得以形成对立的是介音-i-与-ju-(依蒲立本则是-ø-(零)与-w-)。再如(15d),两个音节得以形成对立的是介音-i-与-w-(依蒲立本则是-j-与-w-)。

至此我们看到,[－圆唇]/[＋圆唇]的对立可以在韵尾、韵腹、介音任何一个位置上实现。可见这三种成分在这种自然的语言现象中是一例看待的,皆属于韵母。就是说,在以[－圆唇]/[＋圆唇]对立而形成逆向重叠的过程中,本来就与韵母有潜在密切联系的介音被自然地当成了韵母的一个部分。由此可见,是逆向重叠激活了介音与韵母的潜在联系。

如前所说,介音介于声母韵母之间,同时与声韵双方维系着潜在的联系。以上论述的逆向重叠之例为我们看清介音的这一特点(在这里表现为后依韵母)提供了形态学上的旁证。

7.5 裂变重叠与方言分区

通过上面第四章的讨论,我们看到裂变重叠既见于古代汉语,又见于现代方言,并且在形式和功能上表现出极大的一致性。不过我们还应看到,与其他语言现象一样,裂变重叠既已广泛施用,那么必然会出现参差,出现内部差异。而这些参差差异正可用来观察与时地因素相关的语言问题。下面我们就据此探讨方言分区方面的一些问题。

如前所述,裂变重叠在形式上的特点是第一音节趋简,第二音节的声母变成流音。这是就一般情况而言。如果深入调查,就会发现共性之外尚有特性,这些特性依时地不同而不同,据此可将裂变重叠大致分成三种类型。

(一)忠诚型(faithfulness)裂变重叠,以福州话为代表。在这种类型的重叠中,语音形式发生很大的变化,但是所有这些变化都有规律,都是紧紧围绕基式语音形式的原有音值而发生变化的。

(16)福州话裂变重叠(据梁玉璋 1982)

基式	裂变重叠词	重叠词表示的意思
a. hiaŋ²¹³□	hia¹¹ liaŋ²¹³	欲倾倒
b. pieu⁵⁵ 燊	pie³¹ lieu⁵⁵	喷射出
c. pieu²¹³□	pie¹¹ lieu²¹³	冒出
d. kouʔ⁵⁵ 滑	ko³¹ louʔ⁵⁵	滑落
e. tsʰuoʔ⁵⁵□	tsʰuo³¹ luoʔ⁵⁵	吓一跳
f. tɛu³¹ 抖	tɛ³¹ lɛu³¹	耷拉下来
g. kʰuaŋ⁵³□	kʰua³¹ luaŋ⁵³	绕圈
h. løyŋ⁵⁵ 窿	lø³¹ løyŋ⁵⁵	空虚而通风
i. høyʔ¹³ 拂	hy¹¹(hø¹¹)løyʔ¹³	啜泣声
j. kɛi²¹³□	ki¹¹ lɛi²¹³	婴儿哭声
k. kʰuŋ³¹□	kʰu³¹ luŋ⁵³	整捆(用作量词)

下面以(16a)为例,具体说明这一形态变化过程:

hiaŋ²¹³→hiaŋ²¹³ hiaŋ²¹³ → hia¹¹ liaŋ²¹³

(基式) (完全重叠——假设的一个阶段) (裂变重叠)

这里我们假定裂变重叠共有三个阶段。先是单音节基式，然后是单音节的自我复制，形同完全重叠，最后才是裂变重叠的出现。现在对比完全重叠与裂变重叠，可以看到语音形式的变化相当复杂，但全都是有规律的。先看第一音节，共有三种变化：第一，主元音由[ɑ]变成[a]。根据梁玉璋的材料，基式元音如果是松元音，重叠式第一音节就要变成相应的紧元音。[ɑ]与[a]恰好松紧相应。第二，后鼻音韵尾-ŋ在重叠式中消失。韵尾不能出现在第一音节，所以这是一种有规律的删除。第三，声调由原来的213变成了11。这一变化也是有规律的。根据梁玉璋的归纳，基式若为阴平55、阳平53、上声31、阳入55，第一音节就变为低降调31；基式若为阴去213、阳去353、阴入13，第一音节就变为低平调11。由此可知，阴去213变为低平调11是合乎规律的。现在看第二个音节。除了声母变流音，其他所有音段，包括超音段，全都未变。通过对(16a)这一实例的具体分析，我们看到福州话裂变重叠对于基式语音形式的忠诚度(faithfulness)是很高的。就其发生音变的部分而言，要么符合裂变重叠的总规律，要么在原语音形式上循例修饰而成。重叠式与基式尽量音值一致是忠诚型裂变重叠的总特点。

与福州话形成对比的是，裂变重叠在其他东南方言中并不发达，比如在同为闽语的闽南话中就相当少见。不过，这一模式在上古汉语中却能找到大量同类。在上古汉语的裂变重叠中，除去第二音节总是以流音(*l-或者*r-)作为声母之外，其他发生音变的部分大都紧扣基式音值，尽量体现基式音节的语音特点。请看下面两个例子。

(17) 上古汉语裂变重叠中的语音变化(细节请看第四章4.4-5两小节)

基式	裂变重叠式	基式	裂变重叠式
头 →	髑髅	茨 →	蒺藜
*dug	*duk lug	*dzjid	*dzit ljid（李方桂拟音）
*dáɥ	*dák^ɥ ráɥ	*dzəj	*dzək^j rəj（蒲立本拟音）

先看"头"变"髑髅"。依照李方桂，基式*dug在第一音节中变成了*duk，韵尾*-g变成了相对的*-k。依照蒲立本，基式*dáɥ变成了*dák^ɥ，基式韵尾*-ɥ以次要发音特征(secondary articulation)的方式

保存在第一音节。在第二音节中,除了声母照例被流音取代之外,其余部分与基式完全相同。再看"茨"变"蒺藜"。基式和重叠式第一音节的不同表现在韵尾上。依照李方桂,是 *-d 与 *-t 的不同。依照蒲立本,是 *-j 与 *-kʲ 的不同。无论是 *-d 与 *-t 还是 -j 与 -kʲ,相互之间的紧密联系是显而易见的,由此可知第一音节是在紧扣基式音值的基础上形成的。不仅仅是这两个例子,古汉语其他裂变重叠的实例都有尽可能体现基式语音特点的倾向。这一特点与福州话就总的精神而言颇为相似,皆可归入忠诚型裂变重叠。

(二)固定韵母型裂变重叠:第一音节总是固定为以喉塞音为韵尾的入声韵。主要分布于晋方言地区。

(18)平遥方言的裂变重叠(根据侯精一 1989)

a. pæ⁵³ 摆-pʌʔ⁵⁴ læ⁵³　　　　　b. pi⁵³(tskʌʔ²³)秕-pʌʔ⁵⁴ li⁵³(tsʌʔ²³)

c. tɕiɔ¹³ 翘-kʌʔ⁵⁴ liɔ¹³　　　　　d. kəŋ⁵³ 埂-kʌʔ⁵⁴ ləŋ⁵³

(19)伊盟方言的裂变重叠词(根据栗治国 1991)

a. pən²³ 奔-pəʔ²¹ lən²³ 不愣　　　b. pən⁵³ 笨-pəʔ²¹ lən⁵³ 不愣

c. paŋ⁵³ 棒-pəʔ²¹ laŋ⁵³ 不浪　　　d. pʻau⁴⁴ 刨-pʻəʔ²¹ lau⁴⁴ 扑捞

e. pʻan⁴⁴ 盘-pʻəʔ²¹ lan⁴⁴ 扑篮　　f. ta²¹ 搭-təʔ²¹ la²³ 得拉

(20)神木方言的裂变重叠(根据邢向东 2002)

a. pɛ⁵³ 绊-pəʔ⁴ lɛ⁵³ 卜烂　　　　b. pE²¹³ 摆-pəʔ⁴ lE²¹ 卜□

c. təu⁴⁴ 头-təʔ² lɔ²⁴ 得老　　　　d. tiɔ⁵³ 掉-tiəʔ⁴ liɔ⁵³ 的料

e. kɣ̃²¹³ 埂-kəʔ⁴ lɣ̃⁴⁴ 圪愣　　　f. xa⁴⁴ 匣-xəʔ⁴ la⁴⁴ 黑拉

以上三个晋方言表现出相同的语音特点,即第一音节总是以 [-ʌʔ] 或者 [-əʔ] 作为韵母。这种语音变化完全不考虑基式韵母的具体音值,而是将第一音节需要简化这一裂变重叠的总要求实现为固定音段,这与福州话及上古汉语紧扣基式进行语音修饰的情况显然是不一致的,与其他方言也有很大差别。不过,无独有偶,中古汉语与晋方言非常相似。

前面我们根据宋代洪迈的切脚字举出若干裂变重叠词(参看第四章 4.3 一节),比如,骨露(kut luą̀;蒲立本晚期中古音 LMC。下同)、屈挛(kʰyt lyan)、突栾(tɕʰiut luan)、矻落(kʰut lak)、勃阑(pɦiut lan)。这些重叠式的第一音节全都是入声字。而且,根据我们的研究,在宋代汴洛地区,入声字实际上都是以喉塞音-ʔ收尾的。这些入声字处在裂变重叠第一音节的位置上,与晋方言的情况是完全一致的。

（三）扬抑型（trochee）裂变重叠。特点是第二音节轻声,元音音值多有减缩,或者伴随儿化;基式音节的声调则往往保留在第一音节。这些都是与晋方言、福州话以及古汉语裂变重叠明显不同的地方。冀鲁、北京、胶辽、中原、关中等大部分北方话中的裂变重叠属于此类。下面是笔者田野调查所获实例。

（21）新安（磁涧）话裂变重叠

单音节	双音节
a. kaw³³ 膏	kə³³ law° 疥疮（当地俗语：手闲 kɤ³³ law° 痒）
b. kəw⁴¹² □	kə⁵³ ləw° 一种很大的碗
c. kəŋ⁵³ 埂（早期官话 kiŋ）	kə⁵³ liŋ° / lin° 田埂；不同水平田地间的斜坡
d. kəŋ⁵³ 埂（早期官话 kiŋ）	kə⁵³ liɯ° 小田埂；物体表面鼓出的埂①
e. tsa⁴¹² 杂	tsa⁵³ la° 猪下水
f. tɕjaw⁵³ 搅	kə³³ law° 搅动
g. kʰuŋ⁵³ 孔	kʰu⁵³ luŋ°（大）窟窿（小窟窿说 kʰu³³ luɯ°）
h. kʰə³³ 坷②	kʰə³³ lɯ° 房架支起、地基周遭以砖石围起的状态③

---

① 例如,锅 kə⁵³ liɯ°,指在水接触锅的地方所形成的环状痕迹。牙 kə⁵³ liɯ°,指牙齿上的条状痕迹。还有,如果赤背被荆棘扫刮,留下很多红色的痕迹,人们可以说他背上起了好多条红 kə⁵³ liɯ°。注：元音 ɯ 是个形态成分,作用相当于北京话里的儿化音。

② 这只是一个音近字的代表,在洛阳话中（新安与洛阳接壤）,喂猪的食槽称作[kʰɯ³³ tsʰɐɯ⁴¹²]"坷盩"（贺巍 1993）。因为"坷"与"圪"有声母送气与否的差别,所以,这不大可能是一个所谓"圪"头词。可能是近义词连用,指方形器皿。在河北很多地方,如顺平、望都等地,盛放针头线脑的用高粱秆儿制成的方形器具称之为[ɕjɛn⁵¹]（线）[kʰɤ⁴²¹³]或者[kʰɤ⁵¹ tsʅ°]（有连读变调）。这种器物与喂猪的食槽形状上是非常相似的。根据读音和意义,可知见于两地的这个形式应该是一回事。这个单音节可表示方形器皿,新安人在此基础上进行裂变重叠,以表达"房架支起、地基周遭以砖石围起的状态"是非常恰当的。

③ 例如：张三家的西厦子（厦子,指厢房,屋脊一面出水）扎起 kʰə⁵³ lɯ° 了。

与福州话和晋方言不同,以上这些例子的第二音节皆为轻声,这样裂变重叠词就成了前重后轻的扬抑型双音形式。需要指出的是,扬抑型施用于裂变重叠有其必然性。如我们在上面第六章的讨论中所揭示的那样,重叠中发生语音修饰与汉语"一音一义"原则密切相关。由于裂变重叠的两个音节合起来表示一个意义,单独分开没有意义,因此,原本附着在音节上的声调就很难维系,很容易被一般的连读变调规则所控制。扬抑型就是北方话中一种常见的一般性的变调类型。

扬抑型裂变重叠之外,北方话中还有一升一降的两极分化(polarity)型。请看下面(22)中的例子。

(22)陕西礼泉话裂变重叠

a. $xw\tilde{æ}^{44}$唤　　　　　　xwo^{44} $lw\tilde{æ}^{o}$ 喊叫,招呼①

b. tsa^{21}渣　　　　　　　ts_{l}^{21} la^{o} 油渣

c. $tɕ^{h}ɥæ^{21}$圈　　　　　　$tɕ^{h}y^{21}$ $lɥæ^{o}$;牛 $tɕ^{h}y^{21}$ $lɥæ^{o}$,直译就是"大圈",指一种直径一尺多的圈状面食,庆贺小孩儿百天时的食物

d. $p^{h}a^{24}$耙(用耙扒搂)　$p^{h}u^{24}$ la^{o} 乱耙。如:鸡把麦子 $p^{h}u^{24}$ la^{53} 开了

e. kow^{21}钩(动词)　　　$kɤ^{24}$ low^{53} 用钩子把东西钩下来

f. $k^{h}ow^{21}$口　　　　　　$k^{h}ɤ^{24}$ low^{53} 一定的内部空间②

g. $woŋ^{44}$瓮　　　　　　wu^{24} $lwoŋ^{53}$ 用绳子等凑合着将破碎的瓮合在一起

h. $p^{h}\tilde{æ}^{24}$盘　　　　　　$p^{h}u^{24}$ $lw\tilde{æ}^{53}$ 圆形竹制器具,用来盛放食物

前四例属于扬抑型,与新安话相同。在后面四个例子中,不论基式原本是什么声调,重叠式第一音节总是升调24,第二音节总是降调53,属于两极分化型裂变重叠。两极分化是一种常见的连读变调模式,③裂变重叠采纳这一模式是有原因的。本来,汉语乃单音节语素

①　例如:张三农药中毒了,快 xwo^{44} $lwan^{o}$ 几个人送医院。

②　例如:在地上挖 $k^{h}ɤ^{24}$ low^{53} (坑);鞋 $k^{h}ɤ^{24}$ low^{53},指鞋口内部空间。

③　林焘(1985)发现北京话两去声连读时第一去声常常读得像阳平,例如:电线、逗乐儿、饭铺、放炮、会用、混饭、扣肉、按份儿、弄坏、事后、入社、剩饭、注意、夏装、卖艺的、大妹子、变戏法儿、叫二姐。这样两个去声就变成了一升一降。张洪年(1985)揭示了镇江方言中的类似现象。这种两极分化的现象亦见于其他语言,如非洲的 Margi 语。参看 D. Pulleyblank(1988)、孙景涛(2002)。

语,每个字照例是不会轻易放弃声调的。但对于二音一义的裂变重叠词来说,由于单字调不再与意义直接挂钩,因而很容易屈从于两极分化这样的常见的连读变调规则。总之,裂变重叠的两极分化变调与扬抑型轻重音格式一样,都是在"一音一义"规则压力之下形成的,尽管变调模式有异,总规律无别,它们共同构成了裂变重叠的一个类型。

以上据语音变化的特点将裂变重叠分成了三类。现在反过来据此讨论方言分区中的问题。

不少学者认为,闽方言中古以前即已脱离标准语而走上独立发展的道路。现在依据福州话裂变重叠的音变特点,可知这一观点是很有道理的。如我们在前面所看到的那样,在福州话的裂变重叠中,第一音节的音变紧扣基式音值,尽量体现基式的语音特点,这与上古汉语相当一致,与中古及现代其他方言的情况却有很大差别。闽方言最为古老、与其他方言相比最具特点的看法于此得到了旁证。

晋方言是否应该从北方话中独立出来近年来多有不同意见。从裂变重叠来看应该独立。我们知道,在晋方言的裂变重叠中,第一音节全部实现为固定韵母,全部收喉塞尾。宋代汴洛方言尽管不是固定韵母,但全部收喉塞尾,二者之间一脉相承的关系是很明显的。晋方言裂变重叠中的这一音变特点既不见于上古汉语,也不见于现代其他方言,这支持将它看成是一个独立的方言。

冀鲁、中原、北京等北方方言中的裂变重叠多以扬抑型或两极分化作为声调模式,显示出在裂变重叠一般性音变规则之外又有了新的发展。与其他方言相比,一般认为冀鲁、中原、北京方言发展得最快,裂变重叠为此提供了一个新的证据。

7.6 全 书 结 语

本项研究全面调查了古汉语中的重叠现象,共发现四种类型:逆向重叠、顺向重叠、裂变重叠、完全重叠。这些重叠表义不同,寄形有异,形式意义互为表里,形成了一个严整的重叠系统。为了进一步证实上古汉语中的这一系统,我们调查了现代方言中的重叠现象,结果发现古汉语的四种类型全部见于现代方言。

描写之外,我们还对四种重叠类型的产生机制进行了理论探讨,提出四种类型在语音语义交互作用中产生的理论假设。我们认为,一个音节复制为两个音节乃是表达动因所致,至于接下来有无形式修饰,修饰第一音节还是第二音节,修饰声母还是韵母,以及具体的修饰方式,则取决于语言中普遍适用的规则以及汉语中的特殊规则:前者如音节响度规则,后者如"一音一义"规则。此外,重叠式可否表达严格界定的意义,是一个意义还是两个意义,基式音节属阴声韵、入声韵还是阳声韵,基式音节对[圆唇]呈正值还是负值,双音节音步属扬抑型还是抑扬型,这些都是与重叠类型的形成有直接关系的重要参数变项。总之,重叠过程中的方向,即顺向、逆向、双向(裂变),或无所谓方向,即完全重叠,全都是语音和意义在多个层面上互动的结果,并非语言社团的事先约定。

作为一种形态现象,重叠运行于语音与语义的界面,音义扭结,相互制约,因此,从重叠入手研究相关问题等于是在双重规范之内论证,结论会更加确当可靠。作为一种尝试,我们以重叠为据就古音学、方言学的一些颇具争议的问题提出了看法,希望为这些领域的研究引入新的思路和方法。

从本项研究的材料来看,除了甲金简帛以及现代方言之外,大都是传统语言学在联绵、双声、叠韵、重言、叠字、切脚等名目之下所搜集的材料。这些材料既丰富又杂芜,如何善加利用,如何充分挖掘蕴藏其间的价值,颇费考量。其实,20世纪以来的汉语史研究一直面临着同样的问题。一方面,古代语言学家搜集了丰富的材料,值得珍视。另一方面,古代学者的研究又多有"义例纷纠,概念混乱"[①]的问题,不可不心有所虑。我们认为,正确的做法应该是立足于现代语言学,这样才能充分利用其价值。譬如传统音韵学的清、浊、等、呼,只有懂得"清、浊"与声带震动或其他声门活动状态相关,"等"涉及元音舌位的高低,"呼"涉及对[圆唇]等区别特征呈正值还是负值,这样才能真正理解其内涵,才能去芜存菁,批判继承,充分利用这些宝贵的学术遗产。本项研究采取同样的方法。一方面,我们通过联绵字等以有效地

---

① 见何九盈(1995:序,第2页)。

搜集重叠资料,但同时也知道并非所有以此为名的都是重叠,取舍之间,自有通过反复排比以及对比现代方言而定出的标准。职是之故,某些联绵字无法归入我们的重叠系统也就不足为奇了。总之,我们不能以古人的范式为标准来责难立足于现代语言学的处理方法,否则就会自乱其例,失去方向,看不清问题的实质。

本项研究的完成在很大程度上得益于现代语言学理论,其中尤其是生成音系学有关区别特征、音节划分、音节响度等方面的理论方法,在我们的分析中起到了不可或缺的作用。我们同时还特别注意借鉴生成音系学在重叠问题上的研究,近二三十年以来,这一直是一大热点,相关研究可谓汗牛充栋,其间便有多种分析模式的出现,我们在第一章有过比较全面的介绍。就汉语重叠研究的实践来看,这些分析模式很有启发性,例如,Steriade(1988)关于部分重叠应有完全重叠阶段的理论假设,就对说明重叠类型的形成极有帮助。不过,研究对象的独特性彰显出补充发展已有理论的迫切性,最突出的地方就是语音形式与语义表达之间的互动,比如,我们在前面的讨论中已经看到,汉语重叠表达意义的个数可以决定重叠式第二声母的音值。为此,在普遍的语言规则以及汉语特殊规则的基础之上,我们建立了旨在揭示语义要素与语音特质相互作用的分析模式,以期复原重叠类型的形成过程,为偏重语音形式分析的既往研究提供一个音义并重的经验借鉴。

在本项研究启动之初,我们制定了全面研究古汉语重叠的目标,但在一番努力之后,深感有些问题仍需要进一步探讨。请看下面这组例子。

(23) 疑似重叠例

a. 扶苏(fúsū)*bàɣ sáɣ＞EMC buɑ sɔ 小木也(诗经)(李 *bjag sag)

b. 朴樕(púsù)*bákʰ sákʰ＞EMC bəwk səwk 小木也(诗经)(李 *buk suk)

c. 罘罳(fúsī)*bɘ̀ɣ sɘ̀ɣ＞EMC buw si̵ 宫门外的屏(释名)(李 *bjəg sjəg)

d. 陪鳃(péisāi)*bɘ́ɣ sɘ́ɣ＞EMC bəj səj 鸟羽张貌(潘岳:射雉赋)(李 *bəg səg)

e. 婆娑(pósuō)*bál sál＞EMC ba sa 翩翩起舞(诗经)(李 *bar

· 226 ·

sar）

f. 箳篂（píngxīng）* báŋⁱ sáŋⁱ＞EMC bɛjŋ sɛjŋ 车幡（广雅）（李 * biŋ siŋ）

g. 蹩躠（biésà）* bát sát＞EMC bɛt sat 跋行、尽力以前貌（庄子）（李 * bat sat）

h. 睥睼（bīxī）* páj sáj＞EMC pɛj sɛj '短貌'（广雅）（李 * piɡ siɡ）

i. 椑樴（bīxī）* páj sáj＞EMC pɛj sɛj 向下生长的树枝（广雅）（李 * piɡ siɡ）

j. 螵蛸（piāoxiāo）* pʰàw sjàw＞EMC pʰjiaw siaw 螳螂的卵块（礼记）（李 * pʰjagʷ sjagʷ）

以上十个双音形式大都表示"小"或者"……貌"，加上单字无义，令人很容易联想到顺向重叠。语音细节的初步考量支持这一假设，最突出的一点是它们皆为叠韵。不过，顺向重叠所要求的流音声母并没有出现在第二音节声母的位置上，取而代之的是 * s-声母。由于实例成批，相当严整，似乎可以假定有一个" * b-s-"（或者 * p-s-、 * pʰ-s-）重叠类型，然而在现代方言中找不到同类，第二音节的声母为什么是 * s-也一时无解。凡此种种，令人难下断言。

除了这些具体的疑似重叠需要进一步调查分析之外，在未来的研究中，理论方法、研究视角仍有很大的调整提升的空间。首先，本研究重在音义互为表里以论证古汉语重叠类型，这从方法上看是可取的，但在更高的层面上，关注重叠何以能够表达不同的语法意义，显然也是一条深化研究的重要途径。比如，我们在调查中发现裂变重叠所涵盖的实例可谓五花八门，单纯归纳很难认清其统一的语法意义。然而，借助认知语言学的视角考量，使我们得以发现，认知域内类同物（略微相关也有可能被视为同类）的复现激活了语言形式的复现（重叠），进而能够表达有别于基式典型义的非典义。（参看 4.2 小节）这样的理论视角相当适用，在以后的研究中理应广泛采取。

再有，为了探索古汉语中的重叠类型，我们调查分析了大量的现代方言中的实例，事实证明如此比较是相当有效的。但是，上古至今两千多年，纵向考察其变化，既有望发现其中的规律，又必然会加深对古今重叠的认识了解，无疑是一个正确的努力方向。下面举例说明。

我们的调查发现,古汉语重叠包括顺向、逆向、裂变、完全四种类型,其中变形重叠(前三种)大都最终成词。与此相对,不变形的完全重叠大都不能表示可以严格界定的词汇义,而只是表示一种生动的意味,起烘托气氛凸显生动印象的作用。中古以降,这种情况发生了根本性的改变。一方面,原先的变形重叠(尤其是顺向类与逆向类)大都不再具有很强的能产性。另一方面,完全重叠大行其道,不仅保留了表示生动印象的传统用法,而且极大地拓宽了施用范围,举凡名词、动词、形容词、副词、量词重叠,大都是直接重复单音节基式或上古汉语所无的双音节基式,而没有语音上的修饰(暂不考虑声调上可能的变化)。是什么原因促成了如此巨大的变化呢? 我们可能会想到汉语构词格局的改变,上古单音词为主变成了后来的单双并重,这会不会是一个因素呢? 我们可能还会联系汉语韵律的变化,很多学者都同意上古音节皆为重音节(包含至少两个音拍),而后来,至少在东南方言中,单音拍音节为数不少,这种变化是否在重叠形式的嬗变中发挥了作用呢? 形式之外,古今重叠在表义方面也有很大变化,以动词重叠为例,在上古汉语中主要表示动量增加,后来至今,表示尝试或动作减弱似乎更为普遍。这种纵向观察昭示出由原型重叠到拓展形式的变化,但这种变化又是怎样发生的呢? 凡此种种,都是值得进一步探讨的问题。

古汉语资料来源

《本草纲目》,李时珍撰。北京:人民卫生出版社,1982。

《楚辞》,屈原、宋玉等撰。见洪兴祖《楚辞补注》,台北:大安出版社,1995。

《春秋》,见阮元《十三经注疏》,北京:中华书局,1980 年。

《春秋公羊传》,见阮元《十三经注疏》,北京:中华书局,1980 年。

《春秋谷梁传》,见阮元《十三经注疏》,北京:中华书局,1980 年。

《尔雅》,见阮元《十三经注疏》,北京:中华书局,1980 年。

《方言》,扬雄撰。见钱谦益《方言笺疏》,上海:上海古籍出版社,1984 年。

《方言调查字表》,中国社会科学院语言研究所编,北京:商务印书馆,1981 年。

《广雅》,张揖撰。见王念孙《广雅疏证》,北京:中华书局,1983 年。

《广韵》,陈彭年等撰。见《宋本广韵》,北京:中国书店,1982 年;另见周祖谟《广韵
校本》,北京:中华书局,1960 年。

《国语》,上海:上海古籍出版社,1988 年。

《韩非子》,见《诸子集成》,上海:上海书店,1986 年。

《汉书》,班固等撰。北京:中华书局,1962 年。

《红楼梦》,曹雪芹撰。北京:人民文学出版社,1982 年。

《后汉书》,范晔撰。北京:中华书局重印,1965 年。

《淮南子》,刘安撰。见《诸子集成》,上海:上海书店,1986 年。

《甲骨文编》,中国社会科学院考古研究所编辑。北京:中华书局,1965 年。

《甲骨文合集》,郭沫若、胡厚宣主编。北京:中华书局,1978—1982 年。

《经典释文》,陆德明撰。见黄坤尧、邓仕梁《新校索引经典释文》,台北:学海出版
社,1988 年。

《集韵》,丁度撰。上海:上海书店,1985 年。

《老子》,见《诸子集成》,上海:上海书店,1986 年。

《灵枢经》,成书于战国时代。见清人张志聪《黄帝内经灵枢集注》,上海科学技术
出版社,1959 年。

《礼记》,见阮元《十三经注疏》,北京:中华书局,1980 年。

《论衡》,王充撰。见《诸子集成》,上海:上海书店重印,1986 年。

《论语》,见阮元《十三经注疏》,北京:中华书局,1980 年。

《吕氏春秋》,见《诸子集成》,上海:上海书店,1986 年。

《马王堆汉墓帛书》,马王堆汉墓帛书整理小组编。北京:文物出版社,1974 年。

《孟子》,见阮元《十三经注疏》,北京:中华书局,1980 年。

《墨子》,见《诸子集成》,上海:上海书店,1986 年。

《容斋随笔》,洪迈撰,赵学南校。上海:扫叶山房,1928 年石印。另,《容斋随笔》,
　　洪迈著,孔凡礼点校,北京:中华书局,2015 年。

《三国志》,北京:中华书局,1982 年。

《商君书》,见《诸子集成》,上海:上海书店,1986 年。

《尚书》,见阮元《十三经注疏》,北京:中华书局,1980 年。

《山海经》,郭璞注,袁珂点校。上海:上海古籍出版社,1980 年。

《史记》,司马迁撰。北京:中华书局,1959 年。

《诗经》,(1)见阮元《十三经注疏》,北京:中华书局,1980 年;(2)见于朱熹《诗经集
　　注》,上海:广益书局,1936 年。

《释名》,刘熙撰。见于王先谦《释名疏证补》,上海:上海古籍出版社,1984 年。

《世说新语》,刘义庆撰。见于《诸子集成》,上海:上海书店,1986 年。

《睡虎地秦墓竹简》,睡虎地秦墓竹简整理小组。北京:文物出版社,1978 年。

《说文解字》,许慎撰。北京:中华书局,1963 年。

《宋本玉篇》,北京:中国书店,1983 年。

《孙膑兵法》,银雀山汉墓竹简整理小组编。北京:文物出版社,1975 年。

《太平广记》,宋李昉等编纂。台北:文史哲出版社,1978 年。

《文选》,萧统编。上海:上海古籍出版社,1986 年。

《小屯第二本:殷墟文字:乙编》,董作宾编。南京、台北:中研院史语所,1948 年,
　　1949 年,1953 年。

《荀子》,见《诸子集成》,上海:上海书店,1986 年。

《盐铁论》,见《诸子集成》,上海:上海书店,1986 年。

《晏子春秋》见《诸子集成》,上海:上海书店,1986 年。

《殷墟卜辞综类》,岛邦男编。东京:汲古书院,1971 年。

《殷墟甲骨刻辞类纂》,姚孝遂、肖丁主编。北京:中华书局,1989 年。

《逸周书》,见《四部丛刊》初编,上海:商务印书馆,1922 年。

《韵镜》,见李新魁《韵镜校证》,北京:中华书局,1982 年。

《战国策》,上海:古籍出版社,1985 年。

《战国纵横家书》,马王堆汉墓整理小组编。北京:文物出版社,1976 年。

《庄子》,见《诸子集成》,上海:上海书店,1986 年。

《左传》,见阮元《十三经注疏》,北京:中华书局,1980 年。

参 考 文 献

北京大学中文系语言学教研室.1995.《汉语方言词汇》(第二版),北京:语文出版社。

北京大学中文系语言学教研室.2003.《汉语方音字汇》(第二版重排本),北京:语文出版社。

曹先擢.1980.诗经叠字,《语言学论丛》6:16—26。

崔希亮.2001.《语言理解与认知》,北京:北京语言文化大学出版社。

陈奂.1847.《诗毛氏传疏》,台北:台湾学生书局,1994年。

陈淑静.1998.《平谷方言研究》,保定:河北大学出版社。

陈燕.1992.广韵双声叠韵联绵字的语音研究,《语言学论丛》17:60—121。

程湘清.2003.《汉语史专书复音词研究》,北京:商务印书馆。

川上榛.1977.《日本语音概说》,东京:樱枫社。

戴庆厦.1990.《藏缅语族语言研究》,昆明:云南民族出版社。

邓玉荣 1995.藤县方言单音形容词的变形重叠,《方言》1:33—46。

丁邦新.1979.上古汉语的音节结构,《中研院史语所集刊》50:717—739。

丁邦新.2002.上古汉语的构词问题,《语言学论丛》26:1—11。

丁声树.1940.诗经卷耳苤苢采采说,《国立北京大学四十周年纪念论文集》,1—15。

丁声树、李荣.1984.《汉语音韵讲义》(丁声树撰文,李荣制表),上海:上海教育出版社。

董同龢.1944.《上古音韵表稿》,"中研院"史语所出版。

杜其容.1960.毛诗连绵词谱,台湾大学《文史哲学报》9:129—292。

段玉裁.1815[1981].《说文解字注》,上海:上海古籍出版社,1981年。

方一新.2004.中古时期词义演变、构词途径及结构分析,香港科技大学语言学研讨会论文,2004年2月14日。

冯胜利.2000.《汉语韵律句法学》,上海:上海教育出版社。

符定一.1943.《联绵字典》,商务印书馆。北京:中华书局重印,1983。

高本汉(著),赵元任、罗常培、李方桂(合译).1940.《中国音韵学研究》,上海:商务印书馆。

龚煌城.2000.从汉藏语的比较看上古汉语的词头问题,《语言暨语言学》1.2:

39—62。

龚煌城.2004.《汉藏语研究论文集》,北京:北京大学出版社。

顾炎武.1643.《音学五书》,北京:中华书局,1982年。

郭沫若.1954.《金文丛考》,北京:人民出版社。

郭锐.2002.《现代汉语词类研究》,北京:商务印书馆。

郭庆藩.1894(序):《庄子集释》。见《诸子集成》,上海:上海书店,1986年。

郭小武.1993.试论叠韵联绵字的统谐规律,《中国语文》3:209—216。

郭锡良.1986.《汉字古音手册》,北京:北京大学出版社。

郭锡良.1994:先秦汉语构词法的发展,《第一届国际先秦汉语语法研讨会论文集》
(Robert H. Gassmann、何乐士主编),长沙:岳麓书社,51—71。

郭锡良、唐作藩、何九盈、蒋绍愚、田瑞娟.1999.《古代汉语》,北京:商务印书馆。

何九盈.1985.《中国古代语言学史》,郑州:河南人民出版社。修订本,广州:广东教
育出版社,1995年。

何九盈.1989.古无去声补正,《语言文字学术论文集》,北京:知识出版社,1989。又
见何九盈《音韵丛稿》,北京:商务印书馆,2002:177—199。

何九盈.1995.《中国现代语言学史》,广州:广东教育出版社。

何九盈、陈复华.1984.古韵三十部归字总论,《音韵学研究》1:207—252。

贺巍.1993.《洛阳方言研究》,北京:社会科学文献出版社。

侯精一.1988.平遥方言的重叠式,《语文研究》4。

侯精一.1989.《晋语研究》,东京:东京外国语大学。

侯精一.1999.《现代晋语的研究》,北京:商务印书馆。

贾彦德.1992.《汉语语义学》,北京:北京大学出版社。

江荻.2002.《汉藏语言演化的历史音变模型——历史语言学的理论和方法探索》,
北京:民族出版社。

江蓝生.1998.后置词"行"考辨,《语文研究》第1期。

江永.1771(刻本).《古韵标准》,北京:中华书局,1982。

蒋绍愚.1994.《蒋绍愚自选集》,郑州:河南教育出版社。

李方桂.1971.上古音研究,《清华学报》新九卷第1、2期合刊,1—61页;又,北京:
商务印书馆单行本,1980。

李方桂、李荣、俞敏、王力、周祖谟、季羡林、朱德熙.1984.上古音学术讨论会上的发
言,《语言学论丛》14:3—19。

李蓝.1987.贵州大方方言名词和动词的重叠式,《方言》3:200—202。

李蓝.2004.《湖南城步青衣苗人话》,北京:中国社会科学出版社。

李启群.2002.《吉首方言研究》,北京:民族出版社。

李荣.1956.《切韵音系》,北京:科学出版社。

李荣.1957.陆法言的《切韵》——中国语言学史话之五(署名李于平),《中国语文》
　　2:28—36。

李如龙.1984.闽方言和苗、壮、傣、藏诸语言的动词特式重叠,《民族语文》1:
　　17—25。

李申.1985.《徐州方言志》,北京:语文出版社。

李小凡.1998.《苏州方言语法研究》,北京:北京大学出版社。

李小凡、项梦冰.2009.《汉语方言学基础教程》,北京:北京大学出版社。

栗治国.1991.伊盟方言的分音词,《方言》3:206—210。

梁金荣.2004.凝结与组结:来自两江平话及汉语其他方言的连读变调的证据,香
　　港科技大学中国语言学研究中心小型语言学研讨会论文,2004 年 6 月
　　29 日。

梁玉璋.1982.福州方言的切脚词,《方言》1:37—46。

梁玉璋.1983.福州方言重叠式名词,《中国语文》3:177—184。

林焘.1985.北京话去声连读变调新探,《中国语文》2。

林焘、王理嘉.1992.《语音学教程》,北京:北京大学出版社。

林语堂.1933.《语言学论丛》,上海:开明书店。

林之棠.1927.诗经重言字释例,《国学月报》2:12。

刘丹青.1986.苏州方言重叠式研究,《语言研究》1:7—28。

陆志韦.1947.《古音说略》,北京:燕京哈佛学社出版。

陆志韦(与管燮初等合作).1957.《汉语的构词法》,北京:科学出版社。1964 年出
　　修订本。

罗常培、周祖谟.1958.《汉魏晋南北朝韵部演变》,北京:科学出版社。

吕叔湘.1979.《汉语语法分析问题》,北京:商务印书馆。

马学良等.1991.《汉藏语概论》,北京:北京大学出版社。又,北京:民族出版社,
　　2003 年。

马真.1980—1981.先秦复音词初探,《北京大学学报》1980 年第 6 期;1981 年第
　　2 期。

梅祖麟.1989.上古汉语*s-前缀的构词功用,《第二届国际汉学会议论文集》语言文
　　字组(上册),台北:"中研院",33—51。

潘悟云.2000.《汉语历史音韵学》,上海:上海教育出版社。

潘悟云.2005.汉台关系词中的同源层探讨,载于《语言暨语言学》专刊《李方桂先
　　生百年诞辰纪念论文集》(丁邦新、余霭芹主编),27—55。

潘悟云.2014.对三等来源的再认识,《中国语文》6:531—540。

彭小川.2000.广州话动词重叠的形式与意义,《汉语学报》2。

平山久雄.1992.从历史观点论吴语变调和北京话轻声的关系,《中国语文》4:244—252。

乔全生.2000.《晋方言语法研究》,北京:商务印书馆。

裘锡圭.1988.《文字学概要》,北京:商务印书馆。

裘锡圭.1994.《裘锡圭自选集》,郑州:河南教育出版社。

全广镇.1996.《汉藏语同源词综探》,台北:台湾学生书局。

沈家煊.1992.口误类例,《中国语文》4:306—316。

石锓.2005.论"A里AB"重叠形式的来源,《中国语文》1:49—59。

石锓.2010.《汉语形容词重叠形式的历史发展》,北京:商务印书馆。

斯塔罗斯金(著),林海鹰、王冲(译).2010.《古代汉语音系的构拟》,上海:上海教育出版社。(景涛按:中文译本封面作者姓名写作"斯·阿·斯塔罗斯金"。中文版译自俄文。作为参考文献中的条目,俄文原书在英文论著如 Sagart (1999)中是这样的:Starostin, Sergei A. 1989. *Rekonstrukcija drevnekitajskoj fonologičeskoj sistemy* [a reconstruction of the Old Chinese phonological system]. Moscow:Nauka, Glavnaya Redakcija Vostočnoj literatury.)

宋恩泉.2005.山东汶上方言中"个"的一些特殊用法,《方言》4:342—343。

孙景涛.1998.古汉语重叠词的内部构造,《古汉语语法论集》(郭锡良等主编),北京:语文出版社,215—229。

孙景涛.2002.试论"於"字声调的不规则演变,《语言学论丛》26:44—58。

孙景涛.2005 a.论"一音一义",《语言学论丛》31:48—71。

孙景涛.2005 b.连读变调与轻声产生的年代,《方言》4:329—336。

孙景涛.2005 c.形态构词与古音研究,《汉语史学报》5:184—195。

孙景涛.2006.介音在音节中的地位,《语言科学》2:44—52。

孙景涛.2007a.语法化过程中无标记语音成分的实现,《语法化与语法研究》(三),北京:商务印书馆,209—230。

孙景涛.2007b.从儿化看音节的重量,《中国语文》4:298—301。

孙景涛.2010.语义虚化与除去口腔阻塞化,《中国语言学集刊》4.1:129—142。

孙景涛.2016.早期"儿"字合音释例,《汉语研究的新貌——方言、语法与文献》(丁邦新、张洪年、邓思颖、钱志安编辑),香港:香港中文大学 中国文化研究所吴多泰中国语文研究中心,191—201。

孙景涛.2018.北京话清入字的二次归派,《中国语文》5:515—537。

孙玉文.2002.先秦联绵词的声调研究,《语言学论丛》26:12—43。

太田辰夫.1958.《中国语历史文法》,东京:江南书院。蒋绍愚、徐昌华汉译本,北京:北京大学出版社,1987.修订译本,北京:北京大学出版社,2004。

藤堂明保.1965.《汉字语源辞典》,东京:学灯社。

藤堂明保.1987.《中国语学论集》,东京:汲古书院。

王国维.1923.《联绵字谱》,重印于《王观堂先生全集》9:3449—3518.台北:文华出版公司,1968。

王洪君.1994.汉语常用的两种语音构词法——从平定儿化和太原嵌 l 词谈起,《语言研究》1:65—78。

王洪君.1999.《汉语非线性音系学》,北京:北京大学出版社。

王力.1958.《汉语史稿》,北京:科学出版社。又见《王力文集》第九卷,济南:山东教育出版社,1988 年。

王力.1962.《古代汉语》(上、下册),北京:中华书局。

王力.1981.《中国语言学史》,太原:山西人民出版社。又见《王力文集》第十二卷,济南:山东教育出版社,1990 年。

王力.1982.《同源字典》,北京:商务印书馆。又见《王力文集》第八卷,济南:山东教育出版社,1992 年。

王力.1985.《汉语语音史》,北京:中国社会科学出版社。又见《王力文集》第十卷,济南:山东教育出版社,1987 年。

王念孙.1796(自序).《广雅疏证》,北京:中华书局重印,1983 年。

王显.1959.诗经中跟重音作用相当的有字式、其字式、斯字式和思字式,《语言研究》4:9—43。

向熹.1980.诗经里的复音词,《语言学论丛》6:27—54。

向熹.1986.《诗经词典》,成都:四川人民出版社。又,修订本,北京:商务印书馆,2014 年。

项梦冰.1998.连城方言的动词重叠,《语言学论丛》21:12—32。

项梦冰.2004.《闽西方言调查研究》,汉城:新星出版社。

邢向东.2002.《神木方言研究》,北京:中华书局。

邢向东、王兆富.2014.《吴堡方言调查研究》,北京:中华书局。

徐通锵.1991.语义句法刍议——语言的结构基础和语法研究的方法论初探,《语言教育与研究》3:38—62。

徐通锵.1994."字"和汉语的句法结构,《世界汉语教学》2:1—9。

徐通锵.1997.《语言论——语义型语言的结构原理和研究方法》,长春:东北师范大学出版社。

徐通锵.1998.说"字"——语言基本结合单位的鉴别与语言理论建设,《语文研究》

3:1—12。

徐通锵.2004.《汉语研究方法论初探》,北京:商务印书馆。

雅洪托夫(Yakhontov, S.E.).1960[1986].上古汉语的复辅音声母(叶蜚声、陈重业、杨剑桥译,伍铁平校),见雅洪托夫(1986:42—52)。

雅洪托夫(Yakhontov, S.E.).1969[1986].十一世纪的北京音(陈重业译,顾越校),见雅洪托夫(1986:187—196)。

雅洪托夫(Yakhontov, S.E.).1986.《汉语史论集》(唐作藩、胡双宝编),北京:北京大学出版社。

叶国泉、唐志东.1982.信宜方言的变音,《方言》1:47—51。

游汝杰.2000.《汉语方言学导论》(修订本),上海:上海教育出版社。

于豪亮.1979.中山三器铭文考释,《考古学报》2:171。

俞敏.1988.北京话本字札记,《方言》2:152—154。

余乃永.1985.《上古音研究》,香港:中文大学出版社。

喻遂生、郭力.1987.说文解字的复音词,《西南师范大学学报》1:123—136。

袁家骅等.1983.《汉语方言概要》(第二版),北京:文字改革出版社。

藏缅语语音与词汇编写组.1991.《藏缅语语音和词汇》,北京:中国社会科学出版社。

曾晓渝.2002:论水语声母 s->h-的历史音变,《民族语文》2:1—9。

曾运乾.1927.喻母古读考,《东北大学季刊》2。

张恒悦.2012.《汉语重叠认知研究——以日语为参照系》,北京:北京大学出版社。

张洪年.1985.镇江方言的连读变调,《方言》3:191—204。

张敏.1996.汉语重叠的认知语义学研究,"新时期语法学者国际学术讨论会"论文,武汉:华中师范大学。

张敏.1997.从类型学和认知语语法的角度看重叠现象,《国外语言学》2:37—45。

张敏.1999.汉语方言体词重叠式语义模式的比较研究,《汉语方言共时与历时语法研究论文集》(伍云姬编),广州:暨南大学出版社,1—33。

张敏.2001.汉语方言重叠语义模式的研究,《中国语文研究》1(总 12):24—42。

张震泽.1984.《孙膑兵法校理》,北京:中华书局。

张志毅、张庆云.2001.《词汇语义学》,北京:商务印书馆。

赵秉旋.1979.晋中话嵌 l 词汇释,《中国语文》6:455—458。

赵清治.1990.《长葛方言的动词变韵》,硕士论文,北京:中国人民大学。

赵彤.2006.《战国楚方言音系》,北京:中国戏剧出版社。

赵元任.1931[2000].反切语八种,《中研院史语所集刊》第二本,第三分。又见《赵元任语言学论文集》,北京:商务印书馆,2000:362—404。

赵元任.1979.《汉语口语语法》,吕叔湘译自赵元任的 *A Grammar of Spoken Chinese*(1968),北京:商务印书馆。另,丁邦新译为《中国话的文法》,香港:香港中文大学出版社,1980 年。

郑懿德.1983.福州方言单音动词重叠式,《中国语文》1:31—39。

郑张尚芳.1984:上古音构拟小议,《语言学论丛》14:36—49。(1983 年在北京大学上古音学术讨论会上的书面发言)

郑张尚芳.1987.上古韵母系统和四等、介音、声调的发源问题,《温州师范学院学报》4:61—84。

郑张尚芳.2003.《上古音系》。2013 年出第二版。上海:上海教育出版社。

郑张尚芳.2018.上古汉语单音节双音节形态构词规则,《汉语与汉藏语前沿研究——丁邦新先生八秩寿庆论文集》,北京:社会科学文献出版社,49—58。

周法高.1962.《中国古代语法构词编》,台北:"中研院"史语所。

周祖谟.1943.宋代汴洛语音考,《辅仁学志》12:221—285。

周祖谟.1958.关于唐代方言中的四声读法,《语言学论丛》2:11—16。

朱德熙.1982a.《语法讲义》,北京:商务印书馆。

朱德熙.1982b.潮州话和北京话重叠词象声词的构造,《方言》3:174—180。

朱德熙.1983.自指和转指——汉语名词化标记"的、者、所、之"的语法功能和语义功能,《方言》1:16—31。

朱建颂.1987.武汉话的重叠式,《方言》1:23—28。

朱庆之.1992.《佛典与中古汉语词汇研究》,台北:文津出版社。

朱晓农.2004.亲密与高调,《当代语言学》3:193—222。

朱晓农.2005.《上海声调实验录》,上海:上海教育出版社。

邹嘉彦、游汝杰(2001).《汉语与华人社会》,上海:复旦大学出版社、香港:香港城市大学出版社。

Alderete, John, Jill Beckman, Laura Benua, Amalia Gnanadesikan, John McCarthy, and Suzanne Urbanczyk. 1997. Reduplication with Fixed Segmentism, Ms. Unversity of Massachuetts, Amherst; Inversity of Iowa; University of Maryland, College Park; Rutgers University; University of British Columbia.

Anderson, Stephen. 1969. West Scandinavian vowel systems and the ordering of phonological reles. Cambridge, Mass.: MIT Ph.D dissertation.

Algeo, John. 2010. *The Origins and Development of the English Language* (Sixth Edition), Boston: Wadsworth, Cengage Learning.

Bao, Zhiming（包志明）. 1995. Syllable Structure and Partial Reduplication in Classical Chinese, *Journal of East Asian Linguistics* 4.3:175—196.

Bao, Zhiming. 1996. The Syllable in Chinese, *Journal of Chinese Linguistics* 2: 312—354.

Baxter, William H (白一平). 1992. *A Handbook of Old Chinese Phonology*. Berlin and New York: Mouton, de Gruyter.

Baxter William H. and Laurent Sagart. 1998. Word formation in Old Chinese, *New Approaches to Chinese Word Formation* (ed., Jerome Packard).

Baxter, William H. and Laurent Sagart. 2014. *Old Chinese: A New Reconstruction*, NewYork: Oxford University Press.

Beyer, Stephan. 1992. *The Classical Tibetan Language*. New York State University Press.

Blevins, Juliette. 1995. The Syllable in Phonological Theory, *The Handbook of Phonological Theory* (ed. by John Goldsmith), Cambridge MA: Blackwell Publishers, 206—244.

Boltz, William G. 1974. *Studies in Old Chinese Word Families*, Ph.D. dissertation. Berkeley: University of California.

Boodberg, Peter. 1937. Some Proleptical Remarks on the Evolution of Archaic Chinese, *HJAS* 2:329—372.

Chao, Yuen Ren(赵元任).1941. Distinctions within Ancient Chinese, *Harvard Journal of Asiatic Studies* 5:203—233.

Chao, Yuen Ren. 1968. *A Grammar of Spoken Chinese* (中国话的文法). Berkeley and Los Angeles: University of California Press.

Chao, Yuen Ren. 1976. Rhythm and Structure in Chinese word conceptions, in *Aspects of Chinese Sociolinguistics*, 275—292.王洪君译作"汉语词的概念及其结构和节奏",见《赵元任语言学论文集》,北京:商务印书馆,2002 年,890—908 页。

Cheung, Hung-nin Samuel(张洪年). 1996. Songs and Rhymes: Cantonese Phonology as Reconstructed from Popular Songs, *Journal of Chinese Linguistics*, Vol.24, No.1:1—54.

Clements, George N. and Samuel Jay Keyser. 1983. *CV phonology: A generative theory of the syllable*, Cambridge, Mass.: MIT Press.

Crystal, David. 1997a. *A Dictionary of Linguistics and Phonetics*, Oxford: Blackwell Publishers Ltd.

Crystal, David. 1997b. *The Cambridge Encyclopedia of Language*, Cambridge: Cambridge University Press.

Dobson, W.A.C.H(杜百胜). 1959. *Late Archaic Chinese*. Toronto: University of Toronto Press.

Douglas, Carstairs Douglas. 1899. *Chinese-English Dictionary of the Vernacular or Spoken Language of Amoy, with the principal variations of the Chang-chew and Chin-chew dialects*. London: Presbyterian Church of England.

Duanmu, San(端木三). 2000. *The Phonology of Standard Chinese*. Oxford: Oxford University Press.

Empson, W. 1951. *The Structure of Complex Words*, London: Chatto and Windus.

Evans, Nicholas. 1995. Current Issues in Australian phonology, in Goldsmith John(ed) *Handbook of Phonological Theory*, Cambridge MA: Blackwell, 723—761.

Goldsmith, John(ed). 1995. *The Handbook of Phonological Theory*, Cambridge MA: Blackwell Publishers.

Gong, Hwang-cherng(龚煌城). 1980. A comparative Study of the Chinese, Tibetan, and Burmese Vowel System, *Bullitin of the Institute of Histry and Philology* 51.3:455—490.

Halle, Morris and Jean-Roger Vergnaud. 1978. Metrical structures in phonology. Ms., Cambridge, Massachusetts.

Haugen, Einar. 1956. *Bilingualism in the Americas: A bibliography and research guide*. Montgomery: University of Alabama Press.

Hockett, Charles. 1955(霍凯特). A Manual of Phonology, Memoir 11 of the International Journal of American Linguistics. Baltimore, Md.: Waverly Press.

Hayes, Bruce. 1989. Compensatory lengthening in moraic phonology, *Linguistic Inquiry* 20:253—306.

Hyma, Larry. 1985. *A Theory of Phonological Weight*. Dordrecht: Foris.

Inkelas, Sharon and Cheryl Zoll. 2005. *Reduplication*, Cambridge, UK: Cambridge University Press.

Itō, Michiharu(伊藤道治) and Ken-ichi Takashima(高嶋谦一). 1996. *Studies in Early Chinese Civilization: Religion, Society, Language, and Palaeography*, 2 Vols. (ed. by Gary F. Arbuckle). Hirakata: Kansai Gaidai University Press.

Jakobson, Roman. 1990. The Spell of the Speech Sound, *On Language*, Cambridge, Mass.: Harvard University Press.

Jiang-King, Ping(蒋平). 1996. *Tone-Vowel Interaction in Optimality Theory*, Ph.D. Dissertation, Vancouver: University of British Columbia.

Kahn, Daniel. 1976. Syllable-based generalizations in English phonology. Cambridge, Mass.: MIT Ph.D dissertation.

Karlgren, Bernhard(高本汉). 1923. *Analytic Dictionary of Chinese and Sino-Japanese*. Paris. Reprinted in New York: Dover Publications, Inc., 1974.

Karlgren, Bernhard. 1940. *Grammata Serica*. Rpt. from *Bulletin of the Museum of Far Eastern Antiquities* 12:1—471.

Karlgren, Bernhard. 1954. Compendium of Phonetics in Ancient and Archaic Chinese, *Bulletin of the Museum of Far Eastern Antiquities* 12:211—367.1)张洪年译《中国声韵学大纲》,香港:香港中文大学研究院中国语言文学会,1968年。2)聂鸿音译《中上古汉语音韵纲要》,济南:齐鲁书社,1987。

Karlgren, Bernhard 1957. *Grammata Serica recensa*. Reprinted from *Bulletin of the Museum of Far Eastern Antiquities* 29:1—332.

Kennedy, George A(金守拙). 1951. The Monosyllabic Myth, *Journal of the American Oriental Society*, 71.3:161—166.

Kennedy, George A. 1953. Two tone patterns in Tangsic, *Language* 29.3:367—373. Reprinted in Kennedy 1964:213—225.

Kennedy, George A. 1955. The butterfly case(part I), *Wenti* 8. Reprinted in Kennedy 1964:274—322.

Kennedy, George A. 1959. A note on Ode 220, *Studia Serica Bernhard Karlgren Dedicata*, Copenhagen, pp.190—198. Reprinted in Kennedy 1964:463—476.

Kennedy, George A.1964. *Selected Works of George A. Kennedy*(Ed. by Li Tien-yi), New Haven, Conn.: Far Eastern Publications, Yale University.

Kenstowicz, Michael 1994. *Phonology in Generative Grammar*, Cambridge, Massachusetts: Blackwell Publishers.

Kiparsky, Paul 1982. Lexical Morphology and Phonology, *Linguistics in the Morning Calm* (ed. by the Linguistic Society of Korea), Seoul Hanshin. pp.3—91.

Ladefoged, Peter. 1993. *A Course in phonetics*, 3d ed. New York: Harcourt Brace Jovanovich.

Li, Charles N and Sandra A Thompson. 1981. *Mandarin Chinese: A Functional Reference Grammar*. Berkeley and Los Angeles: University of California Press.

Li, Fang-kuei(李方桂). 1951. Review of *Nationalism and Language Reform in*

China, *International Journal of American Linguistics* 17.4:255—257.

Li, Paul J.-K.(李壬癸). 1986. Rhyming and phonetic contrast in Southern Min, *Bullitin of the Institute of Histry and Philology* 57:439—464.

Maddieson, Ian. 1984. *Patterns of Sounds*, (Cambridge Studies in Speech Science and Communication) Cambridge: Cambridge University Press.

Maddieson, Ian and Peter Ladefoged. 1985. "Tense" and "Lax" in four minority languages of China, *Journal of Phonetics* 13:433—454.

Marantz, Alec. 1982. Re reduplication, *Linguistic Inquiry* 13:435—482.

McCarthy, John. 1979. On Stress and Syllabification. *Linguistic Inquiry* 10: 443—465.

McCarthy, John. 1986. OCP Effects: Gemination and Antigemination. *Linguistic Inquiry* 17:207—263.

McCarthy, John & Alan Prince. 1986. Prosodic Morphology, ms. University of Massachusetts, Amherst, and Brandeis University.

McCarthy, John & Alan Prince. 1990. Foot and word in prosodic morphology: The Arabic broken plural, *Natural Language and Linguistic Theory* 8: 209—284.

McCarthy, John & Alan Prince. 1994. The emergence of the unmarked: optimality in Prosodic Morphology, in *Proceedings of the North East Linguistic Society* 24:333—379.

McCarthy, John & Alan Prince. 1995. Prosodic Morphology, *The Handbook of Phonological Theory* (ed. by John Goldsmith), Cambridge MA: Blackwell Publishers, 1995, 318—366.

McCarthy and Prince 1998. Prosodic Morphology, *The Handbook of Morphology* (ed. by Andrew Apencer and Arnold M. Zwicky), Oxford, UK and Malden, USA: Blackwell Publishers, 1998. pp.283—305.

Mohanan, Karuvannur Puthanveettil. 1986. *The Theory of Lexical Phonology*. Dordrecht: D. Reidel Company.

Norman, Jerry(罗杰瑞). 1988. *Chinese*, Cambridge: Cambridge University Press.

Norman, Jerry. 1994. Pharyngealization in early Chinese, *Journal of the American Oriental Society* 114.3:397—408.

Pike, Kenneth L. and Eunice V. Pike. 1947. Immediate constituents of Mazateco syllables. *International Journal of American Linguistics* 13:78—91.

Prince, Alan & Paul Smolensky. 1993. *Optimality Theory: Constraint Interaction in Generative Grammar.* ms.

Pulleyblank, Douglas. 1986. *Tone in Lexical Phonology*, Dordrecht: D. Reidel Publishing Company.

Pulleyblank, Douglas. 1988. Vocalic Underspecification in Yoruba, *Linguistic Inquiry* 19.2:233—270.

Pulleyblank, Edwin G(蒲立本). 1962. The Consonantal System of Old Chinese, *Asia Major* 9:58—144 and 206—265.

Pulleyblank, Edwin G. 1973. Some New Hypotheses Concerning Word Families in Chinese. *Journal of Chinese Linguistics* 1.1:111—125.

Pulleyblank, Edwin G. 1977—1978. The Final Consonants of Old Chinese, *Monumenta Serica* 33:180—206.

Pulleyblank, Edwin G. 1984: *Middle Chinese: a study in historical phonology*, Vancouver: University of British Columbia Press.

Pulleyblank, Edwin G. 1991a. The ganzhi as phonograms and their application to the calendar, *Early China* 16:39—80.

Pulleyblank, Edwin G. 1991b. *Lexicon of Reconstructed Pronunciation in Early Middle Chinese, Late Middle Chinese, and Early Mandarin*, Vancouver: University of British Columbia Press.

Pulleyblank, Edwin G. 1994. The Old Chinese origin of Type A and B syllables, *Journal of Chinese Linguistics* 22:73—100.

Pulleyblank, Edwin G. 1995. *Outline of Classical Chinese Grammar*, Vancouver: University of British Columbia Press.孙景涛译作《古汉语语法纲要》,北京:语文出版社,2006 年。

Pulleyblank, Edwin. 2000. Morphology in Old Chinese. *Journal of Chinese Linguistics.* 28.1:26—51.

Sagart, Laurent(沙加尔). 1999. *The Roots of Old Chinese*, Amsterdam/Philadelphia: John Benjamins Publishing Compony.

Saussure, F. de.(索绪尔) 1916[1983]. *Cours de linguistique générale*, ed. C. Bally and A. Sechehaye, with the collaboration of A. Riedlinger, Lausanne and Paris: Payot; Translated by Roy Harris as *A Course in General Linguistics*. La Salle, Illinois: Open Court. 1983.

Selkirk, Elisabeth. 1982. The syllable, *The structure of phonological representations*(part Ⅱ)(eds. H. van der Hulst and N. Smith). Dordrecht: Foris. pp.337—383.

Shaw, Patricia A. 1980. *Theoretical Issues in Dakota Phonology and Morphology*. New York & London: Garland Publishing, Inc.

Shaw, Patricia A. 1987. Non-conservation of Melodic Structure in Reduplication. Papers from the 23rd Regional Meeting, Chicago Linguistic Society, vol. 2: 291—306. Chicago: Chicago Linguistic Society, University of Chicago.

Spencer, Andrew. 1991. *Morphological Theory: An Introduction to Word Structure in Generative Grammar*, Oxford: Basil Blackwell.

Steriade, Donca. 1988. Reduplication and syllable transfer in Sanskrit and elsewhere, *Phonology* 5:73—155.

Sun, Jingtao(孙景涛). 2003. Retrogressive Reduplication in Old Chinese. *Journal of Chinese Linguistics* Vol.31.2:187—217.

Sun, Jingtao. 2004. Fission reduplication in Old Chinese. In Ken-ichi Takashima and Jiang Shaoyu(ed.) *Meaning and Form: Essays in Pre-Modern Chinese Grammar*, 167—190. Muenchen, Germany: Lincom Europe.

Takashima, Ken-ichi(高嶋谦一). 1988. Morphology of the Negatives on Oracle-Bone Inscriptions, *Computational Analyses of Asian and African Languages*, (Tokyo: National Inter-University Research Institute of Asian and African Languages and Cultures), 30:113—133.

Takashima, Ken-ichi. 1999. The So-called "Third" Person Possessive Pronoun *jue* 氒(厥) in Classical Chinese, *Journal of the American Oriental Society* 119. 3:404—431.

Thompson, Laurence C. 1965: *A Vietnamese Grammar*, Seattle: University of Washington Press.

Ting, Pang-hsin(丁邦新). 1975. *Chinese phonology of the Wei Chin period: reconstruction of the finals as reflected in poetry*. Taipei.

T'sou, Benjamin K.(邹嘉彦) 1977: Sound Symbolism and Some Socio-and Historical Linguistic Implications of Linguistic Diversity in Sino-Tibetan Languages, presented at the X International Conference on Sino-Tibetan Linguistics. Georgetown, Washington D.C.October 1977.

Yip, Moira. 1982. Reduplication and C-V skeleta in Chinese secret languages, *LI* 13:637—661.

Yue-Hashimoto, Anne O(余霭芹). 2005. *The Dancun Dialect of Taishan*(台山淡村方言研究), Hong Kong: Language Information Sciences Research Centre, City University of Hong Kong.

重 叠 索 引

（1）古 代 汉 语

A

| 婩婩 | ān ē | 52 |
| 卬卬 | áng áng | 166 |

B

斒斓	bān lán	81, 92
奔奔	bēn bēn	164
椑榯	bī xī	227
睥㹨	bī xī	227
怭怭	bì bì	168
髴沸	bì fèi	49, 51, 201
薛荔	bì lì	62, 64, 92
赑屃	bì xiè	99
蹩躠	bié sà	227
鞞琫	bǐng běng	24
勃阑	bó lán	118, 221
伯劳	bó láo	137
勃卢	bó lú	118
勃笼	bóng lóng	118
约约	bó yuē	103
步廊	bù láng	118

C

| 惨郁郁 | cǎn yù yù | 170 |
| 沧浪 | cāng láng | 79, 92 |

懊憹	cǎo lǎo	81, 92
参差	cēn cī	52, 201
蟾蜍	chán chú	55
裳裳	cháng cháng	166
鍖銋	chěn rěn	96
踟蹰	chí chú	25, 30, 40—41, 171, 200, 206, 218
尺蠖	chǐ huò	103
处处	chǔ chǔ	164
仓兄	chuàng huàng	99
绰约	chuò yuē	103
觌觑	cī qù	49, 51
从容	cōng róng	80, 93

D

答遝	dá tà	216
旦旦	dàn dàn	145, 145 注, 163, 171
鴠鴠	dàn dàn	147
蜦蠰	dāng náng	95
荡荡	dàng dàng	166
登登	dēng dēng	160
滴沥	dī lì	80, 92
滴宁	dī níng	118
蓾苨	dǐ nǐ	95
鵰鹩	diāo liáo	62, 64, 92, 205
丁丁	dīng dīng	167
丁蛵	dīng xīng	99
萧董	dǐng dǒng	55, 200
葶苧	dǐng níng	95
髑髅	dú lóu	122, 123, 123 注, 133, 138, 171, 192—
		194, 206, 215, 220
罜麗	dú lù	62, 64, 70, 71, 92, 184

E

| 袲袲 | ě nuǒ | 96 |

辖辖	è xiá	51

F

发发	fā fā	168
幡幡	fān fān	168
反反	fǎn fǎn	168
芳菲菲	fāng fēi fēi	170
霏霏	fēi fēi	163
狒狒	fèi fèi	147
纷总总	fēn zǒng zǒng	170
丰茸	fēng róng	97
丰融	fēng róng	80, 93, 97
荂苡	fóu yí	1
夫不	fū bū	55
弗弗	fú fú	168
蚨蚝	fū yú	103
芙蓉	fú róng	134, 138, 141, 215
扶疏	fú shū	104
罘罳	fú sī	226
扶苏	fú sū	1, 226
蝮蜪	fù táo	136
扶摇	fú yáo	1, 132, 138, 141, 206, 215
蜉蝣	fú yóu	62, 64, 69, 69注, 71, 75, 78, 79, 89, 93, 171, 184, 185, 190, 191
黼黻	fǔ fú	55
复育	fù yù	72, 73, 93, 206

G

佝瓿	gōu lóu	73, 92
骨露	gǔ lù	118, 121, 221
关关	guān guān	147注, 167, 171
嫢盈	guī yíng	136
国国	guó guó	145
果蠃	guǒ luǒ	62, 64, 69, 70, 92

| 蜾蠃 | guǒ luǒ | 62, 92 |

H

泔淡	hàn dàn	216
沆瀣	hàng xiè	58
号咷	háo táo	216
鹤鹤	hè hè	147 注, 163
薨薨	hōng hōng	167
鸿蒙	hóng méng	98
胡蝶	hú dié	1, 123—126, 138, 141, 171, 206
狐刺	hú là	136, 141
瑚琏	hú liǎn	136, 141
瓠落	hú luò	133, 138
壶卢/葫芦	hú·lu	74—75
华离	huá lí	136, 141
獾獾	huān huān	147
皇皇	huáng huáng	166
恍惚	huǎng hū	57
活芃	huó tuō	216

J

蚏蜨	jí cù	55—56, 200
趌趨	jí jié	49, 51
撠挶	jǐ jú	43—44, 201
蒺藜	jí lí	134, 138, 141, 205, 215, 220, 221
即零	jí líng	118, 121
脊令	jí lìng	136, 141, 206
蛣蟩	jí qū	54, 200
间关	jiān guān	44, 200, 205
蒹葭	jiān jiā	24
鹣鹣	jiān jiān	147
交交	jiāo jiāo	159, 167
僬侥	jiāo yáo	98
袟袇	jiǎo liǎo	72, 92

秸鶕	jié jué	55, 200
孑孓	jié jué	55, 200
駉駖	jiōng líng	73, 92
究究	jiū jiū	169
纠纠	jiū jiū	18
居居	jū jū	169
輷录	jū lù	133, 138
粔籹	jù nǚ	95
沮洳	jù rù	96
崛岉	jué wù	98

K

凯弟	kǎi dì	136
顲顑	kǎn lǎn	80, 92
忼慨	kāng kǎi	57, 58
恂愁	kòu mào	98
矻落	kū luò	118, 221
浍峳	kuài duì	216
圹埌	kuàng làng	80, 89, 92, 205
骙骙	kuí kuí	160
躨跜	kuí ní	96
傀儡	kuǐ lěi	75
廓落	kuò luò	81, 92

L

褴褛	lán lǚ	86
狼戾	láng lì	57
鉾炉	láo lú	86
轠铲	léi lú	86
栗烈	lì liè	86
麗廔	lí lóu	55
丽廔	lí lóu	200
藜芦	lí lú	86
欐辘	lì lù	55, 200

憭栗	liáo lì	87
烈烈	liè liè	84, 85, 168, 169
烈烈	liè liè	147 注, 159
琳琅	lín láng	86
粼粼	lín lín	84, 85
流离	liú lí	86
扁芦	lòu lú	86
陆离	lù lí	86
鹭鹨	lù lóu	86
律律	lǜ lǜ	168
觏缕	luó lǚ	86
罗罗	luó luó	147

M

霢霂	mài mù	1, 43, 200, 206, 218
蛮蛮	mán mán	147
蔓蔓	màn màn	170 注
浼浼	měi měi	168
孟浪	mèng làng	80, 92, 205
蒙茸	méng róng	96
弥弥	mí mí	168
弥弥	mǐ mǐ	160
绵蛮	mián mán	51
绵绵	mián mián	159
瀎泧	miè huó	99
螟蛉	míng líng	62, 64, 92
明明	míng míng	162
莫莫	mò mò	160
瞴娄	mǔ lóu	135, 138, 141

P

伴奂	pàn huàn	99
蟠蜿	pán wán	103
磅礴	páng bó	58

庞庞	páng páng	166
傍傍	páng páng	166
㐸烋	páo xiáo	99
陪鳃	péi sāi	226
旆旆	pèi pèi	159
彭享	péng hēng	99
逢逢	péng péng	160
蓬茸	péng róng	96
蚍蜉	pí fú	55, 200
螵蛸	piāo xiāo	227
箳篂	píng xīng	227
婆娑	pó suō	226
駊騀	pǒ wǒ	98
匍匐	pú fú	1, 20, 49, 201
蒲卢	pú lú	62, 64, 92
朴樕	pú sù	226

Q

蛴螬	qí cáo	55, 56, 200
祁祁	qí qí	159
崎岖	qí qū	44, 201
刺促	qì cù	24
契阔	qì kuò	42, 200, 205, 218
千千	qiān qiān	145
缱绻	qiǎn quǎn	38, 200, 218
强梁	qiáng liáng	79, 82, 92
强阳	qiáng yáng	79, 93
巧老	qiǎo lǎo	81, 92
蜻蛉	qīng líng	73, 92
磬控	qìng kòng	39, 200, 205, 218
蛷螋	qiú sōu	104
屈挛	qū luán	118, 221
蠷螋	qú lüè	136
蘧蔬	qú shū	104

鸜鹆　qú yù　136

R

瀼瀼　ráng ráng　166
人人　rén rén　146
日日　rì rì　145，147 注
融融　róng róng　85
溶滴　róng yì　86
容与　róng yú　86
茹藘　rú lǘ　62，64，93，206

S

瑟缩　sè suō　41，200，206
掺掺　shān shān　18
汤汤　shāng shāng　166
摄叶　shè yè　80，93
世世　shì shì　145，146
裋褕　shù yú　73,93
斯须　sī xū　42，200，205，218
踧踧　sù sù　164
靃靡　suǐ mǐ　98

T

唐棣　táng dì　58
鎕锑　táng dì　58
螳蜋(螂)　táng láng　1，62，64，89，92，171，184，205
堂堂　táng táng　166
鶶鷵　táng tú　58
荑芵　tí dié　136，205
提提　tí tí　18
填填　tián tián　170 注
町畽　tiǎn tuǎn　43，200，218
突栾　tū luán　118，221
突落　tū luò　118

橐橐	tuó tuó	160

W

万万	wàn wàn	145
蛧蜽	wǎng liǎng	73, 92
望洋	wàng yáng	79, 81—82, 93
际陓	wēi yí	136
委蛇	wēi yí	80, 93, 171
崣蘽	wěi lěi	81, 92
龌龊	wò chuò	104
屋漏	wū lòu	126—132, 138
鵽鶆	wū zé	136, 206

X

蟋蟀	xī shuài	25
樨榽	xī xī	99
栖栖	xī xī	160
蜥易	xī yì	73, 93
戏泄	xī yì	134, 135, 135 注, 138, 141, 206
仙仙	xiān xiān	163
睍睆	xiàn huàn	51
相羊	xiāng yáng	19, 80, 82—83, 93
蟏蛸	xiāo shāo	56
逍遥	xiāo yáo	1, 80, 89, 93, 171, 205
星星	xīng xīng	147
行行	xíng xíng	169
瓨瓵	xìng shěng	104
胥疏	xū shū	51, 201
煦妪	xǔ yǔ	103
姁嬩	xū yú	80, 93

Y

言言	yán yán	159, 160, 164, 195, 196 注
泱泱	yāng yāng	166

洋洋	yáng yáng	85, 158, 166
摇摇	yáo yáo	185
铫芅	yáo yì	86
姚娧	yáo yuè	86
摇悦	yáo yuè	135, 138
杳冥冥	yǎo míng míng	170
騕褭	yǎo niǎo	24
蔈绕	yǎo rǎo	95
窈窕	yǎo tiǎo	216
殗殜	yè dié	216
薏苢	yī yī	136
依依	yī yī	163
伊威	yī wēi	25, 55
猗傩	yǐ nuǒ	96
熠耀	yì yào	86
抑抑	yì yì	160, 168
翼翼	yì yì	160, 161, 163, 169—170
醷鬵	yì yù	55, 201
氤氲	yīn yūn	55, 200
淫淫	yín yín	170 注
英英	yīng yīng	1
莺莺	yīng ynīg	147
雍容	yōng róng	80, 83, 85, 93
优游	yōu yóu	80, 93
语语	yǔ yǔ	164
郁陶	yù yáo	134, 138
郁攸	yù yōu	136
愈愈	yù yù	1
蜿蟤	yuān zhuān	104

Z

牂牂	zāng zāng	166
甑甑	zèng zèng	147
諸拏	zhā ná	96

辗转	zhǎn zhuǎn	24, 34—38, 49, 169, 171, 195, 200, 201, 218
朝朝暮暮	zhāozhāo mùmù	61, 145
殄瞵	zhèn lìn	80, 93
烝烝	zhēng zhēng	166
蜘蛛	zhī zhū	25
罜䍡	zhī zhū	55, 56, 200, 206
蟙䘃	zhí mò	98
朱儒	zhū rú	95
茱萸	zhū yú	73, 93, 206
鸀鳿	zhú yù	98
卓荦	zhuō luò	80, 92
濯濯	zhuó zhuó	164
次且	zī jū	49, 50
"盛"义完全重叠 49 个		157
"众"义完全重叠 22 个		158
"忧"义完全重叠 19 个		158

(2) 现 代 方 言

(2a) 重叠式＋音标＋页码

把□	pu^{53} lu^{53}	76
白雪雪	pak^{22} syt^{33} syt^{33}	151
悲曝	p^{h}i^{52} p^{h}uo/^{44}	46
柄□子	pia^{33} la^{33} tsai^{53}	76
卜□	pəʔ^4 lɛ^{21}	221
卜卜斋	p^{h}ɔk^{33} p^{h}ɔk^{33} tsai^{53}	152
卜烂	pəʔ^4 lɛ^{53}	221
不浪	pəʔ^{21} laŋ^{53}	115, 221
不愣(奔)	pəʔ^{21} lən^{23}	115, 119, 221
不愣(笨)	p^{h}ə^{21} lən^{53}	207, 221
抽抽	tʂ^{h}əw^{21} tʂ^{h}əw^o	67
大拿拿	tai^{21} la^{42} la^{42}	152
得拉	təʔ^{21} la^{23}	221

得老	təʔ² lɔ²⁴	221
得镣	tiɛʔ²¹ liau⁵³	207
的料	tiəʔ⁴ liɔ⁵³	221
滴溜	tiɛʔ²¹ liəu²³	115, 119, 207
冻冰冰	toŋ³² pen⁵³ pen⁵³	151
独隆	thuəʔ²¹ luŋ⁴⁴	115
短切切	tyn²⁴ tsʰit³³ tsʰit³³	152
多箩箩	tɔ⁵³ lɔ⁴² lɔ⁴²	151, 154
恶亨亨	ɔk³³ hɐŋ⁵³ hɐŋ⁵³	152
高戚戚	kau⁵³ toŋ³² toŋ³²	151, 157
圪老	kəʔ²¹ lau²¹³	115, 119
圪愣	kəʔ²¹ lən⁴⁴	115
圪愣	kəʔ⁴ lɣ⁴⁴	221
圪梁	kəʔ²¹ liaŋ⁴⁴	207
圪溜	kəʔ²¹ liau²³	207
沟□坑底	kie³³ lie³³ kʰa³³ tai⁵³	76
骨勒	kuai³⁵ lai³⁵	77
骨拢	kuə/²¹ luŋ²¹³	126
挂挂	kua³⁵ kua³⁵	46 注
光脱脱	kwɔŋ⁵³ tʰyt³³ tʰyt³³	152
锅罗*巴	kau³³ lau³³ pu³³	77
黑拉	xəʔ⁴ la⁴⁴	221
黑盲盲	hak⁵³ maŋ²¹ maŋ²¹	151
葫芦	xuəʔ²¹ lu⁴⁴	115
花□	fu³³ lu³³	78
滑挢挢	wat²¹ lyt²¹ lyt²¹	152
慌失失	foŋ⁵³ sɐt⁵³ sɐt⁵³	152
基铰	ki⁵² kɛ³¹	46
急急脚	kɐp⁵⁵ kɐp⁵⁵ kœk³³	151
急灵	tɕiɛʔ²¹ tɕin²³	115, 207
脚脚	tɕiAʔ⁵⁵ tɕiAʔ⁵⁵	66
叫叫	tɕiæ⁴⁴ tɕiæ²¹	53
结勒*头	kai³⁵ lai³⁵ tʰie⁵⁵	77
今卷	kiŋ⁵² kuoŋ³¹	3, 4, 46

255 ·

静鸡鸡	tsieŋ^{21} kɐi^{53} kɐi^{53}	151
坷蹬	kʰɯ^{33} tsʰɐɯ^{412}	222 注
窟连	khuəʔ^{21} lyɛ^{53}	115
块癞	kʰuə^{33} luə^{33}	76
框懒	kʰia^{33} la^{33}	76
凉浸浸	lœŋ^{42} tsɐm^{32} tsɐm^{32}	152
盲摸摸	mɐŋ^{42} mɔ^{53} mɔ^{53}	152
蒙闭闭	moŋ^{13} tsy^{53} tsy^{53}	151
蒙猪猪	moŋ^{13} tsy^{53} tsy^{53}	151，154
面红红	min^{21} hoŋ^{42} hoŋ^{42}	151
面左左	min^{21} tsɔ^{24} tsɔ^{24}	151
摸盲盲	mɔ^{53} mɐŋ^{42} mɐŋ^{42}	152
嬲爆爆	lɐu^{53} pau^{32} pau^{32}	151
扑篮	phəʔ^{21} lan^{44}	115，221
扑捞	phəʔ^{21} lau^{44}	115，221
扑潦	pʰəʔ^{21} liau^{53}	207
球留	kʰiau^{55} liau^{55}	76
裙裙	tɕʰyŋ^{13} tɕʰyŋ^{13}	3
湿湿碎	sɐp^{53} sɐp^{53} sy^{32}	152
酸微微	syn^{53} mei^{42} mei^{42}	151
贴聊	tʰiɛʔ^{21} liau^{44}	207
头耷耷	tɐu^{42} tap^{33} tap^{33}	152
团来	tʰiu^{55} liu^{55}	76
托圝	thuəʔ^{21} luan^{44}	115
砣砣拧	tʰɔ^{42} tʰɔ$^{42-24}$ len^{42}	152
心挂挂	sɐm^{53} kua^{32} kua^{32}	151
心思思	sɐm^{53} sy^{53} sy^{53}	151
牙斩斩	ŋa^{42} tsam^{24} tsam^{24}	150，151
眼甘甘	ŋan^{13} kom^{53} kom^{53}	151
眼花花	ŋan^{13} fa^{53} fa^{53}	151
眼蛇蛇	ŋan^{13} sɛ^{42} sɛ^{42}	151，154
眼湿湿	ŋan^{13} sɐp^{53} sɐp^{53}	151
眼凸凸	ŋan^{13} tʰɐt^{22} tʰɐt^{22}	151
椅椅	i^{53} i^{53}	3

圆圈□	vie⁵⁵ tʂʰçe³³ lie³³	76
晕砣砣	wɐn⁵³ thɔ⁴² thɔ⁴²	151, 153
胀卜卜	tsœŋ³² pʰɔk³³ pʰɔk³³	152
知罩	ti⁵² tɔy/²³	46
直笔笔	tset²¹ pɐt⁵³ pɐt⁵³	151, 154
□□肥	kuaʔ⁵⁵ laʔ⁵⁵ pʰai⁵⁵	78
□兰*妈	kua⁵⁵ la⁵⁵ mu⁵⁵	78
□落*骨	pauʔ⁵⁵ lauʔ⁵⁵ kuai³⁵	77

(以下重叠的意思)

'多嘴好说'	təʔ˳ ljaʔ˳	207
'滚动'	kwəʔ˳ ₍ljow	208
'手中滑出'	tsʰwə/˳ ₍ljow	207
'抬起腿'	kʰəʔ˳ ₍ljaw	207
'象声词'	pʰjˀŋ pʰaŋ	208
'象声词'	tjˀŋ taŋ	208
'象声词'	tɕʰjˀŋ kʰwaŋ	208
'左手用工具'	pʰəʔ˳ ljaʔ˳	207

(2b) 重叠式＋拼音＋页码

挨ㄦ挨ㄦ	āir āir	67
包包	bāo bāo	61
饱饱儿	bǎo bāor	192
蹦蹦	bèng bèng	67
插插	chā chā	67
抽抽	chōu chōu	67
打打	dǎ dǎ	67
大大	dà dà	61
刀刀	dāo dāo	62 注
豆豆	dòu dòu	147
飞飞	fēi fēi	67
个个	gē gē	33, 144
根根	gēn gēn	147
罐罐	guàn guàn	147
蝈蝈	guō guō	147, 167
好好ㄦ	hǎo hāor	4

好好	hǎo hāor	192
红红	hóng hóng	144
红彤彤	hóng tóngtóng	150, 170, 192
红稀稀	hóng xīxī	170
火火	huǒ huǒ	62 注
搅搅	jiǎo jiǎo	66
看看	kàn kàn	33
哭哭啼啼	kūkū títí	83 注
撩撩	liāo liāo	66
楼楼	lóu lóu	67
绿油油	lù yóuyóu	144, 170
慢慢ㄦ	màn mānr	192
挠ㄦ挠ㄦ	náor náor	67
瓯瓯	ōu ōu	62 注
爬爬	pá pá	55, 67
怕怕	pà pà	67
瓶瓶	píng píng	147
蛐蛐	qū qū	147, 167
冉冉	rǎn rǎn	192
热乎乎	rè hūhū	170
人人	rén rén	3, 33
勺勺	sháo sháo	61
绳绳	shéng shéng	61
手手	shǒu shǒu	62 注
水水	shuǐ shuǐ	61
锁锁	suǒ suǒ	62 注
天天	tiān tiān	144
听听	tīng tīng	33
桶桶	tǒng tǒng	61
推推搡搡	tuītuī sǎngsǎng	83 注
腿腿	tuǐ tuǐ	62 注
娃娃	wá wá	147
雾煞煞	wù shāshā	150
腰腰	yāo yāo	67

摇摇晃晃	yáoyáo huànghuàng	83 注
悠悠	yōu yōu	192
脏兮兮	zāng xīxī	150
蟑螂	zhāng láng	78—79
张张	zhāng zhāng	33
抓抓	zhuā zhuā	67
走走	zǒu zǒu	33
走走停停	zǒuzǒu tíngtíng	83 注

(2c) 基式＋重叠式＋页码

凹	nɐŋ^{423} nɔp^{5}	57
扒	pa^{55} la^{o}	106
疤	pa^{55} la^{o}	106
摆	pʌʔ^{54} læ^{53}	221
秕（tskʌʔ^{23}）	pʌʔ^{54} li^{53}（tsʌʔ^{23}）	221
扁	bɐŋ^{423} bɛn^{44}	57
猋	pie^{31} lieu^{55}	116, 133, 219
瘪	niɐp^{33} hiɐp^{33} tʃɐŋ^{231}	88
瘪	nɐŋ^{44} njɐp^{5}	208
柄	pja˧ la˧	208
拨	pu^{55} la^{o}	106
擦	tsh^{55} lao	106, 111
穿	tsʰuoŋ^{31} tsʰuoŋ^{44}	53
跌	ti^{35} ta^{35}	46
抖	tɛ^{31} lɛu^{31}	116, 219
钝	tɐn^{21} tɐn^{231}	57
愕	ŋɔk^{11} hɔk^{3} tʃɛŋ^{231}	102
翻	fi^{33} fa^{33}	45
拂	xu^{11} xou/^{23}	52
拂	hy^{11}（hø^{11}）løyʔ^{13}	116, 219
膏	kə^{33} law^{o}	222
埂	kəʔ^{21} lən^{44}	115
埂	kəʔ^{4} lɤ^{44}	221
埂	kʌʔ^{54} lɐŋ^{53}	221
埂	kə^{53} liŋ^{o} / lin^{o}	222

埂	kə⁵³ liɯº	222，222 注
钩	kau³¹ kau⁴⁴	53
钩	kɤ²⁴ low⁵³	223
箍	kʰu³¹ kʰu⁴⁴	52
和	xu¹¹ lwoº	106
划	xu¹¹ laº	106，111
滑	ko³¹ louʔ⁵⁵	116，108，139，219
环	xu¹¹ lanº	106，111，139
唤	xwo⁴⁴ lwæ̃º	223
尖	tsieŋ³¹ tsieŋ⁴⁴	53
焦	tɐŋ⁴⁴ tiu⁵³	57
焦	tɕi¹³ ljawº	126
搅	kə³³ lawº	222
惊	tɕi⁵⁵ liŋº	105，110，111
精	tɕi⁵⁵ liŋº	105
掘	kʰiʔ⁵ kʰuaiʔ⁵	45
看	ȵi³ ȵia³	46
空	kʰøyŋ³¹ kʰøyŋ⁴⁴	53
孔	kʰu⁵³ luŋº	222
口	kʰɤ²⁴ low⁵³	223
框	khja꜓ la꜓	208
亮	lap⁴⁴ ljaŋ⁴²³	208
窿	lø³¹ løyŋ⁵⁵	116，219
麻	ma²³¹ ha²³¹ tʃeŋ²³¹	102
浓	nɐŋ²¹ nuŋ²³¹	57
耙	pʰu²⁴ laº	223
盘	pʰu²⁴ lwæ̃⁵³	223
翘	kʰiau⁵³ hiau⁵³ tʃeŋ²³¹	88，102
翘	kʰie⁵⁵ liɛu²¹³	117
翘	kʰɐŋ⁴⁴ kʰjaw⁵³	208
翘	kʌʔ⁵⁴ liə¹³	221
圈	tɕʰy⁵⁵ ljɛnº	106，111，112 注
圈	tɕʰy²¹ lɥæ̃º	223
染 同音字	ȵja꜔ la꜔	208

傻	ʃɐŋ²⁴ ʃo²¹	57, 109
傻	ʃo²¹ ho²¹ tʃɐŋ²³¹	88
肾	ʃɐn³⁵ hɐn³⁵ tʃɛŋ²³¹	102
衰	ʃɐŋ²⁴ ʃoi⁵³	57
酥	θɐŋ⁴⁴ θu⁵³	57
碎	sy¹¹ tsy²¹³	53
嗦	so¹¹ sɔʔ²³	12, 52—54
缩	ʃuk⁵ huk⁵ tʃɛŋ²³¹	102
探	taŋ¹¹ taɑŋ²¹³	12
跳	tʰi³³ tʰiu³³	45
偷	tʰi³³ tʰie³³	46
团	tʰu¹¹ lwanᵒ	106
托	tʰo¹¹ tʰ∕²³	52
拖	tʰi³³ tʰau³³	45
拖	tʰa⁵⁵ laᵒ	106
脱	tʰu⁵⁵ lwoᵒ	106, 109, 111
驼	to²³¹ ho⁵³ tʃɛŋ²³¹	102
歪	mai⁴⁴ hai⁴⁴ tʃɐŋ²³¹	88
瓮	wu²⁴ lwoŋ⁵³	223
舞	mi⁵¹ møə⁵¹	45
洗	si⁵¹ sai⁵¹	34, 45
洗	si⁵² sɛ³¹	46
香	ŋam⁴⁴ hjaŋ⁵³	208
摇	i⁵⁵ iu⁵⁵	45
杂	tsa⁵³ laᵒ	222
渣	tʂʅ⁵⁵ laᵒ/laᴶᵒ	106
渣	tsʅ²¹ laᵒ	223
皱	n̪ɐu²¹³ hɐu²¹³ tʃɛŋ²³¹	60, 102
au⁵⁵	a³¹ lau⁵⁵	117
hiaŋ²¹³	hia¹¹ liaŋ²¹³	116, 219
kəw⁴¹²	kə⁵³ lɐwᵒ	222
kʰə³³	kʰə³³ lɯᵒ	222
kʰiɛu²¹³	kʰie⁵⁵ liɛu²¹³	117
kʰuaŋ⁵³	kʰua³¹ luaŋ⁵³	116, 219

kʰuŋ³¹   kʰu³¹ luŋ⁵³   116，219

kieu⁵⁵   kie³¹ lieu⁵⁵   117

kɛi²¹³   ki¹¹ lɛi²¹³   116，219

mɛʔ⁵⁵   mɛu³¹ lɛʔ⁵⁵   117

piɛu²¹³   pie¹¹ liɛu²¹³   219

piɛu²¹³   pie¹¹ liɛu²¹³   116，219

tɑu²¹³   ta¹¹ lɑu²¹³   117

tɛu³¹   tɛ³¹ lɛu³¹   219

tsʰuoʔ⁵⁵   tsʰuo³¹ luoʔ⁵⁵   116，219

tsʰuoʔ⁵⁵   tsʰuo³¹ luoʔ⁵⁵   219

tsiɛŋ²¹³   tsie¹¹ liɛŋ²¹³   117

（3）其 他 语 言

A³³ vu³³ di³³ li³³   '蚯蚓'   211

bɯ²¹ lɯ³³   '蝴蝶'   211

bo̱³³ lo̱³³   '花牛'   211

č'í-č'l'aʔ   '小石头'   61

ɔ³¹ bja³³ bjaː³³   '晴朗的天空'基式义   209

čá-čaləs   '小手'   61

cʰam⁵⁵ cʰom⁵⁵   '摇摇晃晃'   47

ɕi⁵⁵ li²¹   '东西'   211

crisscross   '构成交叉图案'   3

dʐ̩u³³ phu³³ lu̱³³   '钥匙（dʐ̩u³³，锁）'   211

ding-dong   '叮当声'   21

handy-dandy   '猜手手'   60

hip-hop   '一种舞蹈音乐风格'   34

jyán-jyánitor   '清扫工（复数）'   8

kɯ⁵⁵ lɯ⁵⁵   '青蛙'   211

kal-kaldíŋ   '山羊（复数）'   8

kʰã⁵³·⁵⁵ kʰø̃⁵³·⁵⁴   '愤愤不平'   47

khal-khol   '晕倒的'   47

kham-khum   '带有崎岖山脊的'   47

khrag-khyug   '喧嚣的'   47

klás-kláse	'班级（复数）'	8
l. b lɯ⁵⁵ lɯ⁵⁵	'明亮'	211
laŋ³⁵·¹¹ loŋ³⁵·³⁴	'翻滚'	47
le̠²¹ pɯ̠³³ lɯ̠³³	'拳头'	211
li⁵⁵ lu⁵⁵	'随便换换'	47
ɬax-ɬé:x-kʷ	'已经吃完了'	9
ɬax-ɬó:q	'睡醒'	9
luxʷ lílkʷ	'系（鞋带）'	9
mja̠³³ gɯ̠⁵⁵ gɯ̠:⁵⁵	'头晕'基式义	209
mja̠³³ mi̠³³ mi̠:³³	'眨眼'基式义	210
mpin³³ mpin³³	'瓶瓶儿'	61
nax-ná:ɬx-kʷ	'呼吸'	9
ndzag-ndzog	'乱七八糟的'	47
nu⁵⁵ nɲia³¹	'随便看看'	47
pA̠³³ lA̠²¹	'碗'	211
pell-mell	'乱糟糟的'	21
pi¹³ pu¹³	'随便钻'	47
pús-púsa	'猫（复数）'	8
qɑp-qɑ́p	'刮磨东西'	9
ro:-róʔot	'废弃物（复数）'	8
sam³⁵·¹¹ sim³⁵·²⁴	'半睁半闭'	47
ʂap⁵³·⁵⁵ ʂip⁵³·⁵⁴	'遮遮、罩罩'	47
so³³ lo³³	'棉花'	211
ʨA̠³³ lA̠²¹	'锣'	211
taktakki	'腿（复数）'	7
te³⁵ te³⁵	'小孩儿'	61
tʰa̠ʔ⁵³·⁵⁵ tʰu̠ʔ⁵³·⁵⁴	'摸摸、碰碰'	47
tʰuxʷ-tʰákʷ	'拧扭东西'	9
ti³³ tu³³	'随便放'	47
tí-təláw'-il	'慢跑'	61
to-dono	'打打'	11
trá:-trák	'卡车（复数）'	8
tʂhA̠²¹ lA̠²¹	'狼'	211
tu:-tá:w	'冰冻'	9

ufuffu   '大腿（复数）'   7

wix-wá꞉x   '划船（施事复数）'   3

ʔax-ʔúx   '扔东西'   9

ɣA²¹ lA³³   '园'   211

主题术语专名索引

说明:(1)"‖"表示可选项。(2)"/"表示前后下加线部分二选一(无下加线者不适用)。(3)"//"的含义是"或"或者"和"。(4)以"—"连接两个页码表示其间每页均有该条目出现。(5)鉴于有的条目频次过高,或与其他条目存在部分重合,故仅仅列出重要者。所谓重要者,指涉及定义、标题、图表、材料、被讨论的对象等。这些条目后标"(仅列重要者)"。

A

A 类/型音节   30, 30 注,90, 91, 92, 93, 94, 137, 139, 204, 205, 209, 210 注,211, 212, 213, 214, 214 注

Agta 语   6, 6 注,7, 9

B

B 类/型音节   30, 30 注,90, 91, 92, 93, 94, 137, 139, 204, 205, 206, 208, 209, 210 注,211, 212, 213, 213 注,214, 214 注

北京话   4, 46 注,63, 112, 145, 175 注,178, 182, 186, 192, 208, 208 注,222 注,223 注

鼻音   15, 15 注,17, 84, 95, 98, 99, 140, 184, 187, 189, 190, 191, 203

变 h-/x-   99, 100, 101, 102

C

CV 音节/骨骼槽   6, 8, 14 注,187

CVC 音节/模块   6, 6 注,8, 14 注,187

CVV 音节   8, 187

长短元音   91, 204, 209, 210, 210 注

长葛方言   167

尝试体   5

重叠(定义)　　　　3—5

　部分重叠　　　　　6, 10, 21, 22, 23, 226

　重叠部分　　　　　3, 4, 6, 8, 9, 10, 11, 12, 34, 36, 37, 59, 60, 64, 71,
　　　　　　　　　　72, 76, 81,84, 87, 88, 105, 139, 171, 184, 191, 194,
　　　　　　　　　　201, 205, 210

　重叠词　　　　　　3, 4, 21, 22, 23, 24, 29, 34, 36, 37, 40, 41, 42, 45,
　　　　　　　　　　49, 56注,58, 63, 78, 82, 89, 115, 116, 117, 120, 120
　　　　　　　　　　注,163, 205, 206, 207, 211注,219, 221, 223

　重叠类型　　　　　1, 2, 4, 5, 6, 10, 11, 16, 18, 21, 24, 29, 33, 34, 37,
　　　　　　　　　　38, 46, 72, 84, 87, 102, 143, 145注,150, 171, 183,
　　　　　　　　　　184, 192, 194, 201, 202, 215, 225, 226, 227

　重叠式　　　　　　3, 4, 5, 9, 11, 22, 23, 34, 36, 45, 46, 46注,48, 52,
　　　　　　　　　　53, 54, 57, 61, 66, 67, 68, 69, 71, 72, 73, 75, 77, 78,
　　　　　　　　　　83注,84, 87, 104, 105, 110, 113, 114, 122, 126, 128,
　　　　　　　　　　137, 138, 139, 144,147, 148, 149, 150, 152, 153,155,
　　　　　　　　　　157, 162, 163, 164, 165, 168, 170,186, 191, 199, 207,
　　　　　　　　　　208, 210, 211, 220, 221, 223, 225, 226

　重叠系统　　　　　83, 87, 87注,169, 171, 185, 191, 192, 193, 194, 195,
　　　　　　　　　　196, 201,202, 224, 226

　重叠形式　　　　　2, 3, 8, 11, 22, 25, 45, 65, 65注,66, 71, 78, 83, 84,
　　　　　　　　　　88, 102, 110, 111, 112注,114, 135, 150, 155, 157, 158,
　　　　　　　　　　159, 161, 162, 163, 168, 169, 170, 170注,186, 192, 196
　　　　　　　　　　注,206, 207, 209, 214, 215, 216, 228

　叠韵重叠　　　　　22

　动词重叠　　　　　5, 6, 11, 33, 34, 46, 46注,53, 76, 155, 156注,196,
　　　　　　　　　　208, 228

固定韵母型裂变重叠 221

　后缀式重叠　　　　4注

　裂变重叠　　　　　4, 9, 15, 17, 88注,105, 110, 111, 112注,114, 114注,
　　　　　　　　　　115, 116, 117, 118, 119, 120, 121, 122, 123, 125, 126,
　　　　　　　　　　128, 129, 131, 132, 133, 134, 135, 136, 137, 138, 139,
　　　　　　　　　　140, 141, 143, 144, 171, 191, 192, 193, 194, 195, 196,
　　　　　　　　　　205, 207, 207注,208注,215, 215注,219, 220, 221,
　　　　　　　　　　222, 222注,223, 224, 227

名词重叠   53, 145, 146, 147, 155, 192

拟声重叠(词) 63, 64

逆向重叠   4, 4 注, 15, 29, 33, 34, 36, 37, 38, 39, 40, 41, 42, 43,
44, 45, 46, 47, 48, 49, 50, 51, 52, 53, 54, 55, 56, 56
注, 57, 58, 83, 103, 105, 115, 169, 171, 194, 200, 201,
205, 217, 218, 224

双关   22, 148, 168

双声重叠   22

顺向重叠   4, 4 注, 60, 62, 71, 72, 73, 74, 75, 76, 77, 78, 79, 81,
82, 83, 84, 85, 86, 87, 88, 89, 90, 91, 92, 93, 94, 95,
96, 98, 99, 102, 103, 104, 105, 115, 139, 144, 153 注,
171, 184, 185, 188, 190, 191, 192, 194, 195, 205, 215,
215 注, 217, 224, 227

扬抑型裂变重叠 223

音变重叠   3, 4, 6, 10, 12

忠诚型裂变重叠 220, 221

重言   1, 19, 20, 21, 22, 61, 146, 147, 147 注, 148, 149, 158,
168, 170, 225

除去口腔阻塞化 100, 101, 102, 103

唇化舌根音   30

唇齿音   16

唇音   27, 31, 107

词汇音系学   183 注

D

Dakota 语   5, 34

大方方言   5, 53, 66

单音节神话   173 注

单音节语   13, 173 注

叠韵   1, 19, 20, 62, 63, 70, 71 注, 72, 73, 77, 78, 80 注, 96,
98, 99, 102, 103, 104, 217, 225, 227

叠字   1, 61, 147, 225

"蝶"字的声母 124—126

定母   92, 93, 124, 124 注, 125, 215, 216, 217

对音	27, 31 注,107, 215
对转	71
钝调	31, 94, 95, 204

E

EMC//早期中古音	19 注,30, 84, 89, 118, 212, 213(仅列重要者)
俄语	182
腭化	30, 41
儿化	2 注,174, 182, 203, 222, 222 注

F

发音部位	16, 63, 99 注,100, 121—122, 125
发音方法	16, 28, 100, 124
法语	16, 180, 182, 196
反复体	5
反切语	7, 12, 108
梵语	5, 6, 180
方言分区	204, 219, 224
非典义	112,112 注,113, 114, 116, 121, 133, 171, 192, 193, 194, 215, 227
非流音声母/辅音	60, 95, 103
分为两半	107
分音词	106, 122, 207 注
福州方言/话	3, 4, 7, 12, 46, 46 注,48, 52, 53, 54, 61, 108, 112 注, 116, 117, 122, 125, 133, 139, 208 注,219, 120 注,220, 221, 222, 223, 224
复辅音	31, 81 注,104, 106, 107, 107 注,108, 174, 203
复数	3, 5, 6, 7, 8, 9
复音词	20, 82

G

Gilyak 语	61, 61 注
古{代}藏语	47, 48
古希腊语	5, 6

固定声母	88
固定音段	7, 63, 95, 221
固定元音	48, 110
固定韵母	57, 58, 109, 221, 224
广州话	197, 156 注

H

哈尼语	60, 209, 213, 214, 214 注,
绿春{大寨}话	209, 210, 213
豪尼话	213, 213 注
汉藏语{系}	27, 34, 46
合口介音	36, 200
喉擦音	99, 99 注, 103
喉塞音	12, 103, 120, 139, 221, 222
后鼻音	58, 80 注, 98, 203, 220
滑音	15, 16, 17, 23 注, 84, 94, 140, 172, 189, 189 注, 191

I

Ilokano 语	5, 8, 8 注, 9

J

-j- 介音	91, 204, 206, 207, 208, 208 注, 209, 212, 214
基式	3, 4, 5, 6, 8, 9, 10, 11, 12, 13, 22, 23, 34, 36, 37, 42, 44, 45, 46, 47, 48, 49, 50, 52, 53, 57, 60, 65, 66, 67, 68, 69, 71, 72, 73, 77, 78, 84, 85, 86, 88, 104, 105, 110, 115, 116, 126, 128, 131, 135, 136, 137, 138, 139, 141, 144, 149, 150, 152, 155, 162, 171, 193, 194, 201, 205, 207, 219, 220, 221 (仅列重要者)
吉首方言	46 注
尖锐调	31, 91, 204
借词	27, 91, 113, 155, 174, 180, 181, 204
界面	3, 4, 11, 25, 204, 214, 225
介音	14, 15, 15 注, 21, 24, 26, 29, 31, 36, 37, 37 注, 50, 76, 139, 199, 200, 201, 204, 206, 207 注, 208, 208 注, 209,

213, 217, 218

进行体   5

晋语   139

K

Kamrupi 语   64

Kawaiisu 语   11

可轻声   177

客家方言/话   46，45 注，46，46 注，208

L

LMC //晚期中古音   118，119，120，221（仅列重要者）

Lushootseed 语   61，61 注

类象性   5

李方桂的古音体系   30—32

礼泉话   68，109，192，223

连城方言   45，46，48，76，77，208

连读变调   175 注，179 注，182，186，222，223，224

联绵词   1 注

联绵字   1，1 注，19，20，21，22，23，25，40，56 注，63，65，174，225，226

零声母   187

流音   15，24，26，27，29，33，63，63 注，65，72，73，78，81，84—90，99，102—104，106，109，110，115，116，118，121—123，125，126，128，132，134，137，171，172，184，187，189—192，194，211 注，215—217，219，220，221

流音声母   60，64，65，70，71 注，72，75，76，84，85，86，87，89，93，94，95，96，97，102，103，104，108，121，133，134，135，184，190 注，216，217，227

洛阳话   61，222 注

M

缅语   41

Mparntwe Arrernte 语   5

苗语(腊乙坪)	61
闽语/方言	5，46，48，197，208 注，220，224
名词化	5，64
摹态	72，79，83，84，99，102，104，171，217
默认形式	50，50 注，107 注，194

N

n-/l-相混/不分	96，98，103，118 注
Ndebele 语	11
Nisgha 语	3，5，9，10
纳西语	5，60
拟声词	4，22，77，78，148，150，155，155 注，156，167，167 注，168，170，174，208

P

陪义	149，153—155，157，161—164，170
评估(Eval)	10
平谷话	67，185，185 注
平遥话/方言	3，62 注，108，221
蒲立本的古音体系	30—32
葡萄牙语	60，60 注
普遍语法	6，137，215 注
普通话	2 注，3，5，33，61，79，83 注，101，147，152，156 注，165 注，170，173，174，175，176，177，178 注，179，182，189，196，203

Q

起始体	5
起首音	16，37 注
气噪音	100
前鼻音	43 注，80 注，95，97，98，203
前缀式重叠	4 注
嵌 l 词	106，109，207 注
强制非恒值原则	196 注

切脚词　　　　　　　106, 116, 117, 118

轻唇音　　　　　　　16, 27, 27 注

轻声　　　　　　　　2, 33, 97 注, 174, 174 注, 176, 177, 178, 178 注, 179,
　　　　　　　　　　180, 180 注, 182, 187, 196, 197, 197 注, 198, 222, 223

轻音节　　　　　　　8, 9, 12, 14 注, 122, 122 注, 197

轻重音格式/类型　　 178, 179, 182, 197, 224

青衣苗人话　　　　　68

区别特征　　　　　　16, 17, 17 注, 18, 25, 29, 33, 37, 40, 42, 45, 45 注, 48,
　　　　　　　　　　49, 50, 50 注, 51, 59, 90, 96, 201, 212, 212 注, 217,
　　　　　　　　　　218, 225, 226

　[-低]/[+低]　　　88

　[+高]/[+低]　　　50

　[+圆唇]/[-圆唇]　45 注, 48, 51, 59, 199, 201

　[-圆唇]/[+圆唇]　17, 25, 29, 37, 38, 39, 40, 41, 42, 43, 44, 45, 48, 50,
　　　　　　　　　　53, 54, 56, 171, 200, 201, 217, 218

R

认知语言学　　　　　5, 6, 11, 64, 113, 114, 227

日语　　　　　　　　60, 89, 90, 94

入声韵　　　　　　　31, 57, 88, 119, 139, 140, 143, 193, 193 注, 221, 225

S

三等音节　　　　　　139, 212, 213

三等韵　　　　　　　31, 90, 91, 169, 204, 209, 212, 213

　非三等韵　　　　　31, 212, 213

上古音{系}　　　　　19 注, 24, 25, 26, 27, 28, 36, 63 注, 91, 107, 121, 124,
　　　　　　　　　　125, 126, 129, 129 注, 138, 193 注, 204, 210, 212, 215
　　　　　　　　　　注, 216, 228

舌背音　　　　　　　142

舌齿{音}　　　　　　31, 65, 100, 216

舌根{音}　　　　　　28, 30, 41, 43 注, 65, 100, 123, 124, 213 注, 214

舌根前移　　　　　　50, 213 注

舌面前音　　　　　　142

神木方言　　　　　　221

生动{的}印象	85, 149, 156, 157, 161, 162, 163, 164, 170, 171, 185, 191, 192, 195, 196, 202, 228
声母	4, 13—15, 23, 27, 28, 30, 31 注, 37, 48, 52, 60, 63, 65, 70—73, 84—90, 92, 93, 95—99, 101—104, 106—108, 110, 118, 121, 123—125, 132, 134, 171, 184, 187—189, 191, 194, 198, 215, 215 注, 217, 220, 227 (仅列重要者)
声调	21, 23, 23 注, 24 注, 53, 61, 74, 75, 109, 130, 140, 141, 155, 174, 175, 183, 197, 198, 220, 222—224, 228
{声调}两极分化	183, 223, 223 注, 224
双唇音	16
双唇鼻音	98
双关	22, 148, 168
双声	1, 19, 20, 22, 56 注, 58, 63, 225
双音词	21, 53, 78, 177, 190, 196
水语	100
顺平话/方言	36, 53, 54, 139, 177, 197
嘶音	31
松紧元音	204, 210, 212, 213, 213 注, 214, 214 注
紧元音	198, 209—214, 220
松元音	198, 209—212, 220
苏州{话}	53, 66, 79, 82, 101, 132
随文释义	85, 158, 163

T

Tübatulabal 语	103
藤县话/方言	57, 58, 60, 64, 88, 102, 109, 208
体词	5, 82, 83
同源词	27, 39, 41, 126 注, 143 注

W

完成体	6
完全重叠	3, 4, 10, 12, 22, 61, 76, 85, 87, 144, 145, 146, 147, 147 注, 149, 150, 151, 154, 155, 156, 157, 158, 159,

	161, 162, 163, 164, 165, 166, 167, 167 注, 168, 169,
	170, 170 注, 171, 185, 191, 192, 193, 194, 195, 196,
	202, 219, 220, 224, 225, 226, 228
汶上方言	100
无标记	32, 45, 50, 50 注, 51, 52, 59, 77, 91, 101, 107 注, 142,
	171, 194, 202, 204, 213 注
吴语	61, 101
武汉[话]	55, 79

X

西班牙语	100
西南官话	46 注, 147
匣母	28, 123, 124
厦门话	108
响度规则/原则	13, 14 注, 15, 16, 16 注, 187, 192, 225
响度顺序原则	171, 172, 173, 184
像似	11, 114, 165 注, 191
小称	53, 56 注, 61, 77, 77 注, 113
谐声	26, 81 注, 104, 107, 108, 124, 124 注, 125, 193 注,
	215, 216
新安话	223
信宜方言	61 注
形态构词	3, 4, 17, 24, 25, 28, 56 注, 65, 66, 91, 93, 95, 109,
	110, 114, 115, 118, 121, 124, 150, 153, 155, 167, 182,
	184, 203
徐州话	70

Y

Yoruba 语	5, 64, 110
衍生模(Gen)	10
扬抑格	178 注, 180 注, 197
重轻格	196, 197
一音一义	20, 149, 155, 171, 173, 175, 178, 179, 180, 180 注, 181,
	182, 183, 185, 186, 187, 190, 191, 192, 194, 195, 202,

	223, 224, 225
伊盟方言	115, 116, 117, 118, 119, 120, 120注,126, 207, 221
彝语｛支｝	60, 210, 211, 211注,213, 214注
意大利语	60, 60注
意义虚泛	100, 101
义素	65, 66, 67, 68, 69, 77, 78, 150, 153, 153注,154
伴生性义素	154
非区别性义素	150
非限定义素	133
非中心｛性｝义素	154
陪义义素	66, 67, 68, 69, 76, 77, 78, 150
限定义素	133
义素分析	153, 153注
中心｛性｝义素	66—68, 77, 78, 150, 153, 154
音变模式	36, 37, 40, 43, 44, 45, 48, 61, 88, 109, 120, 122, 123, 171, 184, 184注,201, 209, 210, 217
音节	1, 2注,4, 8, 11—15, 18, 23, 24, 33, 37, 45, 51—53, 58, 60, 63, 65, 69, 72, 75, 76, 84, 87—89, 92, 93, 95—106, 109, 110, 114, 118, 120, 122, 128, 131, 132, 137, 148—150, 155, 171—176, 178—188, 190—194, 196—198, 201, 204, 206, 207, 210, 213, 214, 217, 218, 220—223, 225, 228(仅列重要者)
衍生音节	34, 37, 38, 45, 47, 48, 50, 51, 57, 59, 60
阳声韵	31, 57, 58, 88, 88注,119, 140, 143, 166, 193, 193注,225
轻音节	8, 9, 12, 14注,122, 122注,197
音节的内部结构/构造	13—15
音节理论	12—16
音节配列	77
音节重量	8, 14, 122注
重音节	8, 9, 14注,122, 122注,197, 228
音拍	8, 9, 12, 13, 122注,228
音义界面	11, 204, 214
阴声韵	31, 57, 88, 119, 122, 140, 142, 143, 143注,193, 193

注,199, 225

英语　　　　　3, 13, 14 注,15, 21, 34, 60, 153, 155 注,172, 173, 180,
　　　　　　　181, 182, 198, 213 注

永康方言　　　6

优选论　　　　10, 194 注

有标记　　　　45, 50, 50 注,51, 101, 171, 194 注,202, 204, 213 注

鱼部　　　　　50 注,141, 142, 143, 143 注,193, 194

语素　　　　　1, 11, 13, 20, 63, 82, 107, 126, 149, 150, 155, 173,
　　　　　　　174, 175, 182

　单音节语素　107, 223

　双音节语素　1, 63, 107, 174, 175, 182

　语素化　　　181

　语素义　　　155, 173, 202

语音的象征性　4, 150, 165, 166, 170

语助词　　　　50 注

喻四　　　　　27, 28, 29, 90 注,92, 93, 94, 124, 124 注,125, 215, 215
　　　　　　　注,216

喻四归定　　　124 注

越南语　　　　5, 6, 34

粤语/方言　　　57, 59, 61, 64, 100, 102, 144, 149—152, 154—157,
　　　　　　　161, 164, 170, 181, 208, 210 注

韵步　　　　　8

韵腹　　　　　13—16, 29, 37, 37 注,173, 187, 209, 217, 218

韵律层级体系　8

韵律词　　　　8, 23

韵母　　　　　4, 14, 15, 37, 37 注,49, 57, 59, 63, 84, 87, 91, 97,
　　　　　　　103, 106, 107 注,109, 110, 122, 131, 137, 139—143,
　　　　　　　171, 184, 193, 194, 204, 205, 217, 218, 221(仅列重
　　　　　　　要者)

韵尾　　　　　8, 13—17, 23, 29, 30, 37, 37 注,41, 43 注,50, 50 注,
　　　　　　　51—53, 71, 80 注,94, 119, 122, 122 注,140—142, 169,
　　　　　　　188, 189, 191, 199, 201, 209, 210 注,217, 218,
　　　　　　　220, 221,

Z

藏缅语{族}	5, 210, 211 注
藏语	27, 28, 34, 41, 46, 47, 48, 100, 125
之部	50 注,107 注,142, 143 注
指小	60, 61, 62, 62 注,64, 65, 68, 71, 72, 73, 74, 75, 76, 77, 77 注,78, 79, 83, 85, 99, 99 注,102, 104, 109, 129, 146, 171, 184, 184 注 191, 192, 193, 215, 217
中古音{韵/系}	24, 36, 41, 90, 91, 104, 129, 197, 204, 211, 212, 215 注,216
重唇{音}	16, 27, 27 注
重音节	8, 9, 14 注,122, 122 注,188, 197, 228
转指{式}	62, 62 注,72, 73, 74, 75, 76, 77, 78, 79, 167, 184 注
准抑扬格	180 注,197, 198
"字"本位理论	18
自由变体	63 注,89, 90, 96, 97
自指{式}	62 注,72, 73, 74, 75, 76, 77, 184 注

后　记

本书是我博士论文的改写。原为英文，题目是 *Reduplication in Old Chinese*（古汉语重叠），1999 年在不列颠哥伦比亚大学（University of British Columbia）通过答辩。当时就有改定成书的想法，后因工作关系辗转美加三所大学，栖惶之间无暇顾及，直到任教香江方才重新拾起。修订工作首先是章节的增加调整。原文以有方向的重叠涵盖顺向和逆向两种类型，以无所谓方向的重叠涵盖裂变和完全两种类型，现在各自一分为二，两章变成了四章。此外还新增相关问题讨论一章，内容是运用重叠材料以探讨语音问题及方言区分问题。修订期间曾多次进行方言调查，因而得以引用第一手资料以为新的证据。为了使研究基础更加坚实，所有古汉语引例全部另外加注李方桂拟音。修订工作是在改用母语的过程中进行的，落笔时几乎完全撇开了原先的英文词句，对比原稿可见改动之处在在皆是。

修订工作原想费时两年，动手之后才体会到任务的艰巨，加之教研要务在身，无法全力以赴，历时三载方始完成，如果算上当初的准备及撰写，前后就十年有余了。完成一项工作自然是特别高兴，不过回想起那么多人为我倾注心血，劳心劳形，那么多人施以厚爱，助我前行，充溢我心的，更多的是感激之情。

首先要感谢的是导师高嶋谦一（Ken-ichi Takashima）先生。异乡读书，从学业到生活，处处得到先生的指导关照。先生教研日程紧张得无以复加，但只要是我的事，大到如何用语言学理论分析传世及出土文献，如何争取资助，小到如何使用电脑，如何进行文字编辑，先生从不吝惜时间和精力，总是倾全力相助。若干年后我也有了研究生，每当工作繁忙而学生事务又接踵而至时，就常以"先生怎样对我来着"告诫自己。

我读书时蒲立本（Edwin Pulleyblank）先生已经退休，但他以导师为己任,帮助指导,不遗余力。还在我入学之初,先生就将自己的办公室分出一半给我,电脑、工具书等一应俱全。修满学分之后,先生每隔一周为我义务授课三小时,持续三年。论文动笔之后指导就更加具体了,比如对第一章草稿的评语就多达数千言,多是严厉的批评,不过末了仍不忘写道:"让你为难了,但我觉得你深具潜力,一定可以做得更好。"先生做学问几近"痴迷",但此时心细如发,生怕伤了学生的自信心,至今想起来仍然感动不已。

我还要好好感谢小蒲立本先生(Douglas Pulleyblank;蒲立本先生的侄子)和萧翠莎教授(Patricia Shaw),因为他们的耐心教导,我才对生成音系学理论有了了解,而这种理论的精神已经融入对重叠类型以及形成机制的分析之中。

博士论文需有校外评审人,角色就像以前的主考官,照传统应称为座师。我的座师是丁邦新先生。那时丁先生身体欠安,仍然负任蒙劳,细加审读,从音标、拼写到古音构拟、理论框架、具体例子,均有切实精到的批评建议。其后至今,先生一直对我关爱有加,耐心教诲,多方提掖,恩义绵长。

书稿完成之际,特别感念我在北大的老师,我的导师何九盈先生,还有唐作藩、郭锡良、蒋绍愚、王理嘉、王福堂、陆俭明、符淮青等先生,没有他们的教导和鼓励,我是无法步入语言学之门的,更遑论完成博士论文了。我的同学好友王洪君、李小凡、郭锐、方梅、张敏、邵永海、沈培、朱晓农、刘丹青、黄笑山、赵彤等也曾给过很多帮助——或提供材料,或析疑辨惑,或善意敦促,浓情厚谊令人难忘。

最后要感谢我的家人,他们的厚爱厚望始终是我进取的动力,他们的全力支持使我得以心无旁骛,安心走自己的路。我父母视学业为神圣,常说的一句话就是你只管读书,家里的事不用你管——连家母患病动手术都没讲,怕我分心耽误学业。小女远芳常为我电脑打字,那年她还获得了所在中学唯一的 Top Scholar(顶级学者)奖,为我树立了榜样。内子建新在我十多年的求学生涯中或分居两地,山海阻隔,或颠沛流离,居无定所,而且异乡做工,艰辛备尝,但她以此为前缘有定,倾情相助,任由我追求梦想。

为学之路崎岖坎坷,幸有师友亲人鼎力相助,我才能虽困剧而不止,才能最终完成这本小书。我愿将此书献给所有帮助过我的人。同时也愿意呈献给读者朋友,希望能够给构词法研究带来一些新的气息,希望能够得到读者朋友的批评指正。

孙景涛

2007 年 12 月 6 日

于香港科技大学

第 二 版 后 记

承蒙上海教育出版社的美意,笔者得以对多年前的旧作进行修订。修订工作主要包括三个方面。

第一,修正音标文字用词引文上的错误,增删调整引例以及参考文献中的条目,改进措辞用语,力争简明扼要,晓畅顺达。

第二,增补项目。主要包括:中文提要、英文提要;目录中各级标题的英文对照;重叠释例索引,包括古代汉语、现代方言、其他语言共三个组别。

第三,观点内容方面的改动。细微改动不提,大的方面只有一个。在第一版中,裂变重叠的功能是表示特殊义,现在看来并不准确。原因在于很多非裂变重叠实例,似乎也可以视为表示特殊义。可见特殊义的认定未能切中肯綮,并未真正揭示裂变重叠的本质特征。在这次修订中,我们借助认知语言学的视角,调查分析了更多实例,进而得出裂变重叠表达非典义的结论。当然,问题本身相当复杂,书稿修订又不便做太大更动,全面论证就只能有待正在撰写的一篇专文了。

修订工作得到了很多人的帮助,研究生李昕怡同学协助整理材料,内子建新帮助编制索引,谨此表示谢忱。

孙景涛

2020 年 9 月 10 日

图书在版编目（CIP）数据

古汉语重叠构词法研究 / 孙景涛著. —2版. —上海：上海教育出版社，2021.11
ISBN 978-7-5720-0895-5

Ⅰ.①古… Ⅱ.①孙… Ⅲ.①汉语 – 构词法 – 研究 – 古代 Ⅳ.①H141

中国版本图书馆CIP数据核字(2021)第206288号

责任编辑　王　鹏　毛　浩
封面设计　周　吉

古汉语重叠构词法研究（第二版）
孙景涛　著

出版发行　上海教育出版社有限公司
官　　网　www.seph.com.cn
地　　址　上海市闵行区号景路159弄C座
邮　　编　201101
印　　刷　上海展强印刷有限公司
开　　本　640×965　1/16　印张 18.75
字　　数　270 千字
版　　次　2021年11月第1版
印　　次　2021年11月第1次印刷
书　　号　ISBN 978-7-5720-0895-5/H·0028
定　　价　56.00 元

如发现质量问题，读者可向本社调换　电话：021-64373213